雲笈七籤
（四）

〔宋〕張君房 編
李永晟 點校

荊楚文庫編纂出版委員會
湖北人民出版社

雲笈七籤卷之七十二

內　丹

大還丹契祕圖并序

叙曰：大還丹者，乃日之魂，月之魄，二曜精氣之所致也。本乎南方火位，襲化北方壬癸之中，歷涉五行，包含五彩，功齊天地，難可備書。混沌爲先，象其元氣，分判清濁，以神爲助，八卦相配，日月光曜，合成大丹。所論火候以朔望爲據，言藥物則鉛汞爲先，鑪鼎華池，真人定位，神仙證讚，類成十二章，以象十二月，用曉求真之士，將傳志道之人耳。

混沌華池第一

夫華池者，玄元始初之氣，造化天地之象，三一之數，雄雌而未分，清濁浮沉不定，處乎潛龍之位。故君子守道候時，得之者分析有無，超凡入聖。經云："知白守黑，神明自來。"是知玄爲萬物母，聖人祕之，不形文字，口口相傳，知其訣者爲仙耳。

青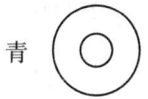

白金黃牙第二

言白金黃牙者，非金、銀、銅、鐵、鉛、錫、水銀、朱砂、五金、八石、鋤鉛之類，是乾坤媾精，太玄流液，感氣而成。且如人之有身，皆因父母傳氣而生，非肉所化。至藥亦然，坎男離女，情性相依，結氣而成白金黄牙，爲天地之先。經云："有名萬物母。"時象"九二見龍在田"。如修得之者，即仙道俯拾而取之，益人顏色，堅固骨髓，如人食玉，如玉之潤，此之是也。

白金

五行第三

夫五行者，水生木，水銀也，非世間水銀；木生火，朱砂也，非世間朱砂；火生土，神氣化生，非世間土；土生金，白金也，非世間金；金生水，黑水也，非世間水。金伐木，水尅火，土王四季，終始相因。五行相生相尅，共成至藥。若取外金木水火土，何得聖人偏讚三五與一之功？故知迷者素絲可悲，岐路可泣，無師執文，萬無一得。求真之士，可不勉力精修勤志乎！

四象第四

夫四象者，乃青龍、白虎、朱雀、玄武也。

卷内除已注説外，
餘并取宜裝。

青龍者，東方甲乙木，水銀也。澄之不清，攪之不濁，近不可取，遠不可捨，潛藏變化無盡，故言龍也。

白虎者，西方庚辛金，白金也。得真一之位，經云："子若得[1]一萬事畢。"淑女之異名，五行感化至精之所致也。其伏不動，故稱之爲虎也。

朱雀者，南方丙丁火，朱砂也。剖液成龍，結氣成鳥，其氣騰而爲天，其質降而爲地，所以爲大丹之本也。見火即飛，故得朱雀之稱也。

　　玄武者，北方壬癸水，黑汞也。能柔能剛，經云："上善若水。"非鉛非錫，非衆石之類。水乃河車，神水生乎天地之先，至藥不可暫捨，能養育萬物，故稱玄武也。

　　如志士燒鍊丹鼎，知此四象者，十方天人，莫不瞻奉。古經云四神之丹，此是也。

明鉛汞真偽第五

外黑内紅色　汞砂　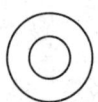　議論：河車水之象，内有所受，成真之道。

　　夫言鉛汞者，離流液爲汞，坎結白爲鉛。世人以黑鉛、鋌鉛、夾生銀、蜜陀僧、銜鉛、鉛黄花、黄丹等爲鉛，此大謬也。且鉛中有金，金中有還丹，是知黑水中生白金，白金變黄金，黄金變紫金，紫金含五色，名曰大還丹。豈不明乎？何得更將水銀汞以[2]成質之物爲鉛？經云："鳴鶴在陰，其子和之。"又云："虎嘯龍吟，物類相感。"豈謬言哉？且汞爲情，鉛爲性，情性相合曰常道，道曰自然，誠非外物也。幸願精思其理，天不遺於志願也。

歌曰

鼎鼎不用鼎，藥藥元無藥。用鉛不用鉛，意向鉛中作。賢者審思之，用鉛依前錯。

日月第六

夫日月者，天地之至精也。藥中即以坎男爲月，離女爲日。日中有烏屬陰，月中有蟾屬陽。白金產於河車中，即陰中有陽；水銀生於朱砂中，即陽中有陰。此二者，聖人相傳，賢人相授，寶訣具明，非凡常術士所能窺也。

如知日月在乎手，造化萬靈，事無難也。訪神仙瞻日月之精，爲長生之道，實可重矣。

明藥色第七

青色〇　　白色〇

得此白金服者，可爲地仙。

黃色〇

得此黃金服者，爲中仙。

紫色〇

得此紫金服者，爲上仙。

夫藥之權輿者，玄水生白金，白金變黃金，黃金變紫金，紫金含五色，名曰大還丹。又古歌曰："一物有五彩，永作仙人祿。"按今之修藥，但以匱盛，用火養之，永無變化，兼不伏火，餌之便隨大腸而出，返喪天年，實可悲哉！終不可得之也。但在精之審之，神仙必無所誤，義理曉然。即人麤心，不細詳得此意與陰丹合，義理即不同，互有修制，唯可久而披尋，方可見真也。

外青中黃心白色　大還丹之象

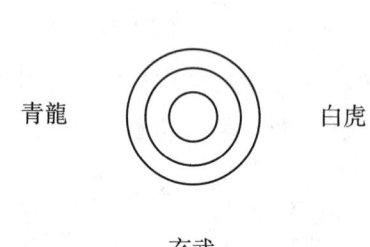

大哉！無麤不包，無細不通。若懸象於天，則十方天人莫不瞻奉；若懸象於地，則冤魂得離塗炭；若懸象於身，則身神並爲飛仙。

排雲控鶴，壽杖殺活，自由鑄鏡，殺一切魑魅，十方神仙以此爲無價珠，乃如意神珠也。無可無不可，勉力修之。

九還七返第八

夫九還七返者，大而論之一年，小而論之一日。只如北斗，一日一夜一周天，天降地騰，生化萬物，從寅至申爲七返，子至坤[3]爲九還，此則不曰還丹。大還丹須得三千六百年，氣候亦如是，以小而明大。只如一日有十二時，六時陽，六時陰，陽象春夏，陰象秋冬。若然者一時象一月，一月有三十日，三十日有三百六十時，亦象一年。即一日十二時象十二年，三百六十日象三千六百年[4]，還丹之功畢。人以十月成身，丹以十月脫胎，人道相通，超凡入聖，豈不了然乎！

擇友第九

君無友喪國，臣無友失忠，庶人無友喪家，道無友失眞。所以玄元與尹喜宿契，孔子與漁父合機，馬明生與陰君闇合，青牛與惠遠而會同，豈非良友者乎？且今之求道，上至王侯，下及庶民，萬無一得者何？皆由不擇其友也。夫至藥由心所感，志士應感而歸者，表天道無所不燭。時機未精，多生疑慮，又失前功，爲靈官之所呻[5]。何以然？奈何王侯心希早成，情無專志，返疑術人，轉託所使監守，致令凡眼所窺，而擬成至藥，若然者，即率土可爲仙耳。又古經傳授至藥，先須清齋七日，立置壇宇，燒名香，掛十方繒綵，用黃金百兩以爲心信，投簡破券，向天設盟，方可傳授。若不然者，獲賊天機之罪，殃及九玄七祖，身被天地水三官所誅。豈合輕師喪得，自從曶襟，造次而窺眞聖至藥者哉！夫人臣得遇此圖，兼曾受口訣者，隱而不獻君父，信[6]爲老氂，是爲不忠之臣，不孝之子矣！

金鼎第十

夫言金鼎者，上應天，下應地，中應人民。天平地正，人民昌泰；天歆地盈，萬物喪害。故《易》云："先天而天弗違，後天[7]而奉天時。"可明矣！世人所修，多用黃金、白銀、銅、鐵、鉛、錫之類爲鼎，此即大謬矣！又於諸色鼎內，用鹽或磁石、錫粉或枯鉛、或黃花、曾青、石膽之類爲匱焉！巧言云：天中復有天，人飾詞也！此聖人又何謬？若然者，黃帝不合鑄鼎於荆山。其鼎高下尺寸、錙銖厚薄、十病如後：

鼎法：高一尺二寸，重七十二兩，其數有九，內圍一尺五寸，當有放腳，下去地二寸半，底厚二寸，身厚一寸半，深六寸，內受三升半，蓋厚一寸，耳高一寸半。鼎有十病：一、忌秋夏，鐵不精好，鑄不及時；二、不懸胎鑄；三、肚大；四、腳短曲；五、口大耳小；六、上下厚薄不勻；七、沙竅漏氣；八、不潤滑；九、不依尺寸；十、鐵皺。有此十病，並不宜用。

造鑪第十一

夫鑪者，是鼎之城郭，如無城郭，爲邪氣所侵。高象蓬壺，橫象五岳，壇有三層，鑪有八門，十二支月隨斗建。厚薄尺寸高下，一一自有圖樣，莫不開露聖意者乎！

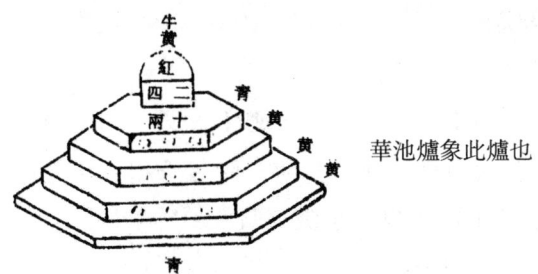

華池爐象此爐也

高四尺，厚六寸，內圍三尺五寸，門周二寸，亦有八門也。

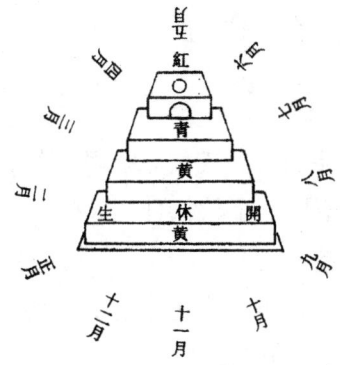

太一鑪於壇上，高二尺，厚六寸，內圍三尺五寸，門高二寸，闊半寸，十二支周廻一寸闊，壇隨便宜。又華池鑪高四尺，厚六寸，八門周廻二寸，壇隨便宜，餘象圖也。

火候第十二

日 　　　月

凡一斤藥有十六兩，每兩有二十四銖，一斤有三百八十四銖。《易》有六十四卦，每卦六爻，六十四卦有三百八十四爻。一年有三百六十日，有二十四氣。每日〔8〕合一兩一銖半一絫陰陽之氣候。從冬至建子日辰起火，此年日月大小數，至陽生合得多少兩分鎦銖分毫，如爻動時，開閉門戶相應，月隨斗建，生殺有時不逾月，例之如後，若仙如線貫珠，明者省悟矣。

十一月《復卦》一陽爻 ䷗

開驚門，應杜門，斗建子，支應午。其一日冬陽生一兩一銖半一絫〔9〕，其年三百六十日，此一月終，陽氣合得三十二兩。初九龍潛也，候時而行，確乎其不可拔也。小數三日。

三日出爲爽，見西南得朋

十二月《臨卦》二陽爻 ䷒

開傷門，應塞門，斗建丑，支應未。其月終，陽氣六十四兩。時象"九二，見龍在田"，君德也。小數六日。

正月《泰卦》三陽爻 ䷊

開開門，應生門，斗建寅，支應申。其月終，陽氣九十六兩。時象九三，君子進德可存義。其小數九日。

二月《大壯卦》四陽爻 ䷡

開休門，應殺門，斗建卯，支應酉。其月終，陽氣一百二〔10〕十八兩。時象"九四，或躍〔11〕在淵"，"欲及時也"。藥中水銀上下無定。小數十二日。

八月上弦平如繩

三月《夬卦》五陽爻 ䷪

開休門，應殺門，斗建辰，支應戌。其月終，陽氣一百六十兩。時象"九五，飛龍在天"，得其志也。藥積陽爲天。小數十五日。

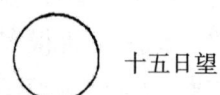

十五日望

四月《乾卦》六陽爻

開傷門，應塞門，斗建巳，支應亥。其月終，得陽氣一百九〔12〕十二兩。時象"上九，亢龍有悔"。此時藥火盛，須密防護。其日積在前月耳。

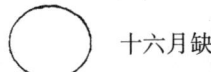 十六月缺

五月《姤卦》一陰爻

開開門，應生門，斗建午，支應子。其月一日陰生一兩一銖半一絫，陽減亦然，至月終，陰生三十二兩。時象"初六，履霜堅冰"，"繫于金柅〔13〕"。明藥金花凝也。小數十八日。

六月《遯卦》二陰爻

開休門，應殺門，斗建未，支應丑。其月終，陰生六十四兩。時象"六二，直方大"。明藥至此欲成白金，"地道光也"。小數二十一日。

七月《否卦》三陰爻

開開門，應生門，斗建申，支應寅。其月終，陰生九十六兩。時象"六三，含章可貞"，"智光大也"。藥不動如山嶽。小數二十四日。

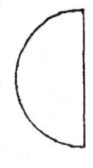 下弦不動如山岳

八月《觀卦》四陰爻

開傷門，應塞門，斗建酉，支應卯。其月終，陰生一百二十八兩。時象"六四，括囊無咎"。藥至此，否泰未定，須勞心力，未相形即慎之吉也。小數二十七日。

九月《剝卦》五陰爻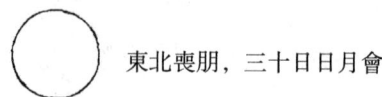

開開門,應生門,斗建戌,支應辰。其月終,陰生一百六十兩。時象"六五,黃裳元吉"。此藥物文而自美,亨之極也。小數三十日。後日月亦寄此也。

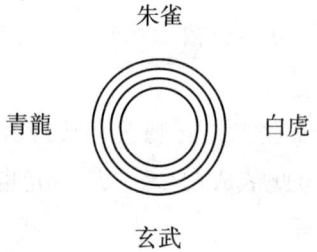
東北喪朋,三十日日月會

十月《坤卦》六陰爻 ䷁

　　　　　朱雀

青龍　　　○　　　白虎

　　　　　玄武

開休門,應殺門,斗建亥,支應巳。時象"上六,龍戰于野",其道窮也。陰生一百九十二兩,并陽之數三百八十四兩。日積在前月,至此生藥周畢也。

已上從子月冬至日起火,至亥月有三百六十日,都計得三百八十四兩〔14〕陰陽氣候,內外兩月沐浴,即三千六百年。此以小明大,大還丹之功畢。

歌　曰

聖人奪得造化意,手搏日月安鑪裏,微微騰〔15〕倒天地精,攢簇陰陽走神鬼。日魂月魄若箇識,識者便是真仙子,鍊之餌之千日期,身已〔16〕無陰那得死?

又歌曰

九還七返三五一,龍虎相將入神室,灰池閉煉天地間,方知大還功已畢。乾坤不合相違避,志士元知在天地,十月懷胎母子分,賢者何曾更運氣？

此先聖之象，莫令凡俗輕聞，恐不曉其真道之情，錯毀微祕前人[17]，闇銷福壽，神仙考罰，折筭奪紀，殃及九玄七祖，慎之！

又歌曰

不須勞力別求仙，碧落雲梯在眼前。曾効鼎湖延日月，豈嗟東海變桑田。三清未降蒼梧印，五帝驚書《火候篇》。深囑瑤臺珠珮客[18]，還丹莫妄與人傳。

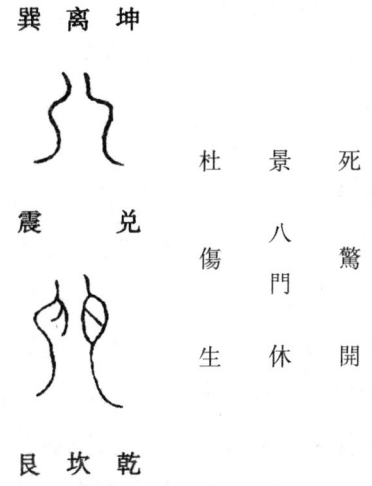

真元妙道修丹歷驗抄 草衣洞真子凝述[19]

夫至道真旨，以凝性錬形長生爲上。所謂凝性者，心靈也，乃内觀不動，湛然無爲焉。雖云凝心一也，乃有二德。二德者，謂住心、空心。若凝住心，則身境與道同，形性俱超，此真得長生不死，高真妙道也。若凝空心，即性超而身沈，此得脫腔尸解之下法也。蓋凝住心[20]無心，即真道自會，名虛無之身，實有之質矣。若凝空心，忘空即空無自合，名曰虛有之身，實無之質[21]，此得性遺形之妙，不得錬形之要，名爲清虛善爽之鬼。故經云：下仙者，即脫腔尸解之法是也。凡此二説成道之旨，若得性遺形，雖速成，然不契道旨，蓋上士保生者以爲弊法而不修也。凝住心，神形氣俱得[22]，得者壽延萬歲，名曰仙人。又鍊身成炁萬年，名曰真人。又萬年鍊氣成神，名曰神人。又鍊神三千年，名曰至人。又鍊至人三千年成道人，而證高真之果。此道爲上品之真爾！及三萬六千年，至真[23]方具。然初學凡人，習之者如毛，成之者如角。於是無上法母爲太上道君說《元精經》，令救度好生保命之人。蓋古有《龍虎經》，旨天地自然野生還丹者。案上經說一千八十年生真金礦，真金礦一千八十年生真丹砂，真丹砂一千八十年生真水銀，真水銀一千八十年成還丹，爲得天地陰陽五行真氣，都合四千三百二十年，元精結成，出名山幽静巖石之間自成。成時光照千里，上真仙官降下採之，凡學者難得之。又無上元精法母愍念修行之人，遂令以時代年，採虛無之氣成真金，真金成丹砂，丹砂成水銀，合三才爲用，以法促捉四千三百二十年陰陽元氣，就十二箇月感應而生成，還丹備矣。服之便登無上至道，白日昇天。又古仙得道聖人，猶恐初學之士，一年之内，寒暑侵傷。又令將初地聖藥成[24]製凡藥成靈藥，生小紫河車天生黄牙爲延駐還丹。服餌者定命長生，漸可登真，唯未有羽化之大功。此並依師口訣，及解真經之要妙不顯者，今略而顯之，以凡證聖，以外曉内，述易鑒難，集爲圖論，將俟好生君子比驗。立十二圖表，十二辰位，全聖功神明之道。《陰符經》云："日月有數，大小有定，聖功生焉！神明出焉！"此之謂也[25]。乃各證注如後：

三十輻共一轂圖第一

《經》曰："三十輻共一轂。"河上公曰：古者之車，三十輻共一轂，轂中有孔，故輻共輳之，法一月之數也。蓋以小制大，以寡御衆。《陰符經》云："日月有數，大小有定"是也。《經》曰："當其無，有車之用。"《莊子》曰："無用之用矣[26]！"一輻者，凡車亦無用也。

《日月要訣》三十七字法曰：

一爻、三爻、五爻、七爻、九爻、十一爻、十三爻、十五爻、十七爻、二十爻、二十三爻、二十五爻、二十七爻、三十爻，周而復始，四千三百二十年，元氣生此。歌曰："時代日月替成年[27]，周而復始道自然，十月脫胎九轉滿，卯卯者玉兔之位，火木爲赤日，陽符用事。酉酉者金雞之位，金水爲黑月，陰符用事。二意左旋，右轉。對相看。三萬六千神炁足，正元在內正元[28]者，四千三百二十年元氣也。共成丹，驅除邪毒因茲盡，服之便上大羅天。"

《日火月火法》曰：

今法及元君、陰君、古嵩子、碧通子等行符，開落三花在上弦，花即符也。古法，開落三花在下弦。法曰：律呂者，陰陽之位也，陽爲律，陰爲呂。青霞子曰：一陽生爲春夏，一陰生爲秋冬，陰終坤，陽終乾。子丑寅爲春，卯辰巳爲夏，午未申爲秋，酉戌亥爲冬。

凡此圖者，日月火鏡之妙也。若不悟此法象，即還丹遠矣哉！

從外第一暈黃地，卦炁紅，第二暈白，第三暈青，第四暈淺紅，第五暈白[29]，卦炁并心並紅色。

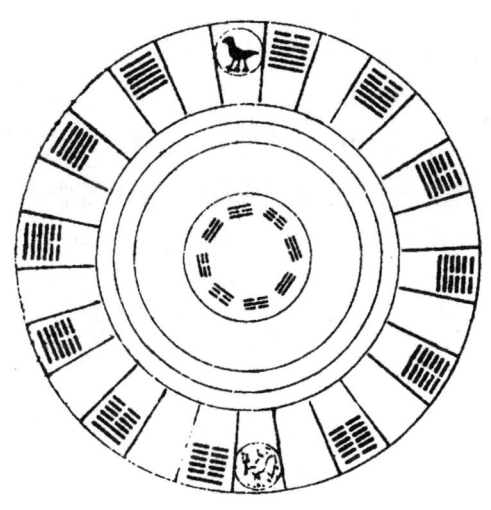

採真鉛汞圖第二

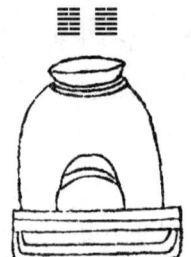  

二爐並淺紅色，火門並紅。下黃色鉛表青內紅，下紅汞青有光，中青丹紅，餘取宜。

夫鉛者，玄元之泉。泉者，水之源也。人但見泉水流出于石窟之中奔騰，莫知泉源自何而至？亦如元氣生育[30]萬物成熟，莫見元氣從何而來也！故《道經》云："微妙玄通，深不可識。夫惟不可識，故強爲之容。"是"無狀之狀"焉。夫天輪左旋，五星與日月右轉。火鉛象日，珠汞象月。月行疾，一日一夜行十二度[31]；日行遲，一日一夜行一度。月一月一周天，日一年一周天。凡日月一年十二合成歲，生化萬物，要在十二卦，周而復始，九還氣足，鉛汞神具，而成金丹矣。故經云，日月有遲疾，藥性有燥慢，此之是也。歌曰：遲爲日，疾爲月，何用多羅亂分別！真鉛本是火宗精，真汞好飛含赤血。男精女血既相包，血生肉兮精產骨。全籍良媒與結婚，養成赤子方堪悅。

經云：汞者，洪元之光，萬物之宗也。汞宗者，赤龍也。赤龍者，即丹砂也。非凡丹砂，乃太玄流液，二千一百六十年元氣所成，號曰虛無真丹也。

六通圖第三

六者六候，一月之法也。通者通十二辰，知龍虎行藏，六合六律六呂，產見十二周之要也。

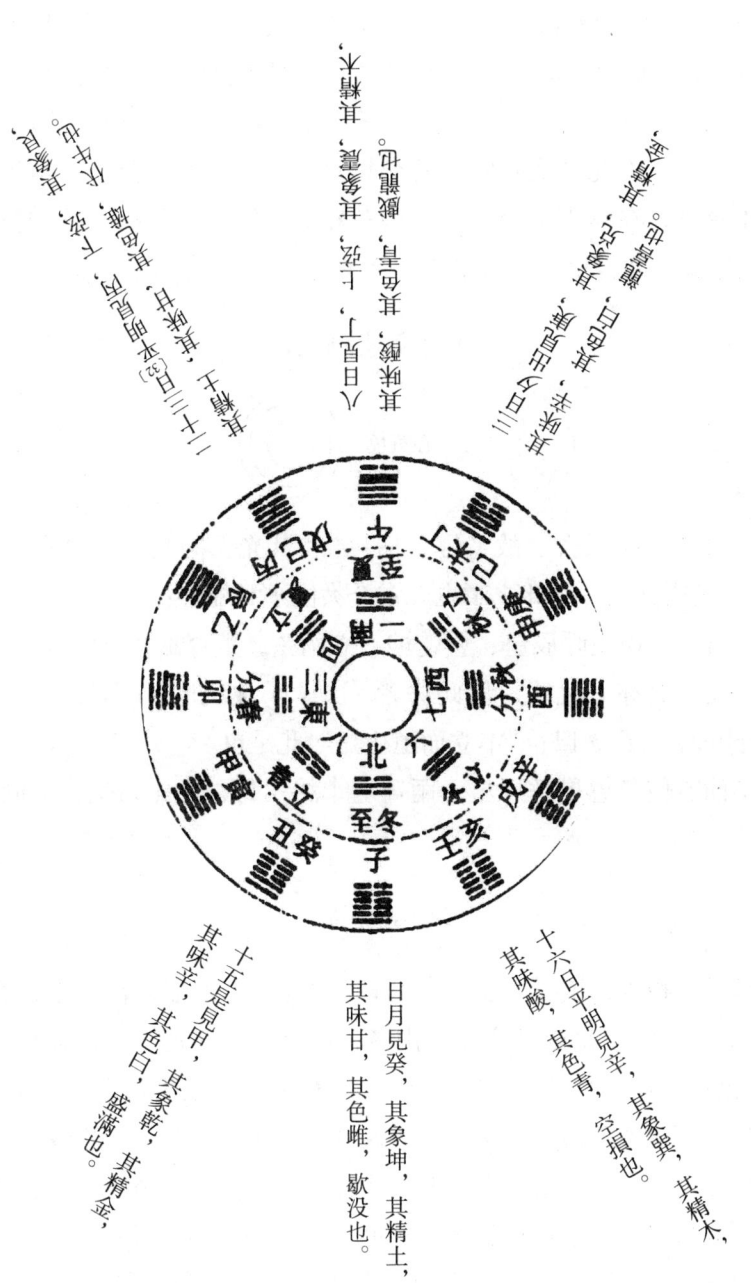

十六日平明见辛，其象巽，其精木，其味酸，其色青，亏损也。

日月见癸，其象坤，其精土，其味甘，其色雌，歇没也。

十五是见甲，其味辛，其色白，其象乾，盛满也。

知陰陽六候昇降訣：

三日《兌》越于庚，微明。八日《震》起于丁[33]，上弦暫停。十五日《乾》健見，滿于甲，享[34]。十六日《巽》損，入于辛。二十三日《艮》上《離》麗于丙，下弦。三十日《坤》順恂，陷于《坎》，革。革者，隔也。夫此日魂月魄，若交精萬化，在天生萬象，在地生萬物，在人生萬神，在藥生萬靈矣。要假三花力，四子共相經。欲知黃老意，祕妙在中庭。此言俱說畢，學人醒不醒？

陰陽交映圖第四

外青中心黃色

日月交，鉛汞合。故《經》曰："和其光，同其塵，是謂玄同。"又曰："復歸其明。"此之謂也。古今大同小異配合：

崔君使天鎮星呼辰星，會乾坤，立兩弦，生育萬物。三姓子與崔君法同。又元君亦有此法，使此法者[35]當日，天地元氣交，立道之本，本即丹田也。《經》曰："本立而道生。"此是也。

諸仙君使熒惑星呼辰星，兩箇七十終三旬，元氣始交，大同不離，辰星爲元首。

埏埴圖第五

埏者，和也；埴者，土也。經曰："埏埴以爲器，當其無，有器之用。"謂[36]和土爲內外之器。內者，鼎器也，非凡用之器鼎也，乃受神汞之鼎器也。故《陰符經》曰："爰有奇器，是生萬象。八卦甲子，神機鬼藏。"此之謂也。鬼者，癸氣也。無用者，乃不用之器焉。留精于鼎內成三魂。魂者龍，龍者木精之神光也。按《元精經》云：大道君曰："太陽元精，是左正之靈，與道合并，服之身輕而長生。"又曰："火能固物，堅存元氣，服元精者，氣質永固，神合元和，以通靈焉。"

元者，則真火之精也。

鑪郭圖第六

鑪郭者，外埏埴也。如人之城邑，居君民也。故陰陽萬神，憑鑪郭感應，而立聖功，而成還丹，三極之道備矣。

鼎白，鑪紅色，臺青色，日月星綱取宜。

夫北斗隨天輪,一日一夜一周行八方,鼎轉八門,同遊十二辰[37],生化萬靈,二精交感,四象相生,五行相尅相反,萬物生矣。龍虎還丹,萬靈具矣。留髓于鼎,內載七魄[38]。魄者,虎也。虎者,金精金液之神也。故玄女謂太一帝君曰:"金液金水,流注五藏,堅滑四肢,調養百神,潤澤六腑,變易毛骨,延久生形,其力至神足矣!"

神室圖第七

大九轉

第一品,紫晨室。

黃色紅緣

《經》曰:"鑿戶牖以爲室,當其無,有室之用。"服上九轉丹,居上三天;服中九轉丹,居中三天;服下九轉丹,居下三天。蓋道氣神感而[39]然矣。

中九轉

第二品,紫霞室。

紅色黃緣並土字

夫室者,非凡室也,謂三清神室也。經云:三清者,太清、上清、玉清之宮室也。謂紫微宮、紫霞宮、紫晨宮三宮者,三丹田也,上、中、下三品也。三品者,小還、中還、大還三丹,立三宮,宮中各三神,三三成九,宮生三九,爲大九轉之室,小九轉之田,中九轉之宮,乃神道所居,真人出入居遊之門戶,覷視之牕牖也。皆有八卦大神營衛,扶持聖道,制惡興善之境也。

下九轉

第三品，青真室。一曰紫微室。

青色內白

《內景經》曰："瓊室之中八素雜[40]。"素者，本也；八者，別[41]也；室者，青真之室也。瓊、霞、晨、微，同體異名也。夫曉之者即修生，修生者必成真人焉。又雜者，九天之炁合集之景也。

周易七十二候圖第八

周者三周也，三三生九周。九周者，九還也。要者三周，日周、月周、年周。產七十二候，四時八節，二十四氣。二十四氣者，旦暮一月二氣，十二月法產足，即運育鉛汞成還丹之功也。

七星朱書

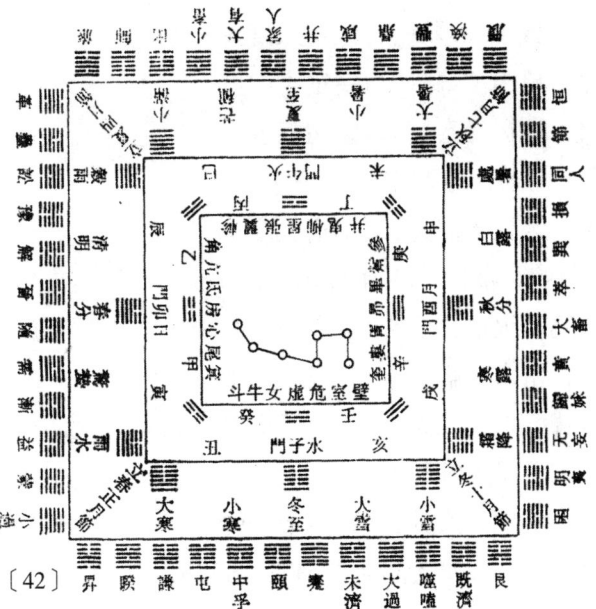

[42]

《周易》七十二候纏度訣：

☷鶡鳥不鳴，《未濟卦》，斗宿五度。

☷虎始交，水山《蹇卦》，斗宿五度。

☷荔挺出，山雷《頤卦》，斗宿六度。

☷蚯蚓結，《中孚卦》，斗宿五度。

☷[43]麋角解，山火《賁卦》，斗宿三度。

☷水泉動，地雷《復卦》。

☷鴈北鄉，水雷《屯卦》，牛宿三度。

☷鵲始巢，地山《謙卦》，牛宿四度[44]。

☷野鷄始雛，火澤《睽卦》，女宿十一度半。

☷[45]鷄始乳，地風《昇卦》，虛宿七度。

☷鷙鳥厲疾，地澤《臨卦》，虛宿三度二十五分半。

☷水澤腹堅，地澤《臨卦》。

☷[46]東風解凍，雷山《小過卦》，危宿六度。

☷蟄蟲始振，山水《蒙卦》，危宿四度。

☷魚上冰，風雷《益卦》，危宿八度。

☷獺祭魚，風山《漸卦》，室宿十二度。

☷鴻鴈來，地天《泰卦》，室宿五度。

☷[47]草木萌動，地天《泰》。

☷桃始華，水天《需卦》，壁宿五度。

☷[48]倉庚鳴，澤雷《隨卦》，壁宿五度。

☷鷹化爲鳩，火地《晉卦》，奎宿九度。

☷乙鳥至，雷水《解卦》，奎宿八度半。

☷雷乃發聲，雷天《大壯卦》，婁宿二度。

☷始電，雷天《大壯卦》。

☷桐始華，雷地《豫卦》，婁宿十一度。

☷田鼠化爲鴽，天水《訟卦》，胃宿五度。

☷[49]虹始見，山風《蠱卦》，胃宿九度半。

☱[50] 萍始生，澤火《革卦》，昴宿二度。
☱鳴鳩拂其羽，澤天《夬卦》，昴宿九度。
☱戴勝降于桑，澤天《夬卦》。
☲螻蟈鳴，火山《旅卦》，畢宿十一度。
☷蚯蚓出，地水《師卦》，畢宿五度。
☵王瓜生，水地《比卦》，觜宿一度。
☴苦菜秀，風天《小畜卦》，參宿六度。
☰靡草死，《乾卦》，參宿三度。
☰小暑至，《乾卦》。
☲螳螂生，火天《大有卦》，井宿八度。
☴鵙始鳴，風火《家人卦》，井宿十度。
☵反舌無聲，水風《井卦》，井宿二度。
☱鹿角解，澤山《咸卦》，井宿一十度。
☲蜩始鳴，火風《鼎卦》，鬼宿三度。
☰半夏生，天風《姤卦》。
☴溫風至，《巽卦》。
☳蟋蟀居壁，雷火《豐卦》，柳宿七度。
☴鷹始摯，風水《渙卦》，柳宿七度。
☰[51] 腐草化爲螢，天澤《履卦》，星宿三度。
☰土潤溽暑，天山《遯卦》，星宿四度。
☰大雨時行，天山《遯卦》。
☳涼風至，雷風《恆卦》[52]，張宿十度。
☵白露降，水澤《節卦》，張宿九度。
☰寒蟬鳴，天火《同人卦》，翼宿八度。
☶鷹乃祭鳥，山澤《損卦》，翼宿七度。
☰天地始肅，天地《否卦》，翼宿四度。
☰禾乃登，天地《否卦》。
☴鴻雁來，《巽卦》，軫宿四度。

☷☱乙鳥歸，澤地《萃卦》，軫宿十度。
☰☴羣鳥養羞，風天《大畜卦》，軫宿十五度半。
☶☲雷乃收聲，山火《賁卦》，角宿五度。
☷☴[53]蟄蟲坏户，風地《觀卦》，角宿八度。
☷☴水始涸，風地《觀卦》。
☳☱鴻雁來賓，雷澤《歸妹卦》，亢宿九度。
☰☳雀入大水化爲蛤，天雷《無妄卦》，氐宿七度。
☷☲菊有黄花，地火《明夷卦》，氐宿九度。
☱☵[54]豺乃祭獸，澤水《困卦》，房宿五度。
☶☷草木黄落，山地《剥卦》，心宿五度。
☶☷蟄蟲咸俯，山地《剥卦》。
☶水始冰，《艮卦》，尾宿二度。
☵☲地始凍，水火《既濟卦》，尾宿八度。
☲☳野鷄入水化爲蜃，火雷《噬嗑卦》，尾宿七度。
☱☴虹藏不現，澤風《大過卦》，箕宿四度。
☷天氣上騰，地氣下降，《坤卦》，箕宿六度。
☷閉塞而成冬，《坤卦》。

胞胎證混元圖第九

在胎成人證　在藥成神證
并金色

夫包者，爻也。爻者，五陰之下一陽，潛龍建子之初卦也。謂一生二，二者丑也，一者子也。子至丑，丑即臨卦也。至寅三陽成胎，胎者泰也，陰陽二氣并和氣三也。故云：一生二，二生三，三生萬物。三謂子丑寅，發生之氣也，故胎者泰也，在混沌爲天地間，在人爲精血氣，在藥爲水火土，鼠化牛，牛化虎。此三象者，希夷微也，三者混沌出太一，經云爾。

雞子石英證含光圖第十

在人證精血成形　在藥證鉛汞成丹
并白色

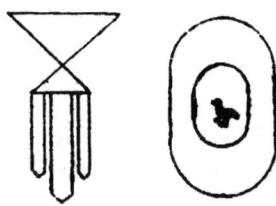

雞者證金也，子者證水也，金水者，鉛汞也，陰符中男少女之道。石者堅永[55]止，止、《艮卦》也，謂殘金衰木含光[56]之喻也。英者暑也，清淨一物含五色，玄英之令象也，故引凡而喻。此英出蜀岷山及中國華山，即白石英是也，映日而光生矣。

瑾瑜證神寶圖第十一

瑾瑜者，五色玉，出西海密山，即生還丹之類也，以證本色之真鉛矣。《山海經》云：“瑾瑜之玉爲良，黄帝是食是饗。”乃軒轅服而仙也。又經曰：“五色發作。”説寶玉之符彩。《玉子靈符》曰：應赤如雞冠，黄如蒸栗，白如凝脂，青如秦碧，黑如點漆。説此之玉德五氣，以喻還丹五行金木水火土之象，故引爲神寶之證。神寶即鉛汞也。

還丹五行功論圖第十二

還者，還其本質；丹者，赤色之名；五者，五星、五帝、五藏、五性、五經、五味、五金、五氣、五方、五色、五嶽也；五行者，亨布也；功者，通曉之用，論之如後：

圖青色下黃，五藏

隨五方，餘取宜。

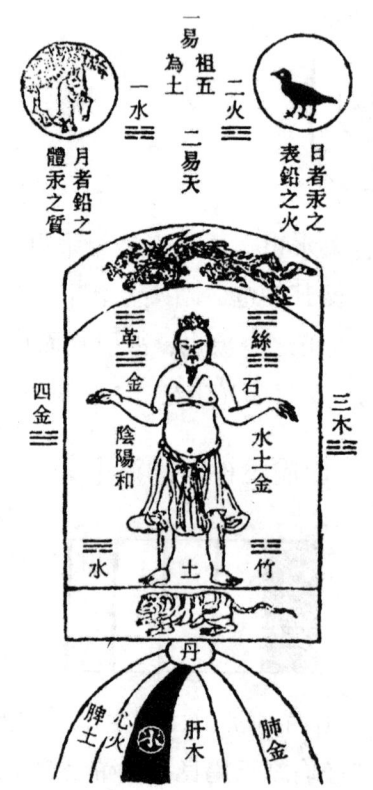

西方庚辛金，色白，五音商，卦《兌》，神白虎，令主秋，五金主銀，五味主辛，氣臭腥，象傷，星太白，岳華，五藏肺、口，性主義，五經《書》，始數四，成數九，此白元精服之補肺腑。經曰：玉堂宮尚書府[57]，制鍊七魄，益言氣，增性義，可通外，五金邪氣并害氣不能

傷滯，能間德伏虎，金宿不能窺，謂金精神帝靈元之益也。

東方甲乙木，色青，五音角，卦《震》，神青龍，令主春，五金主鉛，五味主酸，氣臭羶，象生，星歲，岳泰，五藏肝、膽，性主仁，五經《詩》，始數三，成數八，青元精，服之補目及內二肝膽也。經曰：肝爲清冷[58]宮蘭臺府，膽爲紫微宮无極府，滋三魂，明目，令人遠視，益性仁，木氣不能淘，并害氣不能擊，隔得伏龍，木曜無能窺，蓋因木精神帝靈元之益也。

北方壬癸水，色黑，五音羽，卦《坎》，神玄武，令主冬，五金主鐵，五味鹹，氣臭腐，象閉，星辰，岳常，五藏腎，外通耳，性主智，五經《易》，始數一，成數六，黑元精，服之補耳益智神。經曰：腎爲出故宮太和府[59]，固添髓血滋洞聽，令人性智聰，潤鍊肌，毛髮綠，陰邪懼，水不能漂溺，通太陰而合隱，出不遊户，月輝中無影，水曜不能見，蓋恃水玉鉛精紫微帝君靈元之益也。

南方丙丁火，色赤，五音徵，卦《離》，神朱雀，令主夏，五金主銅，五味主苦，氣臭焦，象盛，星熒惑，岳衡，五藏心，通目，性主禮，經亦《禮》，始數二，成數七，赤元精，服之補心神，益陽光，補固肌骨，化陰滯。經云：心爲絳宮元陽府，內滋此府，外滋目威，令人性禮，真行不踐迹，輕騰陵陽，是火不能燒，是陽毒不能熱，身與太陽通元而合，現化日光，類中無影，火曜不能察，蓋恃炎帝靈元之益也。

中央戊己土，色黃，五音宮，卦《坤》，神后土，令四季，五金主黃金，味主甘，氣臭香，象含，星鎮，岳嵩，五藏脾，通鼻，性主信，五經主《樂》，始數五，成數十，黃元精，服之補中黃宮太素府，脾神益志氣，滋性信，鍊五形，和九氣，加聖惠，伏萬凶，親五老，地岳不能埋閉，土曜不能傍窺，蓋恃五星帝威，得靈元之益也。

夫還丹者，極一、冲二、和三、譽四、旋五、通六、達七、政八、靈九、極十，具無上之真道，豈不明明可覩其義乎？凡人有才貌不可學，若遇大丹即變見如意，故經云無可無不可，皆可矣！按《參同契·太易誌圖》言，一象此圖，含象衆美，方得通靈。又古經及《元君訣》并草衣子、碧通子《變化圖》，皆鍊丹之名，或號如意珠。天帝得之爲絳宮珠，天龍得之爲頂上珠，鑄劍則伏萬邪萬凶，壽杖則煞活自由。以一粒磨凡銅鐵鏡，能別一切精魅魍魎古藏之物，昔黃帝寶鏡亦是也。元君以一粒書符作法尸解，及召集五岳靈神立至，驅策自由。元陽子曰："乾動而還丹成，枯樹得再榮，人服而長生，雲遊紫府。"

又古先真曰："土石五金，悉化成寶。枯骨再返，朽肉重甦。"

又古嵩子曰："服之者日月長而命益延，大海竭而神轉壯。"

又真白先生曰："服之飛騰于太清之上，逍遙于造化之中，看海水爲丘陵，覩凡生如聚沫，此非天地之功，實是還丹之力。"

又葛洪曰："余學道三十餘年，覽諸經訣數萬餘卷，上古以來高真上仙，無有不以還丹金液爲大要也。"

又元君《金液訣》曰："服一橡斗子，立成黃金色身。"故《黃庭經》云："五行參差同根節[60]。"

又曰："三五合氣其[61]本一。"《八仙歌》曰："一物含五彩，永作仙人祿。"

又《三景訣》云："至藥一氣不足，與瓦礫無殊。"何以言之？蓋人五藏元神生命扶身。若五藏皆真，則藏腑氣和身命昌，鍊質存精元氣全，形固肌膚，神明凝現，靈性相并，永無沈蕩之昧矣。若五氣不和，則勝負相刑，性超而形墮，性既歸空，身即沈朽。是以强弱奔散，闕足欺傷，不交沖和，終無久視之道。且如凡人身也，一脉乖即衆脉亂而患生，況五行靈元闕一者乎？夫四黃八石五金等，非不是天地之精，蓋緣五氣不全，孤陰寡陽，頑滯之物，不拒[62]五行，皆無定性，故得不可爲至藥也，可以理病之小藥，終無長水[63]羽化之用。若要長生，須服五色鉛汞丹砂黃芽之藥，包含五色五味五行者，乃是内明始無而真有也。

蓋《道經》曰："視之不足見，聽之不足聞，用之不可既。"

又魏君曰："綿綿不斷，謂之黃芽；變化無窮，名曰丹砂。"

又云："服之一生不死，造化汞了留根。"

又青霞子曰："汞是砂之精,牙是鉛之脚,但了宗枝,用即不錯。"

又古經曰:金丹留身,至道全神,萬般別法,徒勞苦辛。然若不遇師傳,不易措手。是故石藥損命,悔奚及哉!學人君子,幸請審之!真證旨略,無繆述矣。

【校記】

〔1〕"若得",《西昇經·無思章第二五》及《抱朴子·地真篇》作"能知",本書卷十二《太上黃庭外景經·中部經》作"能守"。

〔2〕"以"字,《四部叢刊》本無。

〔3〕"坤",當作"申"。按十二時辰中無"坤",而"子"至"申"爲九時也。

〔4〕"三百六十日象三千六百年",按一日象十二年計,三百六十日應象四千三百二十年。

〔5〕"呻",疑當作"呵"。

〔6〕"信",《四部叢刊》本作"任"。

〔7〕"後天"原作"後先",據上本及《易經·乾卦》改。

〔8〕"每日"原作"每月",按下文云"三百六十日都計得三百八十四兩陰陽氣候"計算,每日合一兩一銖半一絫,據改。

〔9〕"一絫"原無"一"字,據下文"其月一日陰生一兩一銖半一絫"增。

〔10〕"二"原作"一",據《四部叢刊》本改。

〔11〕"躍"原作"躊",據上本改。

〔12〕"九"原作"六",據上本改。

〔13〕"枊"原作"梩",據上本改。

〔14〕"三百八十四兩"原作"一百六十四兩",據前"陰生一百九十二兩,并陽之數三百八十四兩"改。

〔15〕"騰"原作"勝",據《四部叢刊》本及《玄和子十二月卦金訣》

改。

〔16〕"身已"，《玄和子十二月卦金訣》作"身内"。

〔17〕"錯毁微祕前人"，《四部叢刊》本作"銷毁前人微祕"。

〔18〕"深囑瑶臺珠珮客"，"囑"原作"屬"，"珮"原作"珮"，據上本改。

〔19〕"凝述"，上本作"子玄述"，"子"字疑衍。

〔20〕"凝住心"原作"住心"，據北圖善本《道藏·修真歷驗鈔圖》增。

〔21〕自"若凝空心"至此二十一字原無，據上書增。

〔22〕"神形氣俱得"，上書作"神形性俱"。

〔23〕"至真"，上書作"至道"。

〔24〕"成"字，上書無。

〔25〕以上二十四字，上書作注語。

〔26〕以上八字，上書作注語。

〔27〕"替成年"原作"應替年"，據上書改。

〔28〕"正元"原作"亞元"，據《四部叢刊》本改。

〔29〕"白"，北圖善本《道藏·修真歷驗鈔圖》作"淺黄"。

〔30〕"生育"原作"生有"，據上書改。

〔31〕"十二度"，上書作"十三度"。

〔32〕"二十三日"原作"三十三日"，據《四部叢刊》本改。

〔33〕"起于丁"原作"坤起戲于"，據北圖善本《道藏·修真歷驗鈔圖》改。

〔34〕"甲"原作"田"，據上書改。"亨"，上書作"庚"。

〔35〕"有此法，使此法者"原作"有此法者，使此法"，據上書改。

〔36〕"謂"原作"爲"，據上書改。

〔37〕"辰"原作"神"，據上書改。

〔38〕"留髓于鼎内載七魄"原作"留隨于鼎内七魄"，據上書改。

〔39〕"而"原作"如"，據上書改。

〔40〕"雜"，本書卷十一《上清黄庭内景經·瓊室章第二一》作"集"。

〔41〕"別"原作"川",據北圖善本《道藏·修真歷驗鈔圖》改。

〔42〕"周易七十二候圖"中之卦畫,均據《周易》卦畫訂正。

〔43〕"䷕"《賁卦》原作"䷀"《乾卦》,據《四部叢刊》本改。

〔44〕"四度"原作"曰度",據上本改。

〔45〕"䷭"《昇卦》原作"䷟"《恒卦》,據《周易·昇卦》改。

〔46〕"䷽"《小過卦》原作"䷟"《恒卦》,據《四部叢刊》本及《周易·小過卦》改。

〔47〕"䷊"《泰卦》原作"䷄"《需卦》,據上本及《周易·泰卦》改。

〔48〕"䷐"《隨卦》原作"䷰"《革卦》,據上本及《周易·隨卦》改。

〔49〕"䷑"《蠱卦》原作"䷙"《大畜卦》,據上本及《周易·蠱卦》改。

〔50〕"䷰"《革卦》原作"䷌"《同人卦》,據上本及《周易·革卦》改。

〔51〕"䷉"《履卦》原作"䷀"《乾卦》,據上本及《周易·履卦》改。

〔52〕"恒卦"原作"常卦",據《四部叢刊》本及《周易·恒卦》改。

〔53〕"䷓"《觀卦》原作"䷇"《比卦》,據《周易·觀卦》改。

〔54〕"䷮"《困卦》原作"䷜"《坎卦》,據《四部叢刊》本及《周易·困卦》改。

〔55〕"永",上本作"汞"。

〔56〕"含光",上本作"合光"。

〔57〕"玉堂宮尚書府",原無"宮"字,本書卷十一《上清黃庭內景經·常念章》注引《洞神經》作"肺爲玉堂宮尚書府","堂"後有"宮"字,據增。

〔58〕"清冷",上書同,《太上靈寶五符序上》作"青陽"。

〔59〕"腎爲出故宮太和府",上二書均作"腎爲幽昌宮太和府"。

〔60〕"節",本書卷十二《太上黃庭外景經·中部經》作"蒂"。

〔61〕"其"字原無,據上書增。

〔62〕"拒",《四部叢刊》本作"利"。

〔63〕"長水",疑當作"長生",與文義及下文合。

雲笈七籤卷之七十三

內　丹

古龍虎歌 陰君真人註

　　四者混沌，五行之祖。一曰曾青爲使，使爲氣，氣爲筋；二曰陰中陽，爲日之魂，魂爲日之精，精爲陽，陽爲父，父爲胞衣；三曰從白液化爲堅冰，冰是陰中陽，陽爲骨，骨憑氣而化白液，白液化爲髓；四曰水銀爲內之炁，化[1]爲血，血化毛髮，毛髮憑皮膚爲匡郭而成質。可知三箇月成形，十箇月生，餘兩箇月沐浴，合一年終。質稟天成象，遞用五行而輪轉，得名天地至寶。如人受天地正氣，亦爲至人。我大道仙人藥寶，不同在世有價之寶。秖如世間所用金、銀、珊瑚、瑪瑙、真珠之類，並量其功價以貴賤論之。唯我仙丹象日月之光明徹，此時[2]法天象地之寶，令人服之可得長生，天地齊畢。皆是憑自然混沌之氣，在天爲霧露，在地爲泉源，如在碧潭之中，即是自然之道也。學仙之士，勿令錯用意，妄將變黃白藥錯服食。如道士得我自然之道，四氣混沌至藥，但服食一千日，則知神化路不遠矣。如四氣不足，即爲神化無憑，亦象至人日月不足，豈爲至人？乃知至人合天地文理爲聖，世人以時物文理爲哲。哲者自爲聖人乎！乃自明其道，採世間機運動以功成法焉。量其作事根性遠近，時至盡化爲灰燼。唯我三清宮神化藥寶，即得保命長生，天地齊畢。其道不合傳之，如傳在得人付之。緣道本無形，以五行氣相侵爲根。人本無至[3]，而心爲志。如心惡即言凶，言凶即行疎，行疎即道不成。所以三品之丹，付賢不付愚。愚者心暗於世，終日覽仙方書訣而念之，不得其道性，性由心也。休粮、服氣、導引、忘治谷神魂魄，魄凝神定思一法，已上並是道之空門，實非長生之理。九鼎之丹，用四時火氣，張設文武，不絕火候，而晚成大器，寶貴難貨，至人難識也。

　　鉛爲匡郭，周遭祐助。青瑶爲使，能調風雨。曾青能爲一切金丹使，使爲氣，氣爲筋，筋成大力焉。夫藥不至者，由曾青之力爲使。如人不食即無力，食象氣，氣象使，無食力乃事不解矣。夫功皆從力而生成大壯矣，藥無力即無靈而安身。白液金花，水生龍虎。龍虎本從虛無氣中相承，龍虎正[4]道感化，運得四時大地，成象之器。然龍虎[5]自然生，猶四時薰蒸，各有所歸。生於無始，啓道本元者，得名龍虎。龍虎緣陰陽二性和合相吞伏之氣，所知從虎氣中生有象之質，自然修善去惡即成之。三一昇騰，必定規矩。三者准上三丹田，各有歸魂守一之法，論至藥門中四氣，筋骨血肉相承之法，不差毫釐，勿令其陰陽時候差錯。每月初發火，從一日數九九之法，此三一法並是内三一之法，用十二箇月火候，管十二時，配十二位，行九宮，象八卦，合五行。黃帝於皇人處請問三一之門，因此流傳口訣受之，如世世有仙士付之，亦勿令載於書，方訣止[6]以口付之。若不依此三一規矩，縱解萬般小法，能變黃白救世，財寶如積山，亦未免身死矣！終不是保命之法，學而知之者爲善矣！赫然還丹，日月光顧。星辰透明，雲中見路。其還丹成，赫然分明。亦如木中有火，火雖不露，其色如青中帶赤氣，服之一千日，化肉質換骨通靈，安身定魂，反老成少，感天神助之通神明，不得輒妄泄露，却如未得道之日，可以成道矣。雖未滿陰功之間，且得度世不死矣。可知大道無跡，不失其根本，人不失其父母之遺體。除此一方外，其妄制伏水銀黃白，不得爲真道之門也。訣中思深，會者有數。百歲之間，生死不住。仙士傳之，遞相保護。哀哉流言！更無別故。訣中至藥，教人長生之門。至藥與世寶別，仙人藥寶，千鍊萬化。金丹再鍊，令人服食可得神靈，得長生之路，所以我惜時貴命輕財也。愚者即惟貴世之有財寶，救一朝一夕妻妾榮華，行屍走鬼輕命，而時至自滅亡，百歲之間，死者莫知其數。元君所以哀哉！世人流行藥中，妙道已化，真人勿令妄運動，各令四人[7]歸業，守道安貧，共成寶命之藥。亦名卯酉二八，二八成一斤之數。白液，白雪是也；白雪，壓冰是也。所以言將卯酉二八合入二性，同於丹砂，勿令常人知之，以火候九九，午之位也。然三一中云，三日一候，三三如九數足，其紫帶黑色者，元君讚之，惜於後世仙士所論歌訣，願明於師，勿令心二，可以長生備矣。可知天本無親，以心爲親。天本無私，以心爲私。天本無災，由人與，非天與人。學不違於師，子莫逆於父母，即天道長久矣，即人師轉備矣。所以論至事不二，至藥無雙，天人合道，明然可增其福，大不雜矣。若骨多即肉不勝骨，肉多即骨不勝肉，骨肉俱由筋可壯，其力猶增也。如無力，即如有袋不盛物，豈能立焉？無嬰兒不戀母，嬰兒失母，即如藥無筋，爲藥由主力也，無力自無神化之功。如會者，一言見三枝枝條；不會者，即經歷千書萬訣，不免爲愚人。好求仙，求黃白，不尋讀仙書，究其至寶者，多好黃白，未見一兩，不覺身亡。賢者好其至藥，雖未見藥之玄門，且積善如然，神無愛利之心，守道安貧，天不可罰矣。善慶從人，師自感其至，且從羲軒之前後。累代求仙者，得之幾人哉！

又歌曰

生成數極一百八，陰氣相從自凝結。赫然紫色成還丹，服餌長生不可説。

又歌曰

丹砂一味更無別，子母相生無休歇。人世不知費財寶，悟者爲之大還訣。

源真銘

有訣不彰，有序不述。得之感之，可傳可説。

藥異名

一名土之父，二名水之母，三名號黃牙，四爲七十二石晶。

又歌曰

黃芽天生物，子母相汨没。子母不相抛，母向子中出。

和合相假歌

玄之又玄在眼前，陰中有陽道自全。陰陽不離得和合，練之服之得神仙。

又歌曰

一名準中成，二號大道名。採續不斷，添之自靈。

又藥歌

在天爲霧露，在地爲泉源。數盡陰陽盡，得之終不言。

又歌曰

甲子下火當旬候，辯得子母仍依舊。旬候數足自周旋，從此堪爲兩分首。

又藥歌

一名真源秋石，二名大道精魂。還丹採之合宜，離塵是真仙客。

又歌曰

日月非我形，陰陽自成質。乾坤造化中，六合皆歸一。

又室歌

壇竈爲宮，濛之又濛。一旬方一候，一沐又還濛。數足自靈聖，乾坤處處通。

金丹金碧潛通訣[8]

神室者，丹之樞紐，衆石父母[9]。砂汞別名[10]，出陽入陰，流曜二方，列數三軸。法[11]象水火，制猶王者，武以討叛，文德懷[12]柔。土[13]德爲王，提劍偃戈，以鎮四方。坎離數一二，南北獨爲經，故冠七十二石[14]之長。剛柔有表裏，陰陽禀自然[15]。金火當直事，水土相含受。雄雌併一體，用之有條理。變化既未濟，[16]終即復更始。初九爲期度，陽和准早晚。周曆合天心，陽爻畢於巳。正陽發丙午[17]，自丁終於亥。水火列一方，守界成寒暑。東西表仁義，五行變四時。如是陰陽之互用，順三一而得其理。神室設位，變化乎其中。神室者，上下釜也；設位者，雌雄[18]配合之密也，變化爲[19]砂汞。砂汞者，金土二用。二用無定[20]位，張翼飛虛危，往還性不定，上下以爲常。獨居不改化，獨處於中宮[21]。包囊衆石，爲丹祖宗。有無相制，朱雀炎空，紫華耀日，砂汞没亡。訣不輒造，理不虛擬，約文申奧，叩索神明。演爻徵卦，五行爲諷。坎雄金精，離雌火光，金火自伐，水土相尅[22]，土王金鄉，三物俱德[23]。四海輻輳，以致太平，並由中宮土德黄帝之功也。金火者，真鉛也[24]。丹術著明，莫大乎金火。窮微以任化，陽動則陰消。混沌終一九，寶精更相持。藥有三百八十四銖，銖據一斤爲十六兩也。金精一化，青龍受符。當斯之時，神室鍊其精，火金相運推。雄陽翠玄水，雌陰艶黃金。陰陽混交接，精液包元氣。萬象憑虛生，感化各有類。眾丹靈跡長，莫不由於是。[25]元君始鍊汞，神室含洞虛。玄白生金公，巍巍建始初。三五以相守，飛精以濡滋。玄女演其序，戊己貴天符。天符道漸剥，難以應玄圖。故演作丹意，《乾》《坤》不復言。丹砂硫汞父，戊己黃金母。鍾律還二六，斗樞建九三[26]。赤童戲朱雀，變化爲青龍。《坤》初變成《震》，三日月出庚[27]，龍虎自相尋。《坤》再變成《兑》，八日月出丁，上弦金半斤。《坤》三變成《乾》，十五三陽備。圓照東方甲，金水温太陽。赤髓流爲汞，汞者弄明璫。月盈自含[28]虧，十六轉將減。《乾》初缺成《巽》，平明月見辛。《乾》再損成《艮》，二十三下弦。下弦水半斤，月出於丙南。《乾》三變成《坤》，《坤》乙三十日。東北喪其朋，月没於乙[29]地。《坤》乙月既晦，土木金將化。繼《坤》生《震》龍，《乾》《坤》括始終。如上三十日，《坤》生《震》《兑》《乾》，《乾》生《巽》《艮》《坤》，八卦列布曜，運移不失中。調火六十日，變化自爲證。神室有所象，鷄子爲形容。五嶽峙潛洞，際會爲樞轄。發火初温微，亦如爻動時。上戴黃金精，下負坤元形，中和流汞情，深[30]合應三才。乾動運三光，坤静含陽氣。神室用施行，金丹然後成。可不堅乎！鍊化之器，包括飛凝，開合靈户。希夷之府窟，造化之泉源[31]。陽氣發坤，日晷南極。五星連珠，日月合璧。金砂依分，呼吸相應。華蓋上臨，三台下輔。統録之司，當密其固。火鍊中宫土，金入北方水[32]。土水金三物，變化六十日。自然之要，先存後亡。或火數多，分兩違則。或水不定，同處别居。剛柔亢行，不相涉入。非火之咎，責譴於土。土鎮中宫，籠罩四方。三光合度，以致太平。五藏内養，四肢調和。水涸滅影[33]，含曜内明。金水相瑩[34]，潤塞[35]沈耀。調火温水，發之俱化，道近可求。土水獨相配，翡翠生景雲。黃赤[36]混其精，紫華敷太陽。水能生萬物，聖人獨知之。金德尚白，鍊鉛以求黃色焉。爲[37]生中宫，黃金銷[38]不飛，灼土煙雲起[39]。有無互相制，上有青龍居。兩無宗一有，靈化妙難窺。鍊銀於鉛，神物自生。銀者金精，鉛者北靈。水者道樞，陰陽之始。始故生銀，鉛化黃丹，寄位[40]五金。爲鉛外黑，色稟北方，內有[41]銀精。披褐懷玉，外似狂夫。銀爲鉛子，子隱鉛中。汞者鉛子[42]，子藏母胞。素真眇漠，似有似無。灰池炎灼，鉛沉銀浮，潔白見寶，可造黃金[43]。殼爲金精，水環黃液。徑寸之質[44]，以混三才。天地未[45]分，混若雞子。圓高中起，狀似蓬壺。關閉微密，神運其中。爐竈取象，固塞周堅。委曲相制，以使無虞。自然之理，神化無方。磁石吸鐵，間隔潛應[46]。何況雞子，配合而生！金土之德，常與汞俱。自《火記》不虛作已下，重解前文[47]。丹術既著，不可更疑焉！故演此訣，以輔[48]《火記》焉！庶使學者取象。下文云，文字鄭重說與，世人豈不熟思[49]？是其義也。

陰丹慎守訣[50]

敘曰：世上之人，率多嗜慾，傷生伐命，今古共同。然不自防，悔將無及。仙經曰[51]：夫人臨終而思遷善，病成而方求藥，天網[52]已發，何可追之？故賢哲上士，惜未危之命，懼未來之禍，理未病之病，遂拂衣人寰，攝心歸道。道者炁也，炁者身之主。主者精也，精者命之根。故愛精[53]重炁，然後知幾乎生矣[54]。《黃庭經》曰：「方寸之中謹蓋藏，三神還精老復壯[55]，養子玉樹令[56]如杖，急固子精以自償。」又曰：「長生至慎房中急，何爲死作令神泣？若當決海百瀆傾，葉去樹枯失青青。」長生久視，未有不愛精保炁而能致之也。陰丹內[57]御之道，世莫得知。雖務於炁，而不絕慾者，亦未免殆哉！故曰：「人常失道，非道失人；人常去生，非生去人。」修養君子，深宜自省也。

大還心鏡[58]

寒山子至訣云：但悟鉛真，藥必自神；但記汞正，藥必[59]自聖。修之合聖，天地同慶。得因師傳，爲道之經[60]。所以古之聖人，不直言之愚者[61]，容易託之《周易》，寄之五行，合之符契，真仙之理[62]，莫若大丹之神歟！大凡人間[63]之大丹，疑誤萬端，有智者了解，用之一神，所以祕易成難，貴道不可輕也。昔三聖遺言，著之金簡，名曰《參同契》，世皆寫之，悟無一二。得其理者未敢造，明其事者猶豫，因循疑來，倏忽而邁，榮華閃目，金玉縈心，財色介懷，百年空棄，長生之道，罕有留心，不知爲色欲勞神，光陰侵歲，以此之故，遞有多疑。或至人述以遠近之丹，愚者便說秦皇漢武。秦皇即口是心非，貪情肆欲；漢武乃雖慕玄境，心在色情，何得而長生不死？何不言黃帝與上古人乎！黃帝傳玄女還丹之術，言補金汞於丹田。後人不訣真宗，誤入御女之道。豈太上仙女，必無對心說傳[64]色之心。愚者惑之，倣於萬古，其歌訣書在金丹論中者，得可明矣。余早年慕道，幸得傳真，克奉仙師，親承旨教。只論鉛汞之妙，龍虎之真。去四黃之大非，損八石之參雜。要在鉛汞，合天地之元紀，包日月之精華，上冠於《乾》，下順於《坤》[65]，總七十二石，統天地精光，修鍊成丹，服之延駐，何不信乎？且五穀既能救命，豈可不奉神丹？黃精猶服長生，勾吻服之必死，目擊可見，真聖奉之。然神丹至寶，萬人之中，得者皆宿契道合[66]，久留心志，非一朝一旦[67]可致耳！然還丹之靈，不救自刑之禍；聖人慈愍，不救宿業之殃。此亦在人心弘道旨，又不可信任狂非，惑之神術乎！今以《大還[68]心鏡》者明心，彼[69]心明丹中至藥，不惑他物。物非其類，丹必不靈。心非道心，修成必禍，此深可戒而省己修性也。論大丹唯一陰一陽謂之道，即合天機[70]也；一金一石謂之丹，亦合天地也。一金者，真鉛中白虎是也；一石者[71]，丹砂中水銀是也。陶埴真人云：“若用世間汞[72]，水銀化白煙。”此真言也。神符白雪門[73]馬真人曰：“汞與水銀別，迷人用之拙。”即知此言從凡化聖，聖不離凡，因凡入聖，凡中有聖，聖中出凡，即知水銀本在丹砂中，出[74]合鉛汞成至寶，色還本丹，丹更不能却歸水銀，即真汞矣。既至真汞，即從凡入聖，可以統領萬靈，即馬真人云“汞與水銀別”也。自後之學者寡學[75]，生疑至此矣。陶真人云[76]，若言非世間水銀，又云砂產於金也，汞生於鉛也，此非世間，何不審之妙旨矣！自古真人皆從凡入聖，與大丹同契，以至上昇。而迷者多惑，如丹唯一陰一陽龍虎二物。鉛是水一之名，北方河車，金生於水，金數四，水數一，共爲五也。汞是青龍東方木，木生火，木數三，火數二，丹砂火之名，二與三共爲五也。五土也[77]，土無定位，四季立名。水與金共五，木與火共五，故曰三五。道還丹，道之玄也。還丹之妙，罕有玄解，知之者聖人乎！可爲[78]造化在乎心，變轉自由耳。不知真訣，假如念誦真歌，不遇師受，終無成理。余憶昔年迷謬，徒歷山川，一事不爲，虛棄財貨。忽然指[79]悟，如醉醒焉。目前可致煙霄，足知大道不遠。蓋人祕易爲難，恐愚者侮之[80]容易，即天官減算，神道奪壽。故《真人誡經》云，世皆延年，爲人身命漸被陰境侵之，以至陰死也，豈陽生之神術乎！夫不修行益生，損人侵物，何長生乎！雖遇至人，道不相契，固不傳其非人乎！《科儀》云，希長生還丹，取成大丹，不可不知鑪鼎也。知鑪鼎，又不可不知火候也。知火候，又不可不知心也。既知心，又慮多難與宿殃也。萬一自知，又不可妄傳授於人也。道不傳即廢，傳非人即殃。故知萬妙不離[81]其心也。心爲出世之宗，丹爲延年之藥。服之歸[82]陽官，即陰司落名，已後縱往，亦神解上仙，此真聖之言不惑矣！余悟古賢真旨，至《參同契》《金碧經》《古文龍虎》，傳三聖遺文、衆真歌訣，不離真妙之鉛汞乎！恐後之有疑未決者，更序之於《心鏡》，必欲明其大道，照曜真元，滌學者凝滯之旨，曉愚者惑詫之說。悟而見受，可謂青雲可致，朗月當明。序而說之，知不惑衆者[83]矣。

太清神丹中經叙

抱朴子[84]曰："元君者，上帝[85]之師也。其人大神，能調和陰陽，驅役風雨，進退五星，斟酌寒暑[86]，驂駕九龍十二白虎，天下衆仙隸之焉，人生死咸由之矣[87]。猶言本亦學道服神丹之所致也，非自然爾，況小兆乎！勉力求生，勿得懈怠[88]。上士得道，昇爲仙官；中士得道，棲集崑崙；下士得道，長生世間。賢者勤之，吾不虛言[89]。"

元君曰："凡言聖人、神人、仙人，此三人者，皆是學而得道者也；非天生自然矣。但德有優劣，官有尊卑，故雖神、雖聖、雖仙，猶言人者，明其素是人也。天神之自然生者，則但言神不言神人。言神者以光氣爲體，言人者猶有骨肉也，但已得道，能隱翳變化不見聞耳。凡初得仙者，但言仙人；若得昇天往來大神之處，則位爲眞人；若得補天曹官職，乃位爲神人也。"老子及太一問元君曰："凡服神丹而長生者，豈神靈候之乎？將自藥之力也？"元君曰："長生之事，功由於丹。丹之成，由於神。神不祐，則作丹不成也。故將合丹，必正身心，守善不履罪過，神明哀之，作丹必成。神丹入口，壽無已矣！"

【校記】

〔1〕"化"，《四部叢刊》本作"炁"。

〔2〕"時"，上本作"是"，疑當作"實"。

〔3〕"至"，上本作"志"。

〔4〕"龍虎正"，上本作"浸法天"。

〔5〕"龍虎"，上本作"各禀"。

〔6〕"止"原作"上"，據上本改。

〔7〕"四人"，疑當作"世人"。

〔8〕"金丹金碧潛通訣"，《道藏》本收錄作"古文龍虎經""古文龍虎上經"。

〔9〕"粢石父母"，《古文龍虎經註疏》作"粢石之父母"，《古文龍虎上經註》作"汞者，粢石之父母"。

〔10〕"名"，上二書作"居"。

〔11〕"法"，上二書分別作"按""棲"。

〔12〕"懷"，上二書作"以"。

〔13〕"土"前，《古文龍虎經註疏》有"土旺四季"。

〔14〕"石"原作"名"，據上書及《古文龍虎上經註》改。

〔15〕"剛柔有表裏，陰陽禀自然"原作"剛柔禀自然"，據上二書增。

〔16〕"濟"，上二書作"神"。
〔17〕"正陽發丙午"，上二書作"正陽發離午"。
〔18〕"雌雄"，上二書作"列雌雄"。
〔19〕"爲"，《古文龍虎上經註》作"謂"。
〔20〕"定"，《古文龍虎經註疏》及《參同契》並作"爻"。
〔21〕"獨居不改化，獨處於中宮"，《古文龍虎經註疏》作"獨居不改，化歸中宮，宮非土不可制"，《古文龍虎上經註》則作"獨居不改，化歸中宮"。
〔22〕"金火自伐，水土相尅"，《古文龍虎經註疏》作"金木相伐，水火相尅"。
〔23〕"德"，上書及《古文龍虎上經註》均作"喪"。
〔24〕"真鉛也"，原無"鉛"字，據上二書增。
〔25〕"衆丹靈跡長，莫不由於是"，上二書作"衆丹之靈跡，長生莫不由"。
〔26〕"九三"，上二書作"三九"。
〔27〕"庚"後，上二書均有"東西分卯酉"。
〔28〕"含"，上二書作"合"。
〔29〕"乙"原作"巳"，據上二書改。
〔30〕"深"，上二書作"參"。
〔31〕"希夷之府窟，造化之泉源"，上二書作"希夷之府，造化泉窟"。
〔32〕"北方水"原作"水北方"，據上二書改。
〔33〕"滅影"，《古文龍虎經註疏》作"火滅"。
〔34〕"金水相瑩"，上書作"金木相榮"。
〔35〕"潤塞"，《四部叢刊》本作"潤色"。
〔36〕"黃赤"，《古文龍虎經註疏》及《古文龍虎上經註》均作"黃黑"。
〔37〕"爲"，上二書分別作"感化""感位"。
〔38〕"銷"字原無，據上二書增。
〔39〕"起"後原有"後"字，據上二書刪。
〔40〕"位"原作"立"，據上二書改。
〔41〕"有"，上二書作"懷"。

〔42〕"汞者鉛子"，上二書分別作"鉛者銀子""鉛者銀母"。

〔43〕"黃金"，《古文龍虎經註疏》作"黃轝"。

〔44〕"之質"二字原無，據上書及《古文龍虎上經註》增。

〔45〕"未"原作"初"，據上二書改。

〔46〕"間隔潛應"，上二書作"隔礙潛通"。

〔47〕"自火記不虛作已下，重解前文"，上二書作"火記不虛作，鄭重解前文"。

〔48〕"輔"，上二書作"附"。

〔49〕"文字鄭重説與，世人豈不熟思"，《參同契》云"文字鄭重説，世人不熟思"。

〔50〕"陰丹慎守訣"，《幼真先生服内元炁訣》作"守真訣"，本書卷六十《幼真先生服内元氣訣法》作"慎守訣"。

〔51〕"仙經曰"三字，上二書無。

〔52〕"天網"原作"天綱"，據上二書改。

〔53〕"精"原作"根"，據上二書改。

〔54〕"知幾乎生矣"，上二書分別作"重命必平之矣""身心保之矣"。

〔55〕"三神還精老復壯"，上二書作"精神還老復丁壯"，《外景經》《内景經》分別作"精神還歸老復壯""三神還精老方壯"。

〔56〕"令"原作"命"，據《幼真先生服内元炁訣》及《幼真先生服内元氣訣法》改。

〔57〕"内"原作"百"，據上二書改。

〔58〕"大還心鏡"，《道藏》本收録作"大還心鑑"。

〔59〕"必"原作"如"，據《大還心鑑》改。

〔60〕"經"，上書作"徑"。

〔61〕"者"字原無，據上書增。

〔62〕"真仙之理"，上書作"合真之妙者"。

〔63〕"人間"，上書作"愚人聞"。

〔64〕"心説傳"，上書作"偶説淫"。

〔65〕"坤"原作"地"，據上書改。

〔66〕"合"，上書作"妙"。
〔67〕"旦"，上書作"夕"。
〔68〕"還"原作"丹"，據上書改。
〔69〕"者明心，彼"，上書作"著明心域"。
〔70〕"天機"，上書作"天地機"。
〔71〕"一石者"，上書作"二爲汞者"。
〔72〕"汞"字原無，據上書增。
〔73〕"門"，上書作"之妙"。
〔74〕"出"，上書作"命"。
〔75〕"學"，上書作"昧"。
〔76〕"云"字，上書無。
〔77〕"土也"原無，據上書增。
〔78〕"爲"，上書作"謂"。
〔79〕"指"，上書作"省"。
〔80〕"侮之"，上書作"得之"。
〔81〕"離"原作"得"，據上書改。
〔82〕"歸"字原無，據上書增。
〔83〕"衆者"，上書作"者衆"。
〔84〕"抱朴子"原作"元君"，據《抱朴子·金丹篇》及本書卷六七《太清神丹法》改。
〔85〕"上帝"，上二書作"老子"。
〔86〕"進退五星，斟酌寒暑"，上二書無。
〔87〕"人生死咸由之矣"七字，上二書無。
〔88〕"勉力求生，勿得懈怠"八字，上二書無。
〔89〕"賢者勤之，吾不虛言"，上二書作"愚民不信，謂爲虛言"。此下二百二十一字，上二書無。

雲笈七籤卷之七十四

方　　藥

太極真人青精乾石䭇飯上仙靈方　王君注解

《青精上仙靈方》，《太極法》使[1]二千二百歲中，得傳十人。無其人，祕之勿泄。一日有其人，聽頓授之十人，過限不得復授。受之者皆立盟約誓，啓不宣漏，跪有方之師青帛三十尺，金鐶兩雙，代歃血之信。傳非其人，宣泄寶文，身考三官，死爲下鬼，揵濛山之石，填積夜之河。凡受書，齋十日，授者亦然，然後乃得對傳之[2]。

太極真人曰：夫受生炁於五穀者，結胎育物，必抱穀氣之流精也；含真萬化，亦陶五穀之玄潤也。若子寄形於父母，將因所生而攝其生矣。不緣所生之始本，而頓廢其所因者，未嘗不枯竭於偏見，斷年命以雕傷乎！當宜因其所由，順其精源，凝滌柔和，微而散根，使榮衛易鍊於日用，六府化穀於毫漸也。故因穀以斷穀者，乃衛明之良術；緣本以去本者，乃攝生之妙迹耶！於是扇南燭之東暉，招始牙之朱靈。五液夷泯，百關[3]通盈，神樂三宮，魂柔魄寧。復以晨漱華泉，夕飲靈精，鳴皷玉池，呼吸玄清。華腴童於規方，胃滿填乎空青。所以千笇一啓，壽隨年榮，歲與藥進，飛步仙庭也。服盡一劑者，命不復傾，五雲生身，體神氣清。亦能久食，百關流亭。亦能終歲不飢，還老反嬰。遇食即食，不食即平。真上仙之妙方，斷穀之奇靈矣！

生白粳米一斛五斗，更舂[4]治折取一斛二斗，得稻名有青者，如豫章西山青米、吳越青龍稻米是也。青米理虛而受藥氣，故當用之。盛治，勿令雞犬穢物臨見之。

南燭草木葉五斤，燥者用三斤。或都用三斤亦可，雜用莖及皮益佳，多取含淹潚一斛二斗米耳，不待斤兩之制度也，以意消息之。其樹是木，而葉似草，故號南燭草木也，一名猴藥，一名男續，一名後卓，一名惟那木，一名草木之王。生嵩高少室抱犢雞頭山，名山皆有之，非但數處而已。江左吳越尤[5]多，其土人名之曰猴叔或染叔，粗與其名相髣髴也。煑取汁極令清冷，以潚米米釋炊之，灑護皆用此汁，當令飯正作紺青之色乃止。預作高格，暴令乾。若不辨雜[6]得他藥者，但作此亦可服。日二升，勿服血食。亦以填胃補髓，消滅三蟲，為益小遲，但當不及衆和者耳。亦神仙食也。《上元寶經》曰："子食草木之王，氣與神通。子食青燭之津，命不復殞。"此之謂也。合藥之始，當先齋三日，乃得為之。尤禁房室穢慢，藥不行也。此上真之方，不同他事，山林諸道士但按此而用耳。若不辨諸雜物，及貧者又或無米，但單服此葉，或擣為散，或以蜜丸服之，皆得仙也。近易之草而俗人不知，知猶不用，可不哀哉！初欲服者，要當先作和者三二劑，劑盡無復和，乃單行耳！先宜填胃關故也。有資力者，自可常和而服之，得効尤速，百害災病不復犯也。單以米合猶為小遲，要自愈於胡麻、术、桂之單行也。服之使人童顏聰明，延年無病，又不令人有憂思之心矣。禁食血肉生之物，若噉脯不害也。若無和而單行者，當三蒸三曝，極令乾，旦以清水漬二升或一升，再服之如食狀，亦可水送餐。及以葉擣此飯為屑，以和白蜜，重擣萬杵，丸如梧桐子大，日再服，服五十丸乃佳，有愈於乾飯之益也。其日遇食亦食，無苦也；如不得食，平平耳。又常當漱玉池之華，以益六液。

和用空青七兩精鮮者，先細擣，重絹羅之。夫空青者，虛曜而益真，填胃而明眼，強筋而補液，增精而童顏，上仙品石也。若施之以房室，則氣穢而神亡，害殺立驗，可不慎哉！又用丹砂一斤精徹者，先細擣，絹篩之。夫丹砂者，朱明而陽煥，填骨而益血，強志而補腦，增氣而理肺，使人百節通利，關樞調和，上仙品石也。忌血食履淹濁及房室，犯之者上氣，生癥積骨枯之病。又用伏苓二斤白好而不冰者，以水五升煑之三沸，焙乾而細擣，重絹簁之。伏苓者，通神而致靈，和魂而鍊魄，明目而益肌，厚腸而開心。又與南燭二炁相養，調榮理衛，亦可單以乾飯和之尤良。禁食酸及猪犬肉，忌見血鯹，犯之者藥勢不行，無益於身。單乾餾飯合茯苓擣篩蜜丸如前，服之良。

又用荆木杪頓葉華陰乾者五兩，乾葉益佳，細擣千下，重絹簁之。荆木葉華通神見鬼精，取荆之時，勿令鷄犬見也。凡合此藥者皆宜静密，勿以藥名字以語不同志者，所將使人不得不示之耳，慎之！凡四物擣簁都畢，又合内臼中，重擣一萬杵畢，乃以合溲青乾飯中，善令調市[7]，盛以布或絹囊，著甑中蒸之，微火半日許，令釜中水多少如乾飯斗數，數反側囊四面，令通熱市，若釜中水竭而飯不市者，更以意增水微火也。畢，出囊飯著高格，日中曝之，取令極燥。以藥溲乾飯訖，又以清酒合溲飯令浥浥耳，然後内囊中。當得大甑内囊飯畢，以蓋密甑上，勿令氣泄塵入。又曝飯當善分解之，勿令相滯，令極乾歷歷可耳。亦可擣之爲屑，丸以白蜜，梧桐子大，日服八十丸，日再服，使人長生延年。

又和用白蜜二斗，清酒一斛。右二物皆令精好，以蜜投酒中攪之，調和畢，以薄溲餾飯於大器中，皆令通市浥浥爾。乃出日中曝令極乾，乾復内如前。凡一斛二斗，令作十過溲飯，或七八過溲之，取令浥浥調市，亦務欲薄溲使調，而數於日中暴也。用酒溲餾飯都畢，乃内囊中，復蒸如前。畢，出乾令燥，於此亦可擣而丸服，如梧桐子大，日再服八十丸。又和用一斗酒、一斗清水若井花水淋沃之，極令清徹。以南燭葉一斤或二斤漬之，或煑之一沸出，令汁正作紺青色，小令濃也。又内白蜜五升或一斗著青汁中，攪令匀和畢，又以溲餾飯，如前溲令調市，日中乾之，唯欲多溲乾也，須盡清汁乃止。又輒復蒸畢，日中乾之極燥，青精餾飯之道都畢矣。

若釜甑蒸之不相容者，亦可分蒸之也。合藥當用月之上旬，於寅卯日别安釜竈也。若藥歷歷者，但服五合，送以飲。若藥相結縵不解者，乃擣蜜丸，計五物合爲八十丸，平旦一服或再。藥成，封著密器中，數出乾暴之，若作丸亦當頓作之也。服畢，聽得食腑[8]。初服之始，不便絕穀也。當減穀，以二升半爲限，一年後減爲二升，三年後減爲一升，四年後減爲半升，減之以至都盡，至於五年，令人輕明，大驗。自此以後，亦能一日九食，亦能終歲不食。食麩乃易爲減。服䬸飯者[9]，百害不能傷，疾病不能干。去諸思念，絕滅三尸，耳目聰明，行步輕騰。十年之後，青精之神，給以使之，令坐在立亡，能隱化遞變，招致風雨[10]。一劑輒益筭一千，長服不死。凶年無穀，或窮不能得米者，皆單服南燭，或和茯苓，或以蜜和南燭，或雜松栢葉，會用相參，非但須穀也，但當不得名之䬸飯耳。皆宜參以吐納咽液，以和榮衛，常當如此。䬸飯須雲牙之用，雲牙不須䬸飯而行事也。若和用古秤者，日服二合半耳。服不患多，唯患不可供，故二合半以自節限耳，初服藥不便斷穀也。此上仙之名方，去食之妙道矣。

太上巨勝腴黄五石英法一名太帝君鎮生五藏訣[11]

南嶽真人告曰：吾昔有入室弟子仙人趙成子者，[12]初受吾《鎮生五藏上經》，乃按而爲之。成子後欲還入太陰，求改貌化形，故自死亡於幽州上谷玄丘[13]中石室之下。死後五六年，有山行者見白骨在室中，露骸冥室，又見腹中五藏自生，不爛如故，五色之華，瑩然於內。彼山行人歎曰：“昔聞五藏可養，以至不朽，白骨胷中生華者，今覩其人矣。此子將有道不修，中道被試不過乎？”因手披之，見五藏中各有一白石子鎮生五色華如容狀[14]在焉。彼人曰：“使汝五藏所以不朽者，必以五石生華故也。子已失道，可以相與。”因取而吞之去。復四五年，而成子之尸當生。彼人先服石子以成子當生之旦，而五石皆從口中飛出如蟬狀，隱隱雷聲，五色洞明，徑還死尸之藏。因此成子改形而起，如一宿醉睡之間。其人心懼恍惚，因病日甚，乃至入山尋視死尸所在。到石室前方，見成子偃據洞嘯，面有玉光，而問之曰：“子何人哉？”忽見有五老仙翁，披錦帶符，手秉羽節，頭建紫冠，言於成子曰：“昔盜吞先生五藏寶石者，此人是也。"言畢，彼人面上即生惡癩，噤而失言。比歸達家，癩瘡亦匝，一門大小，同時俱死，族亦遂滅矣。

訣曰：太極金華真人以此經文，刻於太微帝君[15]紫微宮玄琳[16]玉殿東壁牖上。其文曰："五石[17]異方，津光合形。有終而死，有始而生。萬類反本，千條歸真[18]。氣適浮煙，血奔流精[19]。哀哉兆身，飛[20]真不成。何不竭以雲草玄波，徊以芔醴華英，會以五光[21]七白靈蔬，和以白素飛龍？沐浴平旦，正心向東。凝精厲魂，上帝五公。再拜朝靈，鎮固五方，長生天地，出入流通。各安其位，生華五藏。"此文乃上清八會龍文[22]大書，非世之學者可得悟了者也。太素真人顯別書字，受而服之，求其釋注於太極帝君焉！雲草玄波者，黑巨勝脉也，一名玄清；芔醴華英者，蜜也；五光七白靈蔬者，薤菜也；白素飛龍者，白石英也。法當種薤菜，使五月五日不掘拔者，唯就鋤壅護治之耳。經涉五年中，乃取任[23]藥，名爲五光七白靈蔬。取薤白精肥者十斤，黑巨勝脉一斛五斗，白蜜凝雪者五斗，高山玄巖絶泉石孔之精水二[24]十六斛，白石英精白無有瑕碬者五枚，光好[25]於磨石上礪，護使正圓，如雀卵之小小者，好瑩治令如珠狀，勿令有礪石之餘迹。先清齋一百六十日[26]，令齋日訖。於九月九日先築土起基高二尺，作竈屋，屋成作好竈，口向西，屋亦開西户也。當得新大鐵釜安竈上，於九月九日申酉時，向竈口跪東向，内五石子於釜中。於是乃先投一枚於釜中，祝曰："青帝公石，三素元君。太一司命，玄母理[27]魂。固骨鎮肝，守養肝神。肝上生華，使肝永全。"次又投一枚於釜中，祝曰："白帝公石，太一所愒。元父理精，玄母鎮肺。守養肺神，使氣不朽[28]。肺上生華，十萬億歲。"次又投一枚於釜中，祝曰："赤帝公石，帝君同音。玄母理神[29]，桃康鎮心。守養心神，無灰無沈[30]。心上生華，華茂[31]玉林。"次投一枚於釜中，祝曰："黑帝公石，太一同箄。玄母元父，理液混變。守養腎神，使無壞亂。腎上生華，常得上願。"次又投一枚於釜中，祝曰："黄帝公石，老君同威。太一帝君，理魂鎮脾。守養脾神，使無崩頽。脾上生華，白日上昇。"投石時皆各閉氣五息，然後乃投石。都畢，起向竈五再拜，又取薤白五斤好者[32]覆於五石之上。畢，内蜜灌薤上。畢，内腴一斛五斗灌蜜上。畢，乃格度腴入釜深淺高下處所也。然後稍入清水，使不滿釜小許止，木蓋游覆釜上。九月十日平旦發火，當取直理之木熇燥好薪，不用蠹蟲及木皮不淨薪也。微火煑之，纔令陷劣沸[33]而已，勿使涌溢大沸，大沸則五石消爛。當屢發視，調[34]其下火，當先視腴格處所。若煑水煎竭，輒當益水，使盡二[35]十六斛水而止。又水盡之後，更加煎令減先腴二寸格，疇[36]量以意斟酌視之，都畢成也。寒之於釜中，去[37]下火灰，密蓋其釜上五日，乃徐取五石。平旦向五方各拜，拜畢，跪以此腴雜以東流水，以次服之，餘[38]水及腴，取令送石子入口下喉中，耳聞之[39]。再服時[40]，亦如初投石於釜中時，一一按祝而服之也，畢，又五再拜，畢。若藥煎既成，而視無復石者，非有他也，直五精伏散，隱靈化形，故自流遂[41]於雲腴之中，無所疑[42]也。但當日服五合，以酒送之，神變反質，各自鎮養五藏矣！自於五藏之内，更生成五石也。慎不可猛火，火猛石精飛去，滓濁壞爛，雲腴熬焦，殆不可服御。

又雲腴之味，香甘異美，强骨補精，鎮生五藏，守炁凝液，長魂養魄，真上藥也。以好器盛之，密蓋其上，即日服二合爲始，日以爲常。若腴蜜煎强者，亦可先出服石後加腴，更和腴煎取，令凝如割肪也。人亦有丸服之者，日[43]三十丸，大都丸不如腴服佳也。趣復任人所便，便則安於體，體便則無不佳。常能服此腴者乃佳。若先腴盡，當更合如前，内白石英五兩鎮釜底，一兩輒一投[44]，祝說如法，但不復礪石使員而重服之耳。藥成，出此石沈東流水中不常熇竭之淵。若不欲更合此[45]腴者，亦無損於前五石。此腴名玄女玉液，一名飛龍雲腴，一名鍊五石之華膏。服之十五年，内外洞徹，壽長天地，役使鬼神。三年之後，眼可夜視。真人云：此方愈於鍊八石之餌，全勝於玄水雲母之玉漿。既服此五石，石之[46]喉，徑寳鎮五藏，一藏[47]中輒有一石以守藏孔，藏孔之上，皆生五色華也。

若其人或蹔適太陰，權過三官者，肉既灰爛、血沈脈散者，而猶五藏自生，白骨如玉，七魄營侍，三魂守宅，三元權息，大神內閑[48]，太一錄神，司命秉節，五老扶華，帝君寶質，或三十年、二十年，或十年、三年，隨意而出。當生之時，即更收血育肉，生津結液，復質本[49]胎，成形濯質，乃勝於昔死[50]之容也。真人鍊身於太陰，易貌於三官者，此之謂也。太微天帝君詠曰："太陰鍊身形，勝服九轉丹。華容端且嚴，面色合靈雲。五石會天真，太一保神關[51]。上登太極闕，受書爲真人。"

太上肘後玉經方八篇 霞棲子盧道元

昔巢居子奉事東海青童君，以節苦心寂，奉師禮具[52]，暑雨祁寒，無懈無怠。僅二十年，乃口授玄法，手錄聖方，曰："若求跨鶴昇九霄，未易致也。若優遊乾坤之內，守顥[53]然之氣，容色不改，心目清朗，壽數百年不歸，可得矣！"然神仙祕術，不可傳失其人。長安年中，巢居子以寒棲子賢人也，使沐浴齋戒，乃授其事。至貞元八年，寒棲子以余不揆陋微，游放自適，所從來者匪世俗之士，無聲利之交，若天與之正性，謂不虛授，乃傳之。余以隱棲子文華之士，昔登上科，忽遺馳騖，息心道門。僅六七年，其玄法祕術，無不得之。而至理之要，曾似未遇。顧余有此遺禮留愛，久之而言。余知其志士也，心忘爵祿，邂時稱《騷》《雅》之什，有而若無，實而若虛者哉。必當羽化雲飛，豈止龜鶴齊壽？寶曆乙未[54]歲，霞棲子盧道元敬持《太上八方》緼蘊玄賓一軸，以授隱棲施君，敬之哉！戒之哉！

☰乾，《天父地母七精散方第一》；

☷坤，《風后四扇散方第二》；

☶艮，《王君河車方第三》；

☴巽，《龜臺王母四童散方第四》；

☲離，《彭君麋角粉方第五》；

☱兌，《夏姬杏金丹方第六》；

☵坎，《南嶽真人赤松子苟杞煎丸第七》；
☳震，《青精先生餻米飯方第八》。

☰乾，天父地母七精散方第一

竹實三大兩、九蒸九曝，主水氣，日精[55]。地膚子四大兩、太陰之精，主肝，明目。黃精四大兩、戊巳之精，主脾藏。蔓菁子三大兩、九蒸，主邪鬼，明目。松脂三大兩、鍊令熟，主風狂痺濕。桃膠四大兩、五木之精，主鬼忤。菖蕂五大兩、九曝，五穀之精。

右方昔黃帝服之上昇，後欲傳者，立壇焚香，啟告

上帝，然可授之，立盟不泄，四十年一傳之，爾若違誓傳之[56]，太上奪筭，七代受考於水官，慎之。

☷坤，風后四扇散方第二

五靈脂三大兩、延年益命。仙靈皮三大兩、強筋骨。松脂三大兩、主風癇。澤瀉三大兩、強腎根。术二大兩，益氣力。乾薑二大兩、益氣。生乾地黃五大兩、補髓血。石菖蒲三大兩、益心神。桂心三大兩、補虛之[57]不足。雲母粉四大兩。長肌膚肥白。

右方風后傳黃帝，黃帝傳高丘子，高丘子傳大茅君，大茅君傳弟固。凡欲傳授，誓不妄泄。若輕授非道之人，考延七祖。右藥十物，各如法擣篩，仍擣三萬杵，同鍊過白蜜和擣一二萬杵，酒服日三十丸[58]。

☶艮，王君河車方第三

紫河車一具、《王母歌》曰："紫河車一，龍潛變易，却老還童，枯楊再益。"下文注曰："紫河車者，首女是也。東流水洗斷血一百遍，酒洗五十遍，陰乾曝和合。"生乾地黃八大兩、補髓血。牛膝四大兩、主腰膝。五味子三大兩、主五藏。覆盆子四大兩、主陰不足。巴戟天二大兩、欲多世事加一，女去之。訶黎勒皮三大兩、主胷中氣。鼓子花二兩、膩筋骨。苦䏎二大兩、治諸毒藥。澤瀉三

大兩、補男女人虛。菊花三大兩、去筋風。甘草菖蒲[59]三大兩、益精神。乾漆三兩、去肌肉五藏風，熬令黃。栢子仁三兩、添精。茯苓三兩、安神。雲英三兩、縮腸。黃精二兩、補脾胃。蓯蓉三兩、助莖力，女人去之。金釵石斛二兩、添筋。遠志二大兩、益心力不忘。杏仁四大兩、炒令焦，去尖皮，去惡血氣。苣蕂四大兩。延年駐形神。

右二十二味，共擣散鍊蜜，丸如梧桐子大，日以酒下三十丸。服三劑，顏如處子。昔王君傳蘇林，子當傳，立盟歃血。不爾，違太上之科，延災祖考。

三巽，龜臺王母四童散方第四

丹砂七兩、　朱砂三兩、　胡麻四大兩、九蒸九曝，煎令香。天門冬四兩、　茯苓五兩、　术三兩、　乾黃精五兩、　桃仁四兩。去皮尖。

右八味合筬擣三萬杵，冬月散服，夏月丸之，服以蜜，丸如梧桐子大。志[60]服八年，顏如嬰童之狀，肌膚如凝脂。昔王母傳大茅君，大茅君傳弟衷[61]，立盟契約，誓不慢泄，違者[62]太上科之，慎歟慎歟！

三離，彭君麋角粉方第五

麋角三兩具，不限多少，解開厚三分，長五寸許，去心并惡物，用米泔浸之，夏三日、冬十日一換，泔約一月已上，似欲輭即取出，入甑中蒸之，覆以桑白皮，候爛如蒸芋，曝乾粉之。每斤入伏火硫黃一兩，麋食菖蒲，其精寔入角也。以酒調服三錢。

右方彭君服之，壽七百七十九歲，後入地肺山去，不知所在。今人云彭逝，謬耳。別自有傳此方者，又有人於鵠鳴山石洞獲此方，文法皆同，不可宣也。

三兌，夏姬杏金丹方第六

杏子[63]六斗，水研之，取一石八斗入鐵釜中煑之。先以羊脂揩鐵釜，令三斤脂盡，即下杏子汁，以糠火賣之四十九日，乃取以構子煎，丸如大豆，日服一丸，三兩爲一劑。夏姬[64]服三劑爲少女，後白日上昇。此方出於《羨門子上經》，立盟勿泄，傳者[65]殃及七代，慎之慎之。

又杏金丹方

取杏子三斗，去其中兩仁者，作湯纔三四沸，内杏子湯中，便須手摩令皮去，熟治之，置盆中折之，清其汁，度得七八斗，棄其滓。取一石釜置糠火上，以羊脂四斤摩釜中，令膏脂盡著釜，熱復摩之，令盡四斤脂。内汁釜中，熬以糠火并鹽砂火，火四五日藥成，其色如金，狀如小兒哺，服如鷄子黄，日三服，百日父母不能識，令人顔色美好。

三坎，南嶽真人赤松子苟杞煎丸第七

苟杞根三十斤，取皮别著，九蒸九曝擣粉。取根骨煎之，添水可三石，後併煎之，可如稀餳。即入前粉和丸，如梧桐子大。服之一劑，壽加百年。此[66]方赤松子以傳李八伯，立盟不泄，如妄傳，天殃將罰。

三震，青精先生飡米飯方第八

白粱米一石，南燭汁浸，九蒸九曝乾，可三斗已上。每日服一匙[67]飯，下一月後用半匙，兩月日後可三分之一。盡一劑，則腸化爲筋，風寒不能傷，鬚鬢如青絲，顔如冰玉。此方若人[68]服之，役使六丁，天兵衛侍。祕之勿傳，當獲神仙，切慎妄傳。

太一餌瑰葩雲屑神仙上方 并引說

夫茂實者，翹春之明珠也；苣勝者，玄秋[69]之沈靈也；丹棗者，盛陽之雲芝也；茯苓者，絳晨之伏胎也。五華合煙，三氣淘精，調安六氣，養魂護神。能用得其方，位爲天仙。老者復壯，反嬰童顔[70]，千

害不傷，延壽萬年。

三春茂實一斛，名曰茂者，茂於陽精也，故爲藥首。若三春不得合藥者，藏茂實於密器中封泥之，須用乃開之。到來春，不佳者不復用，敗者勿取，注[71]蟲茂也。此物難藏，當素精盛[72]燥器盛之。若茂實變成水者，當絞去滓，以茂水和藥也。黑巨勝屑三斗，先熬令香，乃擣爲屑。茯苓十斤，細擣下筵爲屑。白蜜五升。乾棗一斗，大者剝皮去核蒸過，擣令相和調。清美酒五斗。凡六物合攪令和，内一釜中，微火煎令凝如糖，以可丸者[73]。乃出著蜜器中，更分擣三千杵，丸如雞子中黄大，日服三丸。夫擣藥爲屑，皆令極細，輕絹篩，又内釜中煎之，當數攪和之，以蓋蓋[74]釜上。合藥欲得別處，不欲得人多聞見。服此藥者，六年白髮還黑，面有童子之色，行步如飛，身生玉光，災害不傷，駕雲上昇，位爲真人。

又説藥逐年功劾：服藥[75]一年，目明耳聰，强志而通神；二年愈勝；三年瘢瘤皆滅；四年體休氣充；五年行步如飛；六年白髮還黑，面有童嬰之色。此藥補胎益氣，充精開明，上仙方也。道士有單服此藥而升度者，不可勝數。此不比於常方，而宜用合餌之。

靈飛散方傳信録雲母法附[76]

余與憲臺察史博陵晦叔[77]有遺世保形超蹈山海之契，嘗共話求學之士，探擬睒謬，恥營近實，虛務遐潤，未易凡鄙，便冀飛昇，謂金丹坐延而仙籍立致。夫處心不實於道，練形未異於常，齒髮不駐，顏色隨謝，是氣血内耗而容狀外變，疾病未脱，嗜欲交煎，天生速死，不及常理，區區貪昏[78]，多此類也。今所爲異，必求良方。先驗容齒，與俗流自別。知常限不迫，方可冀久視修仙，練神清虛，求餌芝玉。因約索精要，近拯形骸，有新聞閱，互相曉導。晦叔異日謂余曰："有客話裴都尉者，鶴髮早垂，童顏近復，訪其所餌，曰《靈飛散》之功，共知此方在《千金》第二十八卷。"晦叔又曰："聞勳曹員外郎范陽君彝，常與修氣道客吳舍人丹講求此方。丹曰：'《千金》近略，率多不真定。此方本出《太清仙經》，可求正文，如法合餌。'君彝私誌，亦未卜所獲。時寓累于故李中書泌之宅，暇日偶入小佛室，有釋籍盈几，皆斷爛罕全，雜委無次。軸閱將半，忽遇一軸，標首完整，文墨甚華，題曰《太清真經》，發視乃《靈飛散方》卷。君彝執讀，欣契誠懷[79]，即齋靈文，驟告於丹。丹焚香頂奉，滌手持捧，謂君彝曰：'此真官曲遺靈應，特延紀於仙書，足觀[80]後學。'晦叔以余與君彝莫逆，分至傳信，可憑約就咨訪，便求傳寫。余驅乘詣門，問與聞叶，因得抄錄，與晦叔同之。又方中味[81]以雲粉為主，是歲余授鍾陵奏辟，而廬阜在封部之內，爐峯跳波，脈注羣[82]壑。居人方士皆引湍春雲，水沐日曝，流霜瑩雪，丸珠旋螺，宛若天造，貨於村市，資為衣食，常肆所積，日取無限。此方難要，唯茲一物，有是行也，實天借心謀，亦將旁利同志，不然，何契會如此，似先約話？余私貯靈感，不忘寢興，行商洛數程，息豹藏郵。舍客有自內鄉來者，曰："有鄧掾融攝宰前邑，年踰從心之五，而姿鬢不老，目童不昏，理劇接賓，與強仕等力。問其所得，曰：'常獲神方。'"余至邑徵訪，乃靈飛散所致。考其傳授，乃藥力驗應。云："昔歲見唐主簿，有道流口付，說是靈仙上方，欲窺功用，可立變鬢髮。融有親客顏鬢已衰，將試靈驗，因求合分，服三十日，客之容髮頓易前狀。融半劑之効，亦保數十年不改。恨其藥力未成，便闕服餌，又遠適窮嶺，資貨多乖，今比凡流，猶有所異。"復說："在長安日，傳張裴二駙馬，皆目變効，重符前聞。"則此方神奇，驗實相接，眼覿口問，積為明徵。又孫處士道門上流，精窮方要，掇此編錄，固非偶然。余與晦叔幸君彝之遇，果求而得之，約誓心服之，以邀効證，他日之異，續此編書。元和七年四月五日高陽齊推書心記實。

靈飛散方出《太清經》第一百五十三卷[83]

凡欲致萬神，求昇仙，皆先潔齋清己，香水灌頭，沐浴五體益善。百日之後，乃可致神明。欲求仙者，當從北嶽西嶽中嶽真人求[84]靈飛散，得而服之，必得神仙矣。真人曰：凡欲求神仙不老，長生久視，白髮更黑，齒落更生，面目悅澤，肌肉有光，從表覩裏者，當服靈飛散。老君曰："此方術之要，神仙之道，必化之本。道士服之，神仙不難；術士服之，遊於華山；凡夫服之，年去更還；老翁服之，返生童顏。"老君曰："服此藥者，可以不老。十日服之，三年不食。服之五年，可壽二千六百二十四歲[85]。我非一人，皆得真道，保成神仙。"

雲母一斤、成鍊[86]者。茯苓半斤、亦可一斤。栢子仁七兩、　石種乳七兩、　菊花五兩、亦可一十五兩。朮四兩、一本人參七兩。乾地黃十二兩、亦可十五兩。杜心七兩、　續斷七兩。

以九物治下簁訖，以生天門冬十九斤擣糜，絞取汁以丸此藥，汁多可和之，汁少者溲之，著銅器中，懸著甑下，蒸黍一斛二斗，熟出藥曝乾，更治擣之令細簁。服一方寸匕，旦服[87]，無毒可多服餌[88]。當食十日身輕，二十日耳目聰明，七十日髮白返黑，故齒皆去，若落去者而得更生。取藥二十七匕[89]，以白蜜和之，擣二百下止，丸如梧桐子，可得八十一丸。曝令燥訖，視丸表裏相見如明月珠，或似熒火精珠，或赤或白，此仙人隨身常所服藥也。欲令頭髮時生者，日服此七丸[90]，至髮生不白不落。若入深山不食，亦可作此丸，日七丸不飢也。若頭髮不落未白，但可服散，可壽五六百年不白耳。白者如前法，已白服藥，可至一百一十七年[91]乃落耳。求道必仙，要至神仙，髮齒更生，如三十時[92]。求道服藥，不頭白齒落者，老而服之，得仙之要。齒骨尸解，道之下者。凡作此靈飛散服之，三日力倍，五日血脈盛，七日身輕，十日面目悅澤、智慮聰明，十五日力作不知極、徐行及馬，二十日力不復當，三十五日夜視有光。

治雲母法

白鹽一斤、和合。雲母一斤。並擣之。

右雲母糜勿簁，內重布囊中挼挺之，水汰鹽味盡，內絹囊中，懸令乾，即成粉。一法：以鹽湯煑之，盡解如泥狀，挺之爲粉。

又法：雲母一斤、大鹽一斤，漬之銅器中三四日[93]，蒸之一日，於臼中擣之爲粉。

又法：用朴消水三升煮治雲母一斤，取成粉燥舒之，向日光看無芒便好，有芒勿服，服之久後病殺人，宜精治之。此本於盧司勳所得《正經》上傳寫記。《經》中云：擣雲母縻後，入重布囊中按挺之，令須入皮囊中按挺，大底不如取盧山水磑舂擣者最爲輕細。自造恐功不至，忽有麤芒者損人，慎之！服藥後禁食鯉魚，能斷一切魚爲上，恐刀砧相染，所害不輕[94]。又禁食血，是生肉、生乾脯之類，血羹是熟血，却非所忌禁。生葱蒜、生韭、釅醋、桃李、木瓜、酸物等，並[95]不宜食。又忌流水，若江行及溪澗無井處，但煎熟食之亦得。大麥損雲母力，亦宜慎之。服此藥能斷薰血，兼静修心氣，得効尤速。不得面受，故此批上。

孫處士進《養生祕訣》云："臣遇此方已來，將踰三紀。頃者但美而悦之，疑而未敢措手。積年詢訪，屢有好事人曾餌得力，遂即服之，一如方説。但能業之不已，功不徒棄也。"

【校記】

〔1〕"青精上仙靈方，太極法使"十字，《四部叢刊》本無。
〔2〕以上一段，上本置之於下段末。
〔3〕"百關"原作"關百"，據上本改。
〔4〕"春"，疑當作"舂"。
〔5〕"尤"字原無，據《四部叢刊》本增。
〔6〕"雜"字，上本無。
〔7〕"帀"，疑當作"帀"，下同。
〔8〕"腑"，疑當作"脯"。
〔9〕"者"字原無，據《上清太極真人神仙經》增。
〔10〕"風雨"，上書作"風雲"。
〔11〕"太帝君鎮生五藏訣"，本書卷八六作"洞生太帝君鎮生五藏訣"（下

稱《五藏訣》),《無上祕要》卷八七作"洞真太極帝君塡生五藏上經"（下稱《五藏上經》),《洞真高上玉帝大洞雌一玉檢五老寶經》作"大洞雌一太極帝君鎮生五藏上經法"（下稱《五藏上經法》)。

〔12〕"南嶽真人告曰：吾昔有入室弟子仙人趙成子者",《五藏上經》作"南嶽真人赤松子曰：趙成子者，學仙之士也"。

〔13〕"玄丘"，上書作"玄丘山"。

〔14〕"鎮生五色華如容狀"八字，上書無。

〔15〕"太微帝君"，上書作"太微天帝",《五藏上經法》作"太微天中"。

〔16〕"玄琳"原作"玄珠"，據上二書改。

〔17〕"五石"，上二書作"五氣"。

〔18〕"歸真"，上二書分別作"歸冥""飯冥"。

〔19〕"氣適浮煙，血奔流精",《五藏上經》"精"作"清",《五藏上經法》作"道氣遍浮，煙雲奔流"。

〔20〕"飛"，上二書作"非"。

〔21〕"五光"二字原無，據上二書增。

〔22〕"龍文"，上二書作"交龍"。

〔23〕"任",《五藏上經法》作"作"。

〔24〕"二"，上書及《五藏上經》均作"三"。

〔25〕"光好"，上二書分別作"先""先好"。

〔26〕"一百六十日"原作"一月或六十日"，據《五藏訣》與上二書改。

〔27〕"理"原作"埋"，據上三書改。

〔28〕"使氣不朽"，上三書作"使無朽廢"。

〔29〕"神",《五藏上經》及《五藏上經法》作"血"。

〔30〕"無灰無沈"，上二書作"使無灰沉"。

〔31〕"華茂"，上二書分別作"一成""華生"。

〔32〕"者"原作"積"，據《五藏訣》改。

〔33〕"陷劣沸",《五藏上經》作"覺劣沸",《五藏上經法》作"覺少沸"。

〔34〕"調"原作"謂",據上二書改。

〔35〕"二",《五藏訣》及《五藏上經》均作"三",《五藏上經法》作"四"。

〔36〕"疇",《五藏上經》及《五藏上經法》作"籌"。

〔37〕"去"字原無,據上二書及《五藏訣》增。

〔38〕"餘",《五藏上經》及《五藏上經法》作"飲"。

〔39〕"聞之"二字,上二書無。

〔40〕"再服時",上二書分別作"服之時""服石之時"。

〔41〕"逐",《五藏上經》作"遯"。

〔42〕"疑",上書作"凝"。

〔43〕"日"字原無,據上書及《五藏訣》增。

〔44〕"投"原作"枚",據上二書改。

〔45〕"合此"原作"此合",據上二書改。

〔46〕"之",上二書作"入"。

〔47〕"一藏"二字原無,據上二書增。

〔48〕"閑",《五藏上經》及本書卷八六《太陰鍊形》作"閉"。

〔49〕"本",《五藏上經》作"反"。

〔50〕"死",上書及本書卷八六《太陰鍊形》均作"未死"。

〔51〕"五石會天真,太一保神關"二句原無,據《五藏上經》及《五藏上經法》增。

〔52〕"具",《道藏》本《太上肘後玉經方》(下稱《玉經方》)作"冒"連下。

〔53〕"顥",上書作"灝"。

〔54〕"寶曆乙未",按寶曆僅乙巳、丙午兩年,無乙未,"未"當作"巳"。

〔55〕"日精",《玉經方》作"日之精",且置於"九蒸"之上。

〔56〕"爾若違誓傳之",上書作"不爾"。

〔57〕"之",上書作"乏"。

〔58〕"若輕授"至"三十丸"四十二字，上書作"各擣爲散，仍合擣三萬杵，密丸亦得也"。本書卷七七及《太極真人九轉還丹經要訣》皆有此方，但均少此方方首之"五靈脂"及"仙靈皮"二味。

〔59〕"甘草菖蒲"，《玉經方》作"甘草代菖蒲"。

〔60〕"志"字，上書及《四部叢刊》本皆無。

〔61〕"衷"原作"哀"，據本書卷一〇四《太元真人東嶽上卿司命真君傳》改。

〔62〕"違者"原作"進則"，據《玉經方》改。

〔63〕"杏子"，上書作"杏子仁"。下同。

〔64〕"夏姬"，上書作"夏徵書母"。

〔65〕"傳者"，上書無。

〔66〕"此"原作"北"，據上書改。

〔67〕"匙"原作"朼"，據上書及《四部叢刊》本改。下同。

〔68〕"若人"，《玉經方》作"傳綵女"。

〔69〕"玄秋"，《上清太上帝君九真中經·太一餌瑰葩雲屑神仙上方》（下稱《九真中經》）作"立秋"。

〔70〕"老者復壯，反嬰童顏"，《九真中經》作"老素反玄，嬰胎童顏"。

〔71〕"注"，上書作"蛀"。

〔72〕"當素精盛"，上書作"當索清淨"。

〔73〕"以可丸者"，上書作"狀似可圓者"。

〔74〕"蓋"字原不重，據上書增。

〔75〕"藥"下至"之色"四十五字，上書置之於前兩行"服此藥者"之後，而無"者"下"六年白髮還黑，面有童子之色，行步如飛"十六字。其上"又說藥逐年功効服藥"九字亦無。

〔76〕"靈飛散方傳信録雲母法附"，《道藏》本收録作"靈飛散傳信録"，無"雲母法附"四字。

〔77〕"博陵晦叔"，按《白氏長慶集》六一《故虢州刺史崔公墓誌銘》云："公諱玄亮，字晦叔，博陵人。"當即此人。

〔78〕"貪昏"原作"晨昏",據《靈飛散傳信錄》改。

〔79〕"懷",上書作"求"。

〔80〕"觀",上書作"勸"。

〔81〕"味",上書作"分味"。

〔82〕"羣",上書作"豀"。

〔83〕"靈飛散方",上書置之於下段之後,藥物之前。且無注文"出太清經第一百五十三卷"十一字,但段首有"太清經云"四字。

〔84〕"求"字原無,據上書增。

〔85〕"服之五年,可壽二千六百二十四歲",上書作"服之三年,可壽三千六百歲"。

〔86〕"成鍊",上書作"鍊成"。

〔87〕"旦服",上書作"日一服"。

〔88〕"餌",上書作"耳"。

〔89〕"二十七匕"原作"二七七匕",據上書改。

〔90〕此句後上書有"日三服"三字。

〔91〕"一百一十七年",上書作"七百年"。

〔92〕以上十六字,上書無。

〔93〕"日"字,據《四部叢刊》本增。

〔94〕"恐刀砧相染,所害不輕"原作"恐刀砧所相染害不輕",據《靈飛散傳信錄》改。

〔95〕"等,並"原作"並等",據上書改。

雲笈七籤卷之七十五

方　藥

神仙鍊服雲母祕訣序

《本草經·玉石部》云：雲母味甘平，無毒，主身皮死肌，中[1]寒熱，如在車船上。除邪氣，安五藏，益精明目，下炁堅肌，續絶補中，療五勞七傷，虛損少炁，止利。久服，輕身延年，悦澤不老，耐寒暑，志高神仙。一名雲珠，色多赤；一名雲華，五色具；一名雲英，色多青；一名雲液，色多白；一名雲沙，色青黄；一名磷石，色正白，生太山山谷、齊雲山[2]及瑯琊北定山石間。二月採。澤瀉爲之使，畏魚甲反流水。案仙經，雲母乃有八種；向日視之[3]，色黄白多青者爲雲英，色青黄多赤名雲珠，如冰露乍黄乍白名雲沙，黄白皛皛名雲液，皎然純白明徹者名磷石，色青白多黑名雲母，此六種並好服而各有時月。其白皛皛、色晻晻純黑，若有黑文斑斑如鐵者名雲膽，色雜黑而强肌者名地碌，此二種並不可服。鍊之有法，唯宜精細，不爾入腸大害人，令虛勞，爲丸散用之，並正爾擣篩殊爲末。出瑯琊，在彭城東北，青州亦有，今江東唯有廬山者爲勝。以沙土養之，歲月生長。今鍊之用礬石，則柔爛如粉極細。畏百草上露，乃勝東流水，亦用五月茅屋水制之也[4]。

《本草經》云：雲母上品藥，味甘無毒，生太白山谷、齊雲山及瑯琊北定山石間，二月採澤瀉爲之使，有八種各有名，向日視乃別之[5]。

色黄白而多青者名雲英，宜春服之，令人身輕，入水不寒，增壽四千年。

色青黃煌煌而多赤者，名雲珠，宜以夏服之，令人身輕耐寒暑，增壽三千年。

色如承雲，乍白乍黃[6]，名雲沙，季夏服之，身輕生光，耐風寒[7]，增壽二千年。

色黃白晶晶，名雲液，宜秋服之，堅筋骨，通經脈，增壽一千年。

色青白多黑，名雲母，宜以冬服之，身輕入火不灼，增壽五千年。

色皎然純白[8]而明徹者，名磷石，四時皆服，堅筋骨，通經脈，增壽五千年。

色晻晻純黑，若有黑文斑斑如鐵者，名雲膽，不可服，令人患淋發瘡。

色雜黑而厚强肌者，是銅鐵間雜，名地㻸，不可服，伐人命。

又赤色厚重名陽起石，是五雲之根，別將入藥用，不可服。凡五雲之根厚一寸，有一千八百年，重以土沙埋，新盆蓋，着陰地，歲月既久，便自生長。

又雲母五名：第一精者名雲光，第二名雲英，第三名雲珠，第四名雲母，第五名磷石。

鍊雲母法 凡十方

鍊之法，先薄擘去沙土，亦可先以東流水漬數日，乃槌破而擘之。訖，又以水淘沐百許過，極令清，乃隨遲速用之。遲用者，當以五月久茅屋漏水，於白甆器中漬之百日漉出。若有水垢不潔，更以東流水浴之數過，漉令燥，其浮濁細者亦別器盛之。八月中，以新布兩人各持一端，亦可繫竹竿頭，於山野淨草上拂取朝露絞汁，隨復拂汁，足淹雲母乃止，不必一朝取足。又以漬雲母，六十日已外，便可取用，著溫暖處，勿令寒凍。欲爲粉者，便漉取令燥作熟，皮囊盛，急繫口，手挼捼之。從旦至中，碎靡靡出，以絹篩過，餘滓更挼捼，取盡止。若猶不細，以指撚看，尚見炅炅星文者，更於大木盆中，以少水溲如泥，研之良久，以水淘沐，細絹濾灑，取餘滓更研，淘取盡，清澄之。亦可授竟旦，以紗葛䉛篩之，乃於白甆燥盆中研之，絹灑如法，亦善。亦可先研，以䉛絹澄令燥，乃用皮囊授，細絹篩之。亦可露水漬百日，出令燥擣，以絹囊於水中灑汁，澄乾治之。凡如此皆成粉，唯令極細如麪，指撚無復光明乃佳。若猶嫌不精，可以露水煮粉，散沸出口懸燥，乃更臼擣，重絹篩之。速用者，取洮竟薄擘，絹囊盛内湯中，出浮寒水中；又内湯，又浮水中，如此十過。易水令冷，候視輒，出曝乾，革囊槌便成粉。

又法：取礬石三斤，皮囊盛，没湯中令消釋，乃以雲母漬汁中一宿，則頓如紙。更水洮去沫研授，所[9]宜急成粉。礬石有微毒，特須洮去。

又法：礬石四斤，以東流水四斗漬之取汁，以黄甆器盛雲母十斤，燒令赤，内汁中，又出更燒，使三過止。加鹽如雞子大内汁中燒，投令汁盡乃止。水洮去沫，漬澄自碎成粉，若不甚細，更授篩之，用硝石亦佳[10]。

又法：雲母十斤，葱白五斤，鹽三升，水淹煑之。葱出，以水洮去鹽味，研授隨意則成粉，務其精至也。

又法：擣麻母葉汁以漬五雲母，則糜如泥，研成粉。麻母生山谷，其樹如梓樣純白色，葉似樗而細，折之有白汁，山人蒸食之。

又法：露水八升作湯，分半洮洗雲母二十斤，如此再過。又取二升作湯，内芒硝十斤，以雲母漬中，二十日出，絹囊盛懸屋頭，使見風日令燥，以水漬灑，皮囊槌之，從旦至中，乃細絹篩滓復槌，令得上好粉五升。

又法：薄擘雲母十斤、硝石二斤，絹囊盛置銅器中，酒一升、水二升半，合炭上煑之沸，出囊投寒水中，用酒復煑，如此十上十下，靡靡然於水中槌汁出，清澄成粉。此出《玉清法》。

又法：取成汰雲母，以地榆灰汁漬一月，細濾治碎令熟，又以沸湯濯之去灰炁十餘過，凝乾。取十斤煑以桂五斤，細槌研，以水二升半煑之，令桂無味乃止。去滓取汁，以解雲母如糜。此《崔文子法》。

又法：苦酒漬雲母四十五日，出治之，水漬攪去酸味，凝之，單絹袋盛，水中挼令汁出，澄之。此《越師法》。

又法：以茅屋水三升，銅器煮沸，同礬石三兩，掏滓，內雲母一斤，煎五六沸，出乾治，洮爲粉。

凡鍊治五雲，惟宜精熟，不爾傷藏致疾，或於腸中生長，不可復治，故方家殷勤備說。治之以火不如湯，多服不常，不如少服而長久也。

衆仙服雲母法二十六方

中山叔卿栢桂下玉匱素書雲母方

取雲母五色具者[11]細擘之，以茅屋溜水惹秋百草上露以漬之百日，內革囊槌之，絹篩著竹筒中，塞口懸甑下，白沙一石填其上，蒸之一日，炁達去之。更內黍稻米一石蒸一日，炁達又去。更內稷稻米一石蒸一日，炁達去之。乃以白蜜一升和合於銅器中，湯上煎令可丸，丸如麻子，以星宿出時一服三丸，日再。三十日加如梧子大三丸，常以鷄鳴服一丸。三十日身輕目明，五十日腹中痒，七十日三蟲去，八十日皮膚光，九十日入水不溺、面白易骨，三百日走及奔馬[12]，一年爲真人。又云，年七十已上，四百五十日已後乃得仙。此是用一斤法，多合者益之。一云用二升。

堯師方回自服雲母方

取雲母粉三斤、雲滋五升煎之且竭，內松脂三升洋，又內崖蜜三升合蒸之。從旦至暮下，寒暑自凝。如餌服，如彈丸日三服，可飲水而食棗七枚。久服騰山越海，神仙長生，寒暑不侵也。

又韓衆服雲母方

雲母粉一升、大麥屑二升合煑令熟，去滓服其汁，身光長生，亦能度世也。

赤松子服雲母方 凡二方

雲母三斤、硝石一斤，以醇醞酒漬雲母三日，細破内生竹筒中，以硝石俱内，復以升半醇醞酒内中，火上煎乾，攪勿住，須臾如膏。出置板上，半日當細成粉。平旦以井華水服寸匕，日一服，百日三尸下，正黑如泥，盛以筒，葬之於冢。次百日許惆悵不樂，過此乃佳。二百日還少如童子，藥盡更合。

又方：葱白蒸擣，絞取汁二升，桂屑雲粉各一斤，合内生竹筒中，安一石米下，蒸之成水，曝凝乾。服之，還老如少童。雲母、澤瀉爲之使。

又方：雲母一斤、　澤瀉二兩、末。天門冬八兩、末。茯苓八兩、末。

右四味和爲散，每日清旦服方寸匕。漸至三七日，酒下佳。九仙君曰：以白露水和露粉服一方寸匕，日三服，一百日光生，二百日三蟲伏尸下，其惡血從鼻出。夫人禀性不同，受炁亦異，或虚或實，有熱有寒。初服時皆有覺觸，以意消息。如覺體中熱，脣口乾燥，即須加三兩味冷藥和粉服之。若覺冷，即加熱藥。候炁宣通，臟腑調適，然可單服。服時乍少，常令不絕。初服粉，苣勝一升蒸，曝乾研碎，水淘取汁，以粳米和汁作粥，稀稠得所。如人腹内暖，用粉一匕和服。緣粉膩苣勝粥，得滑利流向下。凡人皆上熱下冷，然久可依方服之。

《九仙經》云：雲母者，千二百種之精，七十二氣雲之英，體精而光，不爲水毀，不爲火焦，天地相終，日月同耀。採雲母，取山陽面者爲佳也。

炅先生服雲母方凡二方

薄削生竹筒，盛白鹽半升，木盆蓋，漆之，埋井傍濕地，深五尺，十餘日爲水。又内硝石一升，化爲水。乃内雲母粉二[13]斤，復漆固口，埋之十日，出與白蜜分等，鐵器中蒸之凝。如餌服，或丸如梧子，日三服，身光耐寒暑。

玉清服雲母法

取前方所搗成粉者一斤、麥門冬屑半斤、白蜜半斤合和内生竹筒，密蓋之，蒸三斗粳米下，半日許出，當如餳狀。常服彈丸大，日三服，長生不死，惟志服之。

崔文子服雲母方

取前地榆灰所漬成粉者，用青竹筒各長尺五削去皮盛之，令不滿五寸，以縑掩口，悉住甑中，細沙壅之，竹口出沙上五寸，蒸之一日。可復悉取置新甆瓶中，縑塞口，漆周密之，以春分日内井底，秋分日出之。先取白蜜一升、鍊牛脂二升、蠟半斤，於銅器中微火煎和合，乃内雲母又煎，可丸止。吞如梧子大三丸，日三服之，三年則不飢渴，耐寒暑，不畏風濕；五年白髮却黑，形體輕強；長服神仙。

越法師服雲母方

取前苦酒漬成粉者，以生竹汁微火煑之，三日三夜已。更以清水鍊之乾，三十日後，以葱涕和如糜，於瓦器中蒸之半日已。出乾之，和以白蜜，服如梧子大三丸，日三服，神仙度世[14]。

越女元明服雲母方凡九方

雲母粉十斤，先取竹汁一斤内器中，肉桂半斤勿屑之，合盛蒸之五日五夜，當水盡爲度。出内銅器中，真丹二斤、白蜜三斤攪令相得，復蒸一日，當如餳狀。盛以竹筒，丸之如酸棗大。每日服一丸，一月服之還年，滿一歲成童子。

又法：擣葱白華絞取汁二升，肉桂屑、雲母各一斤，合內生竹筒中，蒸之一石米下成水，曝凝乾治。服一刀圭，日三服，二十日還年十歲，有童子色；四十日似嬰兒，百日入火不熱，入水不寒。

又方：先以桂屑一升蒸成水，乃內蜜、雲母於中，又蒸之成膏，服美酒下之，一月覺效。

又方：桂十斤，削取心得三斤，擣篩。葱白花四十斤，熟擣絞取汁，和桂屑內生竹筒中，蓋實密口，懸蒸黍米五斗熟，即化爲水。又內雲母粉一斤，一日復化爲水。日服一橡斗，日三服，二十日貌如童子。

又方：葱涕和桂屑漬之三日，絞去滓，以和雲母粉，內於薄竹筒中，密固口，內醇苦酒中，二十日成水。服之一橡斗，日三服，壽數無極。

又方：葱涕三升、桂屑二斤、雲母屑五斤合擣，和內生竹筒中，埋陰地入土三尺，百二十日盡化爲水。服一橡斗，日三服，服之長生。

又方：葱涕五升、桂屑半斤合和，銅器蒸之，又內雲母一斤溲，埋地中與地平，密蓋三日盡爲水。服一勺，日三服，長生不老。

又方：雲母粉一斤、白蜜三升內銅器中，漆固口，埋北垣下，三十日出之，器中已化成漿水。飲之多少自在，服二十日身生光，三十日風濕不傷，百日成童子。

又方：雲母五色具者細擘，於硝石湯煑沸，即投寒水中，如是九度止。乃以日乾之，盛鐵器中燒之，與火同色即出，注白蜜中攪之，相得如糜，乃以絹絞去滓取汁，寒凝如膏。先食服如彈丸，日三服，神仙長生。

老君餌雲母方 凡六方

雲母粉一斤、硝石白者一斤擣篩，白蜜三升，都合攪如粥，內生竹筒中，漆固口，埋北墻下，三十日出之，盛銅器中，稍稍似水。若酒中服，二十日身先光，三十日露不著身，五十日入山辟虎狼、水火不能害，百日出窈入冥，縱橫反覆，便成仙人。

又方：雲母粉一斤，蝦蟇脂如彈丸，白硝石、寒水石各如彈丸，春內竹筒中，牢密封口，埋濕地，深四尺。九日出以塗手，執火不熱，如熱，更埋七日乃成。可服之，服藥一升，日再服，百病除，身而潤澤，二百日與天通達。

消玉石法

取美玉一斤細末之，內雲母水中，十日乃消，可服半斤。諸石屑[15]內中皆消，不但是玉。此方祕妙，勿傳。

又方：雲母粉二斤、硝石一斤合擣如泥，內甖中，漆固口，濕地埋，深三尺。亦可懸井中，去水三尺。十日化爲水，服一橡斗，日三服，稍加之，却老還少，身形光澤。

又方：雲母粉一斤，薄削生竹筒盛之，朴硝二兩置上，密封其口，內蠱屎中，七日化爲水。出凝蒸之，填以黃土，三夜或至四五日入消[16]，更以黃帛三重密固，置陰花池中，七日又爲水。出曝屋上，三日下，內五六丈井勿至底，十日成餌潤澤，名雲液。服一刀圭，日三服，洞視千里，百日長生。

又方：雲母粉、天門冬屑、茯苓屑各三斤合治，白蜜丸如梧子大，服三七丸，稍增至三十丸。十日後，日再服，二十日後，日一服。欲服雲母，先須作此法服，然後可單服餌。凡服雲母，禁房室，履淹穢，及食五辛血鯉之炁。

仙人鍊食雲母方

此方所以不依古方，是東海女子賣鹽與蒙山隱居，遂求隱居得之。方云：凡服雲母粉，須煑一椀粳米粥，稀稠得所，著一匙雲母粉，熟攪和服之。仙經云，此藥多能，述之難盡。凡欲合藥，先須祭竈。辦以種種香華、五果、酒漿、酥蜜油等，大須潔淨。藥成之後，百無所忌。凡合藥必須擇神臨日，案經用除、成、收、開、建、滿日，神必來臨，藥何不有神驗？不得用執、破、閉之日，合藥不好，服無驗不効。又欲得春夏合佳，或初秋七月亦得。八月半已後不得，承冷雖成不佳。又不用近火，亦不用湯漬藥，大忌。其藥欲得甕器盛，服之佳。又云，欲玉椀鎚研藥益人，漬雲滋最佳。已前並神仙祕法，傳者勿傳非人，藏之金匱。臣法臧言：臣少長寒微，早嬰疾瘵，遂投山谷，尋訪良醫，因之服餌，綿歷年載云云。

真人常服雲母方

擣葱白莖汁二升，桂心半斤，以葱汁和雲母一斤、蜜半斤總内生竹筒中，蒸一石米飯中，藥成爲丸，服三十丸，日再服之，獲神仙。雲母上藥爲君，主治萬病，略之如前[17]。唯禁血、葫荽、生鯉、魚膾，迎三送七，已後任食。

凡服雲母粉，老人服之三七日，骨髓填滿，舌聲清亮，丈夫彌健，是藥之驗也。少年服之，二七日有驗。已前雖明服法，未明冷熱。大便祕澀，和飲服之；如冷大便滑，和酒服之良。

劉鍊師服雲母方

採得雲母札[18]，先以木槌側打，令葉葉開。去沙石訖，以布袋盛瓮中，取東流水浸之，每五日一易水。浸二十日已來，便漉出，於大木盆中淘洗，以淨爲度。然即却入布袋盛之，内釜中，依前法煑一二十日，候水減即添之，每五日一易釜中舊水。第一度易水即除却，第二度易水即須澄取雲母粉，却入袋中煑，但候釜中雲母捻如麵即止。還入木盆中淘洗曝乾，以木杵臼擣爲粉。其擣時須紙帳中，勿令風塵入。擣了，即依前法入絹袋，擺入瓮盛。欲煑雲母時，先須煑五茄、地榆取濃汁，以大瓮盛之，用此水旋旋添入釜中，依前法煑之。如無，消石亦得，校難爛。每斤五茄，即取二斤地榆，觸類而長。凡擇雲母，須去黑硬及瑕翳者，但向日看，光明透徹青白者爲上。

化雲母爲水法 凡三方

取葱涕，如無涕，取葱熟研代之。揉取桂心擣爲末，消石研之，以二味拌雲母粉，埋向墻陰地，一月日並化爲水。李夫人云：但取葱汁和密拌雲母化爲水，尤勝硝石，云硝石損骨。如上二法，皆應以青皮竹筒中盛之，密固其口也。

又方：雲母粉二斤、硝石一斤合擣如泥，内甖中，漆固口，埋地深三尺，二七日外，取懸井中，七日化爲水。

又方：雲母一斤、白蜜三斤合和於銅器中，微火煑之令沸，以一器覆上，漆固之，埋北壁下入地三尺，四十日化爲水，名曰雲母漿。服法：粳米飲下。

李大夫化雲母粉法

取雲母側敲，重重劈開爲葉，便入銅器中煑十數沸，令暖炁徹。即以滋布縫作袂袋，以前件雲母入袋中盛之。又於盆中瀉暖水相和熟揉，若得白汁，旋旋傾入別盆中。又用暖水和揉之，候得濃汁，即瀉入別盆中。以雲母汁盡爲度。即取諸盆中合入一盆，又重入袂布袋中重揉過，還依前法瀉入通油盆中，以雲母汁盡爲度。又取前件雲母，重入袂絹袋中過，依前法揉之，候雲母汁盡爲度。如此兩遍入袂絹袋中，揉盡汁過，其粉始精細。都向袂絹袋盛之，懸於空處瀝水盡，即以瓷鉢收之。

道者鍊雲母法 白雲明徹者爲上

雲母不得用鐵器修，砂盆中煑鍊爲上。雲母一斤、白礬四兩以研碎，百沸湯化爲漿。初但礬汁拌雲母袋盛，蒸七日後，更入礬汁漬之，一月日並爲粉訖，以三重絹囊濾之，水飛澄停爲粉訖，即以黃溪砂中蒸之七日，亦以礬漿拌之。

　　成粉雲母一斤，用白蜜二升鍊，蜜澄濾訖，入竹筒以漆固口，埋入地三尺，一月化爲漿。如未成漿濁在，更埋半月日，時寒即一月，成也。服法：每日空腹，以井花水二合調雲母漿一合服，飲少酒無妨，忌羊血。

煮雲母法 凡二方

　　雲母五十斤、硝石半斤，取雲母側打擘成葉訖，便入麤布袋中，於清水中擺洗，去穢令盡，然始入釜中，和硝石煮六七日，當爛成粉。

　　又取五茄皮及葱涕煑雲母，但得一復時，便爛成粉。其成粉雲母即入絹袋中，洗過尤妙。

真人服水雲母法 凡三方

　　葱莖取汁，桂一斤治下篩，雲母一斤粉之，合盛竹筒中，蒸之一石米頃，減火使凝令乾。服方寸七，日三服，三十日顏如玉，服百日入水不溺，入火不燒。雲母有五種色，今時人多不能別。法當向日看其色，詳瞻視之，乃可用耳，正陰視之不見。其雜色並見如多青者，名雲英，春宜服之；五色並見如多白者，名雲液，宜秋服之；五色並見多黑者，名雲母，宜冬服之；但有異色多者，名雲沙，宜季月服之；其色晶晶純白多者，名磷石，宜四時服之，色如黃而堅者，名雲精，春秋冬夏常服餌之。

　　五雲母之法，或以桂、葱、玉和之爲水，或於鐵器中以玄水漬之爲水，或以硝石合内竹筒中埋之爲水，或以蜜酪爲水，或以秋露漬之百日，以韋囊盛之爲粉，或以無心草汁合餌，服之一年則病愈，三年老翁化爲童子，五年役使鬼神，入火不燒，入水不溺，枳棘不傷，與仙人相見。又他物埋之則腐，火之則焦，雲母内火中至時不然，埋之不腐，故能令人長生。又云，服之十年，雲母烝常覆之。純黑起者不可服，令人淋發瘡。唯當以餌之，皆當以茅屋雨水、東流水若露水，漬之百日，沙汰去土石，乃可用耳。

又方：擣葱莖絞取汁二升，桂一斤擣下篩，雲母一斤粉之，三物都合成[19]竹筒中蒸之，炊一石米頃，一日[20]化爲水。出凝之，曝乾治，服一方寸匕，五十日作童子，百日入水不溺，履冰不寒。

神仙服雲母方

取雲母五色具者十斤，細擘去黑者，取精光明淨者。八月露時，以露粉成，務令細熟，向日看無芒，乃可用也。取成粉二升，内生竹筒中，密塞其口，甑中蒸之，又以白沙覆上，蒸之一日一夜。去沙，更裝一斛黍米，復蒸一日一夜。去黍米，覆裝稻米，復蒸一日一夜。乃出雲母，内銅器中，加雲母一升合和之，浮於鑊湯上煎之半日，雲母消盡令可丸，丸如小豆大，以星宿出時服三丸，日三服，至十五日後體輕。鷄鳴時服三丸，復十五日。後增四丸，日三服，十五日後體輕目明，五十日後腸化爲筋，七十日三蟲伏尸盡下，八十日身光潤，九十日入水不溺、入火不燒，百日後皮膚更生，二百日更易筋骨毛髮，三百日後行如飛龍、走過奔馬，一歲仙道成矣。二十至四十，服三百日得仙；五十至七十，服之三百六十日得仙；八十已上，服之四百日得神仙矣。雲母者，五石之精，天之精氣，日月之光，神仙之藥，非賢勿傳。

真人食雲母方 凡四方

雲母五斤、松脂十二斤、茯苓十斤、附子四十五枚、蜜蠟十斤，凡五物合擣三萬杵，細末曝乾，作三斗淳苦酒，内中封令清，使得一斗五升，不津器盛著，衆手攪令相和，埋著地中，滿千日乃出，藥自成無疑。藥成時，其香三里聞之。服之一斤，身中三蟲伏尸盡下，百病皆除。服之五斤，身中空虛，顔色甚好十五時。服之六斤，身飛行，手摩日月。服之七斤，無所不能，出没自在，在處隨形入道，教化羣生，密過人間，諸有厄難者，皆能救脱之。領立諸仙，興顯大法，隨所教化。此藥神祕，非賢勿傳。

又方：葱涕和桂屑漬三月，紋去滓取水，和粉內竹筒中，筒須削却皮令薄，密內浮醯中爲釀酒瓮，二十日成水，服之當神不復衰老矣。

又雲母粉一斗、大麥二升合煮熟，去滓，服其汁，身即生光，長年不老。

又方桂一十斤，削取肉以得三斤，擣篩。葱白四十斤熟擣，布絞取汁、桂屑內竹筒中，覆蓋上，密封口，懸蒸五斗黍米下，熟爲水。內雲母粉一斤，一日復化爲水。日服一盞，四十日狀貌如童子。

雲漿法 凡二方

雲母粉一斤、硝石四兩、朴硝二兩、白蜜五升，右蜜煎令相得，和雲母粉如煎餅麵，以竹筒盛之，用蓋蓋之，以泥四邊，勿令炁洩，埋地中一二尺許，一百五十日熟。服之光澤肌膚，顏如童子。

又方：雲母粉一大斤、澤瀉四兩、蜜五升，煎去二升，取三升。朴硝四兩、硝石四兩、桂心三兩，右件雲母粉等和如煎餅麵，以竹筒盛之，其竹筒去青皮，漆固濟其口。待漆乾，即埋於井北，去井三尺五寸、深七八尺，用手下土實之。埋一百五十日乃出，其色凝碧，洞徹清明。可服之，百病立愈，久即長生。

赤松子見授雲母神散方

吾見上仙真人，學道遊山下，戲大海之濱，見一丈夫沐浴，光白鮮明異常而問之，云：吾服神散而得身光白鮮如是也。因見遺方云：日取雲母粉，清旦以井華水服之方寸匕，即身生光澤。

蒸雲母法

法須東南作竈，釜上[21]燒桑柴，蒸之九日九夜。凡煮雲母一斗，用鹽花二升和之。

終南衛叔卿[22]栢桂下玉匱中素書服雲母粉方

右以雲粉一斤、白蜜一升合於銅器中，重湯上煎令可丸，丸如麻子。以明星出時服三丸，鷄鳴服七丸，三十日身輕目明，五十日[23]腹堅，七十日三蟲下，八十日皮膚光澤，九十日入水不濡、入火不灼，百日易骨，二百日走及奔馬，一年飛行自在，便可昇仙。

雲母長生斷穀丸方

雲粉三斤、白蜜二升，銅器盛，湯上煎，以淡竹瀝三升漸添令盡，用篦左右攪之，勿令停手，以竹瀝盡爲度。合時須護淨，勿令鷄犬婦人見。服時先喫一頓好飲食，任意食之盡飽，明旦空腹，即取藥一丸如鷄子大，向生炁方服。渴任飲食淡麨餅、枸杞、蔓菁、苜蓿、龍葵等。服兩劑，萬病出，齒落勿怪，不經月必更生平復。凡欲食麨時，皆著三兩匙雲粉相和作食，不覺有別異。

雲漿法

雲母粉一斤、白蜜三斤，右和合銅器中，火上令沸。停冷，以内新甆器中密封，以板覆上，乃埋北壁下，入地三尺，四十日化爲水，名雲漿。先齋戒三十日，以王相日平旦，取井花水一升、雲漿一合和飲之，日三服，身出光澤，臨雲不著，降玉女，感神仙。

服雲母畏忌法

芹菜、葫荾、猪肉、鱔魚、大麻子、鮎魚、諸陳臭等味，不畏觸藥，但恐損粉力。黄衣米醋亦不可喫，制粉力難行，糠醋稍通喫。若但擬求治病補益，延年增壽，亦不假須斷葷茹血肉。若修仙道，須特慎之爲佳。

韓藏法師療病法

療人五勞七傷、虛損，發汗出，以粉粉身，手摩之，雲粉入肉不見乃止。加食即汗出，並是虛也，數數粉摩之。欲除肌膚中風，能多塗身，令人骨膩。療人疥濕癬瘡，以粉和粳米粥服之，差即止。療人金瘡，以少許內瘡中，粉和粳米粥兩服當差，如差永除痕跡。下部病五十年不差者，日服粉二度，二十服永差。十餘日斷五辛、葫荽、豬肉、生冷。

療時行疫毒、壯熱頭痛、心腹脹滿及患黃，以粉三兩和粥半椀，稀稠得所，冷暖如人體，日三度服之，立斷。

療金石發動、頭痛身體壯熱，以粉一匕和冷水二合服之，日三度即止。療患偏風、半身不遂、口喎面㖞、精神悶亂，每日以兩匕和飲服之，以差爲度。兼以粉摩身，極佳也。

療七種風氣冷熱㾦、心腹脹滿、連胷徹背痛無常處，胷中逆氣，以粉一匕和酒三合及粥等，日三服，以差爲度，神驗。

療骨蒸虛熱、脣口乾燥、四肢羸瘦、不能飲食，依前方服粉，不過三斤，悉皆除愈。

療十二種心痛飛尸，但依前服之，亦愈。

療白痢多年不差者，用三匕粉和粳米粥服之，二匕立効，忌血食。治帶下不止，服諸藥不差者，以粉內下部，兼依前法服，立愈驗。

療刺風如行針刺，如前服，并以粉摩身，特忌房室、五辛等。

療蟲毒下血不止，及三蟲痔漏，如前服，驗。

療腹中冷食不消，將粉摩身，并以方寸匕好酒冷合和服，無不差。

療冷及痃癖、癥瘕者，但准前以清酒服之，不過三斤，永除。曾有人被虵咬踝上，通身腫，苦痛甚，不得屈伸，即以針刺歇其毒㾦，以粉和酒服三兩匕，兼將粉少許塗所咬處，少許時毒汁出，即當消歇。比見有人因醉亂以刀刺著三處，皆深腹漏，諸藥不能救。遂將凝粉三匕爲兩服服之，凝血內散，經一食久，即下部血出幷鮮血片，便無痛苦，渙如冰釋，因知破血有驗。

【校記】

〔1〕"中"，《神農本草經》作"中風"。

〔2〕"齊雲山"，《四部叢刊》本作"在雲山"。"太山山谷"，下文作"太白山谷"。

〔3〕"澤瀉爲之使"至"向日視之"二十四字，上本作正文，且"視之"作"視乃別之"，無以下"色黃白"至"出瑯琊在"一百三十六字。

〔4〕"在彭城東北"至"水制之也"六十一字，上本無。

〔5〕"本草經云"至"乃別之"四十九字，上本無。

〔6〕"乍白乍黃"，上本作"如冰露乍黃"。

〔7〕"耐風寒"，上本作"乍白耐風寒"。

〔8〕"色皎然純白"原作"多皎然白"，據上本改。

〔9〕"所"字，上本無。

〔10〕上本此後有小字注"李夫人曰：硝石損骨"。

〔11〕"者"後，上本有"一斤"二字。

〔12〕"入水不溺、面白易骨，三百日走及奔馬"，同卷第二十四方作"入水不濡，入火不灼，百日易骨，二百日走及奔馬"。

〔13〕"二"，《四部叢刊》本作"三"。

〔14〕"神仙度世"，上本作"光澤肌膚，顏如嬰童"。

〔15〕"屑"，上本作"硝"。

〔16〕"消"，上本作"硝"。

〔17〕"略之如前"，上本作"大略如前"。

〔18〕"札"原作"礼"，據上本改。

〔19〕"成"，上本作"盛"。

〔20〕"一日"，上本作"一石"。

〔21〕"上"，疑當作"下"。

〔22〕"終南衛叔卿"，本卷上文作"中山叔卿"。

〔23〕"五十日"原作"五兩"，據本卷上文改。下之"七十日""八十日"皆同。

雲笈七籤卷之七十六

方　　藥

靈寶還魂丹方 并序

夫人生禀於五行，拘於五常，則爲五味之所賊，八風之所攻，爰自飲乳至於耄年，莫不因風而喪命。或多食而過飽，或失食而甚飢，或飲啜太多，或乾渴乏水，或食鹹苦[1]，或啜酸辛，或畏熱當風，或惡寒親火，或庭前看月，或樹下乘凉，或刺損肌膚，或撲傷肢體，或時餐燥藥，或多啜冷漿，或久絶屏幃，或日多施泄。自此風趨百竅，毒聚一支[2]，遂使手足不隨，言詞蹇澀。或痛貫[3]骨髓，或痺襲皮膚。或痒甚蟲螫，或頑如鐵石，或多痰唾，健忘好嗔，血脈不通，肉色乾瘦，或久安牀枕，起坐須臾，語澀面虛[4]，雖活如死；或總無疾苦，卒暴而亡。男即氣引於風，女即風隨其血，未有不因風而喪命者也。世人不能治其風，但以藥攻其内，安有風在五臟六腑之中，四肢百脈之間，而湯飲之類，曷能去乎？假令相疾，而醫用藥乖誤，雖《難經》《素問》《三世》《十全》，欲去沈綿，其可得也？余久居太白，抱疾數年，萬藥皆施，略不能効。後有一翁遺余此藥，服都五粒，疾乃全除。稽顙叩天，求其藥法，然肯傳授，誓不輕泄。余故録於身右[5]，置諸靈室。後人得之者，宜敬之！無或輕慢，自貽殃咎。但依法修鍊，何慮不神？

夫炙藥制燒藥，燒藥制煑藥，煑藥制生藥；生藥使煑藥，煑藥使燒藥，燒藥使炙藥，遞互相制，遞互相使，君臣俱具，父子固全，遂得陰陽，各有其緒。陽藥制陰，以引其陰；陰藥制陽，而引其陽。此藥雖不能致神仙，得之者但服一豆許，則壽限之內，永無疾矣！如已患風疾及撲傷肢節，十年五年運動不得者，但依法服之，一粒便効，重者不過十粒。有人卒亡者，但心頭未冷，取藥一粒以醋調，一粒摩臍中一千餘下，當從臍四面漸煖，待眼開後，熱醋下一粒，入口即活。但是風疾，不拘年月深遠，神驗！不可具載其功力。每丸如芥子大，日曝乾收之。凡疾人不問年月遠近，先次[6]以紅雪或通中散茶下半丸，如或風澀甚者即一丸，良久以熱茶投之，令患疾人瀉三兩行，依法瀄薑豆湯下一粒，當以他人熱手更互摩之患處，良久熱徹，即當覺肉內有物如火走至痛處，所苦當時已失矣！一二百日及一年內風疾下狀不得者，服一粒後，當時可行步，一如不患人。至重者每瀉後服藥一粒，後歇三五日間，依前服紅雪先瀉，後服丹藥。但每日服，不過一二粒，平復如本。打撲傷[7]損多年者，天陰即疼痛動不得者，尤驗。只可一兩粒，服此藥多者，疾愈後，藥力當伏腳心下，男左女右，但有所苦，發心念藥，隨意則至。此藥神驗，功效非智能測。其法：

光明砂一兩一分、　陽起石、　磁毛石、　紫石英、　自然銅、長理石、　石亭脂、　雄黃。

已上七味，各三大兩[8]。

金薄二十四片[9]，光明砂研如麵，以蕎麥灰汁煑三日淘取秤；雄黃研如麵，醋煑三日淘取秤；石亭脂研如麵，酒煑三日淘取秤之。

牛黃、　麝香、　膃肭臍、　虎骨、　龍齒[10]。

已上五味，各四大分，研如麵，生用。

遠志、　巴戟天、　玄參、　烏蛇、　仙靈皮。

已上五味，各五大分。

木香、　肉豆蔻、　鹿茸、如乾柿者。肉桂。

已上四味，各六大分。

延胡索、　木胡桐律。

已上二味，各三分[11]。

石硫黄、　雄黄、　朱砂、　自然銅。

　　已上四味，同一瓶子，入金薄覆藉[12]，不固口，以火炙三日，火常去瓶子三寸，不得甚熱。

　　陽起石、　磁毛石、　紫石英、　長理石。

　　已上四味，同一瓶子內，以金薄覆藉[13]，灰埋瓶子一半，歇口燒三日。第一日火去瓶子二寸，第二日火去瓶子一寸，第三日火近瓶子，至夜煅通赤，無火毒。

　　又鍾乳十兩，以玉槌研七日，如麵即住，用熟夾絹袋貯，繫定頭邊，懸於鍋中，煑以水二斗，煎取一斗，內減[14]鍾乳水三合，研生犀角一千下，將此水別收貯，候入皂莢仁時同研用。又將其餘鍾乳水煎遠志等五味，仍加蔓菁子五大分拍碎同煎，令水至七升，去滓取此藥水，又煎青木香等四味至四升，去滓又取藥汁煎半夏、只以湯洗十度，拍破。[15]當歸細剉。二味各一大兩，煎至三升，去滓澄淨。

　　又地黃汁一升、無灰酒一升、童子小便一升，此三味與藥汁三升，都計六升，於淨器中，文武火養成煎，候至一升，即下諸般金石藥，攪勿住手，待如稀粥即去火，下牛黃等五味生藥末，熟攪令極勻，即下皂莢仁、炒其子，打取仁，杵為末，秤取六大分。龍腦二分，於盆內研如麵，入藥中。并所研犀角汁同入於乳鉢中，令壯士研三千下，候可丸，丸如芥子大，不得太大。此藥功効，造化無殊。又此藥就後，分為三大分如品字，取一口即一分也。

　　又加鍊了芒消一大兩，名為破棺丹，芒消即上好蜀消，有鋒鋩者即得也。於銚子內火上鍊令汁盡，取為末，入於藥中。或有暴亡，不問疾狀，但肢體未變者，可破棺打齒，熱醋調[16]下一粒，過得咽喉即活，十救八九。其丸如菉荳大，餘砂[17]並依歌訣。

還魂丹歌

　　硫、雄、砂隔銅居上，磁、起、長排紫作頭。金上下三中各二，第一句説石藥四味，依此次第入瓶子。第二句説四味，亦依前次第入瓶子。第三句説金薄上下各三片，中間兩片隔石藥[18]。紫[19]燒銅炙滿三休。一瓶燒，一瓶炙，依藥法，三日止[20]。乳烹四五俱歸一，乳即鍾乳，烹好煎也，四五二十也[21]，乃二斗水煎至一斗也，是歸一斗也。取一仍須十一修。即此一斗鍾乳水煎草藥十一味，云十一修也。煎到三時還要出，即煎至三升也地和童、酒[22]一時勾。地黃、酒、童子小便三物是也。去火石歸安靜室，是去火入石藥。待如肌肉五生稠。肌肉和入體也，五生即生牛黃五味用也。別盛三合鍾[23]間水，外邊千下轉犀牛。此即鍾乳水磨犀也。

修金碧丹砂變金粟子方_{治一切}

風，延齡駐顔，治萬病，兼化寶。

先作泥毬子，泥用黃丹、白土、瓦末、鹽醋溲。用蠟爲胎，不得令有微隙。陰乾，傍邊安孔，去蠟更燒過。即取好光明砂研擣爲末，以紙卷灌入了，用一大蚯蚓和毬子泥，擣泥令爛，却固濟孔子，待乾。更打一鐵鐶子，安於鐵鼎子中，安置鎔鉛汁入鼎中，其上可二寸已來，即以糠火養，長令鉛頓爲候。如此一百二十日，加火取出，更於地上以火鍛過，候冷出之。其藥如青紫螺子，揀取黑末不中用者，分藥一半，以青竹筒貯，用牛乳蒸五遍，三度換乳，乳皮堪療軒黷。取出，入地坑子中三宿，細研，以粟米飯爲丸，丸如粟米大。年四十，日一丸；年五十，日二丸；年六十，日三丸。其力更別，不得多服。治一切風，延齡駐顔，治炁益顔色。餘者細末於甘鍋中，用好黃礬一兩，以砂末上下布蓋，固濟頭乾了，灰火中養四十九日，以大火鍛，候冷開，皆成金粟子。取鼠尾一寫鍮三兩，用半分真庚，先於甘鍋内鎔引鍮，乃下三四粒子粟，便化爲真西方也。

取宜裝

長用火三大兩

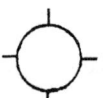

將此去鼎中盛毬子，一切臨時取毬子大小。其毬孔頭向上，安在鉛鼎之中。

修羽化河車法

　　光明砂四兩，揀取如皂莢子大者。瓜州黃礬半兩已上，取三年米醋拌，細勻[24]如泥，將用一一裹其朱砂。待乾，別取上色西方半兩打作薄，剪作小片子更裹砂子。然後取武都上色雄黃一兩、曾青一兩細研，以左味煎，以膠調，將雄、青末捏成小餅子，將裹前砂。待乾，擣鹽醋爲膠泥，更裹一重。總了，直待乾，用真鉛爲櫃，鉛則別有法。更燒三遍。出寒之，乃擣篩如法。取鉛銀六兩打作合子，其合子須相度[25]處，口拒深下二寸四分深，廣上一寸二分[26]。即取真鉛鋪於合底可二分，即排砂如蓮子樣，更以真鉛蓋，更鋪砂，重重取盡了，即以真鉛蓋却，取滿合，却先打銀束子束定，六一泥固濟。待乾，取五斤鹽用消石鍊過兩度了，細擣篩。取鐵鼎可容得前合稍寬者，實其鹽，擣作陷合處，是爲外櫃。以鹽鎮持了，蓋却，鐵篐貫定，固濟。待乾，掘一地鑪，深一尺六寸，闊一尺四寸，以馬通火糠火燒四十九日。開鼎，以鐵筯撥鹽櫃，看銀合櫃變爲金色，即去火取出。如未，更燒七日取。待冷開合，剝下黃礬及雄、青留著。取一粒細研，水銀二兩於鐺中微火，取藥半豆大糝上，便乾鍛成寶，且惜莫用。此爲第一轉[27]。

　　別取光明砂十二兩研碎，和前伏火砂同研，依前用米醋煎溲成團。取前內櫃細擣篩，築爲櫃。即取前剝下者雄、青細研鋪底了，安砂團，更以蓋子上了，便著櫃未填滿，依前來固濟。待乾入鼎，別泥鑪著草灰半斤，火養一百二十日，以大火鍛，出鑪取藥如前，當成上色西方也，此名第二轉紫金河車。

　　若要服食出毒，入寒泉一月日，却以乳蒸，用楮汁丸，丸如粟米大，延齡治萬病。每日服只可一丸，若志心盡一兩，壽年五甲子，神祕。不得偶然輕泄，傳非道之人，受其殃考。

神室河車方[28]

別取光明砂一斤細研，以左味拌。取一瓷鼎子可貯得藥者，將拌砂築成外櫃，將前[29]伏了砂細研醋調泥櫃內。乾了，著汞八兩，以二兩火入鑪養一百二十日，成紫金。即[30]將投名山，不宜用[31]告上玄，書名仙籍也。其神室收取，要用時坐於灰中，著汞六兩，用二兩火養一復時，成真上色西方也。《參同契》外丹亦云，龍虎之訣，即金華黃芽之品祕[32]。

九轉鍊鉛法

取鉛十斤、汞一斤，以器微火鎔之，用鐵匙掠取其黑皮，直令盡。每一遍傾在地上，復器中鎔之。凡如此九遍訖，即下汞，即用猛火熬作青砂。色如不[33]散，即糠醋灑之，即變為青砂矣。更於一鐵器中盛醋，傾砂醋中訖，用鐵匙研令熟。又醋烹添，取鉛黃於瓦上令乾。取黃牛糞汁，并小大麥麵亦得，和所熬青砂作團如雞子大，或作餅，日曝乾。一本云陰乾。於燎爐火上排鞴[34]袋吹取鉛精，名鉛丹，其性濡，更著器熬令至熟，其色盡赤，又出醋中研令至熟[35]，澄著瓦上使乾，於器中熬令熟紫色。又別以一器取好酒一升，下赤鹽二兩和投器中相得，即取紫色丹一時寫著酒中，待冷出之，此即名九還鉛。丸為丹，名曰九轉紫鉛丹也。

金丹法[36]

硇黃一斤、通明者，細研如粉。山池石鹽二兩，亦細研如麵。伏火北亭汁三兩。

　　右三味藥並同相和令匀，便取鐵合，用米醋研上好香墨濃塗鐵合内三遍。候乾，便入此三味藥於合内，以文火逼合令熱，候藥化爲汁，出盡北亭陰冘住火。候凝冷，便用硝石四兩細研如粉，入於合足，内實按了，以粘紙封定合足。候乾，方入於鼎内，用法泥固濟。其法泥用鴈門代赭如雞冠色者[37]、左顧牡蠣、赤石脂等三味各細擣如粉，入伏火北亭汁匀和，入白内杵一千以來，方用固濟，相合并足周廻，唯務緊密爲妙。合鼎上用鐵關關定，切在緊密。候陰乾，便取鉛三斤於銚子内，鉛化作汁，用小鐵杓子抄於合足，四面候匀遍。又更消鎔，鎔鉛汁漸漸灌於鼎内，直至鼎滿合上二寸以來。便選成合日夜半子時起火，初六兩，日加一兩，至六十日滿足。後[38]藥鼎冷定，用小鐵鑿子鑿去黑鉛，開合取藥，真如金色，便入於乳鉢内，研細如粉。

伏火北亭法[39]

　　北亭砂三兩，明白者。以黃蠟一分半鎔作汁，拌北亭令匀。作一團子，以紙裹炒風化石灰一斗。用一磁罐，先將一半風化灰入於罐内實築，内剜一坑子放北亭於内，上又將一半風化灰蓋，准前實築。初用火三斤以來，漸漸加火至五、七斤，三復時足乃起[40]一弄，十斤火鍛令通赤。火盡，候冷取出，用生絹袋子盛。又掘一地坑子，可受五、七升，滿添水，候墍[41]盡水，安一細磁碗於坑子内，上横一杖子，懸釣北亭袋子於碗上，更用一盆子合蓋，周回用濕土壅盆子，勿透氣。三復[42]時並化爲水，取此水拌調前件二味藥。

化庚粉法[43]

　　上好庚一十兩、汞五十兩貯於一罐内，常用火煖，將庚燒令赤，投於汞内，柳篦攪，化盡爲度。用鹽花三斤，與金泥同研唯細，便入一大鐺內勻平，上用勘盆子蓋鐺，以泥固濟，周廻令密，慢火鍛之，却令汞飛上，以汞盡爲度。次用煎湯沃鹽花，候鹽味盡爲度。其庚粉於盤內日曝乾後，細研入在藥內。雄黃八兩，如鷄冠色者，研如粉，雌黃八兩，通明葉子者，研如粉；戎鹽四兩，研如粉；金粉十兩，右五味藥並細研如粉，別換鼎合，一依前法。用米醋濃研香墨，勻塗合內，還用文火逼合，令藥作汁，一依前法。用硝石四兩細研如粉，安在合足，內實按，以麵粘紙封定合足，便固濟合蓋，入於鼎內，准前法泥固濟合足，合上用鐵關關定後陰乾，一依前法。先取鉛三斤於銚子內鎔作汁，以杓子抄在合足，四面相次。更鎔鉛汁，漸漸灌滿鼎內，至合子上二寸以來，一依前法。選成合日夜半子時起火，火候准前，初起六兩，日加一兩，至六十日滿足，候鼎合冷定，用鐵鑿鑿去黑鉛取合，其藥當作紫金色。每一分於乳鉢內細研，可制汞一斤立成紫磨黃金。此非人世所有，是神仙祕授，若於助道，須知足乎！

伏藥成制汞爲庚法[44]

汞一斤、藥一分，於新鐵銚子內藥置汞上，用茶椀子蓋，固濟如法。安銚子於火上，專聽裏面滴滴聲，即將銚子於水內淬底。如此十數度，其汞已伏。研砂[45]如黑鉛砂子，別入甘鍋銷鞴，當爲紫磨金。其於變化，不可具載。

四壁櫃朱砂法[46]

《四壁櫃朱砂》，其法能除風冷，溫暖骨體，悅澤顔色，久服無疾，延年益壽。

針砂一斤、　硫黃四兩、　朱砂三兩、　白礬四兩、　鹽一兩。

右以濃醋一斗五升𩟱針砂、硫黃二味令乾，以火鍛之，待鬼焰出盡後，放冷研。別入硫黃一兩，又用醋一斗五升更𩟱。候乾，依前鍛之，鬼焰盡即止。放冷，以水淘取紫汁，去其針砂，澄紫汁極清，去其水盡，陰乾。即入白礬、鹽同研，內甆瓶中，四面下火鍛之，候瓶內沸定即止。待冷出之細研，以醋拌爲櫃，先用藥一半入鉛桶中築實，即以金薄兩重朱砂入櫃，上又以餘櫃蓋之築實，以四兩火養三七日，即換入銅桶中，密固濟，用六兩火養三七日足，即用十斤火鍛之，任火自銷。寒鑪出藥，朱砂已伏。於潤濕地薄攤盆合一復時，出火毒了，細研以棗肉和，丸如麻子大，每日空腹以溫水下五丸。以鉛作桶，可重二斤；以銅作桶，可重三斤。忌羊血。

【校記】

〔1〕"苦"，《靈寶衆真丹訣‧還魂丹法》并序作"醋"。

〔2〕"一支"，上書作"四肢"。

〔3〕"貫"，上書作"鑽"。

〔4〕"語澀面虛"，上書作"頭面虛腫"。

〔5〕"身右"，原作"石"，據上書改。

〔6〕"次"字，上書無之。

〔7〕"傷"字原無，據上書增。

〔8〕"兩"，上書作"分"。

〔9〕"金薄二十四片"，上書置之於"光明砂"前。以下四十三字，上書分置於相應藥下作注語。

〔10〕"牛黄、麝香、膃肭臍、虎骨、龍齒"原無，據上書增。

〔11〕"分"，上書作"大分"。

〔12〕"同一瓶子，入金薄覆藉"，上書作"入同一瓶子，用金薄覆藉"。

〔13〕"藉"字原無，據上書增。

〔14〕"減"，上書作"取"。

〔15〕"只以湯洗十度，拍破"，上書作"炙，以湯洗了，捏破"。

〔16〕"調"，上書作"滴"。

〔17〕"砂"，上書作"藥"。

〔18〕以上注語，上書分置於各句之下。第一句下注云："即前四味石藥依此次第入瓶中，依法用火炙。"第二句下注云："即後四味石藥依此次第入瓶中，依法用火燒。"第三句下注云："煅前藥用金薄上下各三片，中心各兩片隔定石藥。"

〔19〕"紫"原作"此"，據上書改。

〔20〕上注十二字，上書作"用紫石英者瓶子即燒之，用自然銅者瓶子即炙之，各一日止"。

〔21〕"乳即鍾乳，烹即煎也，四五二十也"，上書作"烹即煎也，用鍾乳煎前二十味藥"。

〔22〕"酒"原作"酉"，據上書改。

〔23〕"鍾"，上書作"中"。

〔24〕"匀"，《靈寶衆真丹訣·羽化河車法》作"研"。

〔25〕"度"，上書作"受"。

〔26〕"分"後，上書有"亦然"。

〔27〕"此爲第一轉"五字原無，據上書增。

〔28〕標題"神室河車方"，《靈寶衆真丹訣》無。自此節起至"四壁櫃朱砂法"前止，《四部叢刊》本無。

〔29〕"外櫃將前"，原無"外""前"，據《靈寶衆真丹訣》增。

〔30〕"即"，上書作"先"。

〔31〕"不宜用"三字，上書置於上面"成紫金"字之後。

〔32〕"參同契"至"之品祕"十九字，上書作"此名第三轉神室河車"，且下有"金華黃茅法""幾公百法"兩節。

〔33〕"不"字，《靈寶衆真丹訣·九轉鍊鉛法》無。

〔34〕"排輔"原作"輔"，據上書改。

〔35〕"至熟"原作"熟至"，據上書改。

〔36〕"金丹法"，《靈寶衆真丹訣》作"神化金丹法"。

〔37〕"者"字原無，據《神化金丹法》增。

〔38〕"後"，上書作"候"。

〔39〕標題"伏火北亭法",《靈寶衆真丹訣》無。

〔40〕"三復時足乃起",上書作"三伏時"。

〔41〕"堨"原作"泣",據上書改。

〔42〕"復",上書作"伏"。

〔43〕標題"化庚粉法",上書無。

〔44〕標題"伏藥成制汞爲庚法",上書無。

〔45〕"研砂",上書作"炒"。

〔46〕"四壁櫃朱砂法"一節,上書無。

雲笈七籤卷之七十七

方　藥

大洞西華玉堂仙母金丹法

右用凝白蜜三斗[1]，真丹精明有白華者三斤，精雲母屑二斤[2]，凡三物攪令和合，著銅器中，蓋器上，以器著大鑊湯中，令浮銅器，桑木薪微火煎鑊，令蜜及藥皆乾於銅器中，出器涼之三日。又曝燥擣爲散，還內銅器中，又密蓋器口，以器著竈上甑中，好桑薪蒸之三十日，當以白日竟日火蒸之，夜不火蒸也。日數足出丹，作高格爆燥之，又擣三萬杵，細篩爲散，又內銅器中，蓋器上，如初時法，著大鑊湯中浮煑銅器三日三夜訖，都畢，名曰仙母金丹，一名西王母停年止白飛丹也。涼之三日爆燥，更擣三萬杵，篩細爲散，以凝白蜜丸如小豆大，平旦服二[3]十丸，日常服之者，長生不死，面有少容如女子。若讀《大洞真經》而服此丹者，萬遍既畢，立乘雲升天，不得復住止世間，觀戲於風塵中也。其不誦《大洞經》者，而服此丹，便得長遊於世上矣。服此丹無所禁食，食飲之宜任意耳。常在人間，周旋俗中，人不覺也。所謂真仙混合，隱化八方矣。先齋三十九日，以七月七日日中時合此丹也。

鎮魂固魄飛騰七十四方靈丸

雲母四兩、　雄黃四兩、　真瑰四兩、　硝石四兩、　玄參四兩、 槐子中仁[4]四兩、 龍骨五兩、 猪零[5]四兩、 青丘霜四兩、 虎杖花四兩、陰乾,鷄舌香二兩、 青木香二兩、 沈香二兩、 薰陸香四兩、 詹糖二兩、 戎鹽三兩、 空青八兩、 丹砂八兩、 石兌黛[6]四兩、 白石英二兩、 太陽嬰童羽衣二兩、 太陰精上素華二兩、 桃華四兩、 北[7]結陰精流華一升二合、當以九月建日取之,盛別器中。結炁凝精素華丹[8]一升二合、當以十二月建日取之,盛別器中。神華[9]陰精流珠一升二合、當以冬節日取之,盛別器中。

合二十七種,已見二十六種,後入白蜜成二十七種[10]。上二十四種法二十四神,三種應以三元之精炁,上應九晨,結魄凝魂,五色硫黃,化形變景,無有常方,故人服之,神鎮氣安。當以三月建日合藥,五月壬日服丸。始合以次從雲母起,各別擣三千杵,匝桃華合二十四種,合七萬二千杵畢,各置一栟中。未得擣藥,仍告齋三十日訖事。令童女侍香,皆令少口慎言、好性善行、肉香骨芳之人。置藥於二十四栟中,露著中庭三宿,勿令鷄犬外人見之,不使聞哭泣之聲。露畢,以次内藥著釜中,第一内雲母,次内雄黃,後内桃華,内二十四種都畢,皆當以次序相覆,令竟釜中,以[11]北結陰精流華一升二合,次内結炁凝精素華丹一升二合,次内神華陰精流珠一升二合。畢,以清稷秒[12]一斛二升沃藥,即以上釜蓋之,令上下四面四邊内外密厚七分。故以雲母在下,其炁衝上,桃華在上,其色冠下,故有次第也。

當先作六一泥,泥土釜二枚。用東海左顧牡蠣、戎鹽、赤石脂、黃丹、滑石、蚓螻黃土六分皆等合治,擣細篩,和以百日米醋。和畢,擣令匀,以合成六一泥也。泥兩土釜内外,漸漸薄泥,日曝令燥,燥則再上,内外令厚二寸半。都畢,仍作竈南向,安鑁孤著竈中央,釜底令去地一尺二寸,米糠燒之九日九夕,令火去釜九寸;九日九夕進火,令近六寸;又九日九夕,令火至底三寸,合三九二十七日畢。寒之三日發,開視,藥起飛精仰著上釜,神藥成;若不起,更泥如初,又進火如先二十七日,寒之三日,無不成也。取三歲雄鷄羽掃取之,仰著上釜神藥,則名飛丹紫筆[13]華流精,有百變之色,玄光映煥七十四方,服之一銖，身生流光七十四色。左唾則三魂童子立見，右唾則七魄化生七形之童，衣[14]飛羅羽裙，神輿玉輦，立到於前。盛之金柈，精凝釜底，則爲玉胎瓊液之膏，和以白蜜，更合於臼中東向擣之，令七萬杵。一銖爲一丸，丸畢，密器封之，露著中庭三日三夕畢。清朝服一丸，令三日服三丸，即能乘空步虛，出有入無。令至[15]七日，合服七丸，即自能浮景霄霞，身生五色，五嶽神官五萬人衛從身形。

東向服九丸，則致青霞綠軿，青龍控轡，青陽玉童九十人、青腰玉女九十人、東嶽仙官九千人，來迎兆身。

南向服八丸，則致絳霞雲軿，赤龍控轡，絳宮玉童八十人、太一赤圭玉女八十人、南嶽仙官八千人，來迎兆身。

西向服六丸，則致素霞玉輿，六龍控轡，耀靈玉童六十人、素靈玉女六十人、西嶽仙官六千人，來迎兆身。

北向服五丸，則致皁霞飛輦，玄龍控轡，太極玉童五十人、太玄玉女五十人、北嶽仙官五千人，來迎兆身。

向戊己之上服三丸，則致黃霞玉輿，十二飛龍控轡，中央黃機玉童十二人、黃素玉女十二人、中嶽仙官一千二百人，來迎兆身。服五丸，即致五嶽仙官奉玉札鳳章，請兆之身上詣九宮[16]金闕之下，受署真仙之號，可謂靈丸之妙大哉乎！凡諸變化七十四種，金銀寶玉，赤樹絳實，立生水火，有妙於琅玕八景四藥絳生神丹之用，不能一二具處，特略其大化之微爾！

凡欲遊戲五嶽，周流八極，不拘仙官之勞，意憚典局之煩[17]，未欲昇天者，自可不須服五方之丸，但常服三丸、七丸之數，固魂鎮魄，飛騰七十四方，遨遊五嶽，壽同三光，餘可依五方之數耳！若服五方之丸，便爲五嶽之司。五嶽之司便有局任，不得適意也。

南嶽真人鄭披雲傳授五行七味丸方

《上皇保命固精丹訣》，用藥味配陰陽精氣。五行之精，君臣相佐，固精保命，養氣安神。調理五藏，補養六腑，虛敗自充，衰朽復潤。血脈壯盛，筋骨長堅，髮白重黑，胎髮却生。功効如神，録不可盡。丹藥非道無以延其壽，道非藥何以養其身？道藥相扶，何慮不痊其沈痼？某自幼年好學經方，陟嶺穿崖，登雲渡谷，尋師訪道，僅二十餘年，暮齒五旬，衰劣尤甚。苦心既久，但渴至玄，遂到南嶽靈巖山，得遇志士，授傳某此術，盟誓丁寧，與某修合之門，服藥之法，忌鷄犬穢惡、鯉羶葷血，莫非潔淨虔精，專心修製。某遂修合，依方服之，經三月已來，頓覺精神有異，五臟之內，調暢得安；氣力之間，自然強壯。又服經半劑，其効不可名狀，如年三十之人。服一劑，如十五童子。奇哉靈藥，具方如後：

硫黃二兩、日之精。白龍骨二兩、月之精。安息香半兩、火之精。栢子仁二兩、木之精。兔絲子二兩、土之精。五味子二兩、金之精[18]。肉蓯蓉二兩。水之精。

右件七味藥，其香用胡桃人隔杵別擣，其餘並擣，羅爲末和合，以魁罡日用棗肉爲丸，如小荳粒大，每日空心無灰酒下三十丸，忌鷄猪魚蒜。欲修合、服藥之時，須用丙寅、丙午日或蜜日所合和，以火命人面東合之，忌孝子師僧，婦人鷄犬，皆不得見。服藥日王相方，淨潔房內。經半年後，若近房色，常洩穀炁，即精氣永固不洩也。神効不可具。

九真中經四鎮丸[19]

太一神仙生五藏，填六腑，養七竅，和九關，鍊三魂，曜二童，保一身，長生萬歲。

《四鎮丸方》：

太一禹餘粮四兩，定六腑，填五藏。

真當歸一兩，以和禹餘粮，止關節百病。

薰陸香一兩，以和當歸，薰五藏內。

人参一兩，補六腑津液，助禹餘粮之勢。

鷄舌香一兩。除胃中客熱，止痰悶。

凡五種，以禹餘糧爲主，四物從之。先内禹餘粮，擣一百杵，次内四物，合和爲散。

丹砂四大兩，攝魂魄，鎮三神，理和氣。

甘草一兩，以和丹砂，潤肌膚，去白髮。

青木香一兩，以助甘草，去三蟲伏尸。

乾地黄一兩，以和百髓，滿腦血。

詹糖香一兩。補目瞳，薰下關。

凡五種，以丹砂爲主，四物從之。先内砂擣一百杵，次内四物爲散。

茯苓四大兩，填七竅，補久虚〔20〕，和靈關。

白术一兩，以和茯苓，潤神氣，明目瞳。

乾薑一兩，以輔术勢，除熱痰，開三關，去寒熱〔21〕。

防風一兩，補濕痺，除穢滓，止飢渴。

雲母粉一兩。澤形體，面生光，補骨血。

凡五種，以茯苓爲主，四物從之。先内茯苓，擣一百杵，次内四物成散。

麥門冬四兩，去心，填神精，養靈液，固百骨。

乾棗膏一兩，以助麥門冬，凝血脈，去心穢。

附子一兩，炮，益腦中氣，填臟内冷，去痰。

胡麻一兩，熬和喉舌液，填下關泄，澤三神。

龍骨一兩。潤六液，養窮腸，烏髮止白。

凡《四鎮神丸》，合二十種藥，令精上者，其五物爲一部，皆令成散。先取禹餘糧部，擣三千杵；次入丹砂部，擣四千杵；次内茯苓部，擣五千杵；次内麥門冬部，擣六千杵；又内白蜜四升，擣七千杵；又内白蠟十二兩，擣八千杵；更下鍊蜜令可丸，若剛硬更下蜜令柔，復擣三萬杵，藥成，丸如鷄子中黄許大，分爲細丸而服之。以正月、九月、十一月上建日合之，滿日起服之，百日中籌量服五丸，當先一日不食，後日平旦乃服，服畢，然後乃飲食如故。千日之後，二百日中服七丸；二千日之後，三百日中服二十丸；三千日之後，四百日中服三十丸，計此[22]爲率，鎮神守中，與天地相畢。此藥萬年不敗，若常服此藥，一切不同服雜藥餌之輩[23]。若欲合此藥，先禁戒七日，永不得入房室，無令雞犬、小兒、婦人見。修合之時，當燒香，設一神席於東面，爲太一帝君、太一君、太一上元君坐位[24]，心常存呼呪之。服藥時當亦心存之，以向月王。此所謂四大，以鎮四神，除百病，令人不老，遠視萬里之外，白髮却黑，齒落重生，面目悦澤，皮理生光。服之一年，宿疾皆除，二年易息，三年易氣，四年易脈，五年易髓[25]，六年易筋，七年易骨，八年易齒，九年易形，十年役使鬼神，威御虎狼，毒物不敢近。

黄帝四扇散方 大茅君以授中茅君

松脂、澤瀉、乾薑、乾地黄、雲母、桂心、术、石上菖蒲。

右八味精治，令等分，合擣四萬杵，盛以密器，勿令女人六畜諸污淹等見。且以酒服三方寸匕，亦可以水服，亦可蜜丸如大豆許，旦餌[26]二十丸至三十丸。此

黄帝受《風后四扇神[27]方》，却老還少之道者也。我昔受於高丘先生，令[28]以相傳耳。

王母四童散方

胡麻四大兩、九蒸九曝，黑肥者，去皮，熬令黄香。天門冬四兩、高地肥甘者，乾之。白茯苓五兩、白實者，亦當先賣曝乾。术三兩、時月採肥大者。桃仁四兩、當用好者，仍須大熟桃，解核取人，熱湯浸去皮尖。乾黄精五兩。高地宿根者，乾之[29]。

右六味精治，先熬胡麻，後入諸藥，擣三萬杵，細羅爲散。每日平旦以酒服三錢，暮再服，宜漸加之。亦可水服，如丸即鍊蜜和之，更擣萬杵，丸如梧桐子大，自二十丸加至四十丸[30]。

帝女玄霜掌上録[31]

一名帝女玄霜[32]，二名瓊漿，三名玉液，四名地母乳，五名甘露漿，六名九轉陰丹，七名醍醐酥，自古神仙雖餌金丹，無不修此陰丹者。且如黑鉛屬水，其數一。一生二，二生三，三能生萬物，豈不因陰陽乎？夫大丹者，是陰陽龍虎[33]。及至修鍊了，號爲正陽，如此即孤陽也。既孤陽，不可立身，須假陰丹而相負，以爲梯航也，其數隨陽數用九也。若論津潤五臟，灌注華蓋，上添泥丸，下補精元，大藥不得玄霜，服久而難見其功。大丹出於《契》中，陰元玄霜出自祕録，所以術士難知也。今具著修陰丹。

白雪玄霜法：

取上好黑鉛一生者二斤、汞半斤，先於銚子中撲鉛[34]，令細絕灰，便將汞投在鉛中熟攪，鉛[35]作堝子，大小臨時。用瓷瓶子一口表裏通油者，便取上好醋五升貯在瓶内，即於穩便房内明淨處室向陽者[36]下手作，假陽極之時，當合道氣也。便安瓶子於土坑内，其口與地平，將鉛堝安瓶口上，更以紙三四重，紙上又安瓷碗蓋之。若是陽極之時，七日一度取出，其堝上如垂雪倒懸，見風良久自硬，掃取後，其瓶内醋損即須換，如此重重取至一斤霜。即於瓷碗内入甜漿水，用柳木槌殺研，漸漸入漿水，如麵糊末，在碗四面，安在飯甑中蒸，蒸了又研，以清水淘澄乾。又用清水殺研末在碗上，土甑内又蒸、研、淘。准此法，五度入飯甑，四度入土甑蒸之。其土甑蒸時，碗口上別用一口碗合之。如此九轉足，即須用熟絹袋盛，以清水於銀器中擺過。後一復時，却用清水濕綿蓋器口[37]，日内曬乾掃下，又用柳木槌研了，其色始如春雪，亦如麵勃，其味甜澹甘美，捻在口中，冷如春冰。若有人修得者，以蜜丸如梧桐子大，日服五丸，至一歲，萬病不侵，經夏不渴。但洗頭，生油調塗頂，須臾至脚心自冷，神功難述。若引大還丹，返老爲少，蓋由津液行也。孫氏歌曰："玄白霜，玄白霜，龍虎君中立爲長。萬物不從陰所生，即問孤陽何處養？"

螢火丸方

劉子南者，漢冠軍將軍武威太守也。從道士尸公受務成子《螢火丸》，辟病，除百鬼、虎狼、蚖蛇、師子、蜂蠆諸毒，及五兵白刃、賊盗凶害。其方用雄黃、雌黃各二兩，螢火、鬼箭、蒺藜各一兩，鐵槌柄燒令焦黑、鍛爐中灰、羖羊角各一分，九物[38]各如粉麵，以鷄子黃并丹雄鷄冠血丸如杏仁大，作三角絳囊盛五丸，帶左臂上，從軍者繫腰中，居家懸户上，辟盗賊諸毒。劉子南合而佩之，永平十二年行武威北，卒遇虜，大戰敗績，士衆奔潰，獨爲寇所圍，矢下如雨，未至子南馬數尺，矢輒墮地，終不能中傷。虜以爲神人也，乃解圍而去。子南以神方教其子及弟兄爲軍者，皆未嘗被傷，俱得其驗，傳世寶之。及漢末青牛道士封君達以傳安定皇甫隆，隆授魏武帝，乃稍傳於人間。一名冠軍丸，亦名武威丸，今載在《千金翼》中所稱也。

黄帝受黄輕四物仙方

一曰鴻光，二曰千秋，三曰萬歲，四曰慈墨實。合此四物，帝曰："此四物形狀若何？可得聞乎？"黄輕曰："鴻光者，雲母也；千秋者，捲栢也，生於名山[39]之間；萬歲者，澤瀉也；慈墨者，莧實也，一云兔絲子。"

右件杵羅爲末，以白松脂和擣爲丸，如梧桐子大，每日空心温酒下三十丸，服七年，劾可壽千歲。久服之，與天帝相守。帝恭拜之。

真人駐年藕華方

右一物，七月七日採藕華七分，八月八日採藕根八分，九月九日採藕實九分，採合道[40]畢矣[41]，服方寸匕，授[42]南陽劉長生，長生[43]居清淵澤中北界，長生服藥七十餘年，不壯不老，長服神仙。藕實一名水丹芝，一名加實，一名芡實，一名蓮華，一名芙蓉，其葉名荷，其小根名芛，大根名藕，其初根名菱，與雞頭為陰陽。以八月上戊日取蓮實，九月上戊日取雞頭實，十月上午日取藕，各等分，陰乾百日治之。正月上寅日旦，井華水服一方寸匕，日四五，後飯服之，百日止。主補中益氣力，養神不飢，除百病，久服輕身延年，不老神仙。雞頭實一名鴈實，一名天門精，一名天禹，一名曜。味甘，治濕痺、腰、脊、膝病，補益氣強志，耳目聰明，久服身輕，不飢神仙也。

老君益壽散方

天門冬五兩、去心焙。白朮四兩、　防風一兩、去蘆頭。熟地黃二兩、　細辛三分、　乾薑一兩、炮裂，剉。桔梗一兩、去蘆頭。天雄半兩、炮裂，去皮臍。桂心半兩、　遠志一兩、去心。肉蓯蓉一兩、酒浸，去皺皮。澤瀉一兩、　石斛半兩、去根，剉。栢實半兩、　雲母粉半兩、　石韋半兩、去毛。杜仲半兩、去麤皮，剉。牛膝半兩、去苗。白茯苓半兩、　菖蒲半兩、　五味子半兩、　蛇牀子半兩、　甘菊花半兩、　山茱萸半兩、　附子一兩半。炮裂，去皮臍。

右件藥擣羅為散，平旦酒服三錢，冬月日三服，夏平旦一服，春、秋平旦日暮各一服。藥後十日知效，二十日所苦覺滅，三十日氣力盛，四十日諸病除，六十日身輕如飛，七十日面光澤，八十日神通，九十日精神非常，一百日已上，不復老也。若能斷房，長生矣！

驪山老母絕穀麥飯術

黑豆五斗、 大麻子一斗五升、 青州棗一斗。

右件黑豆淨水淘過蒸一遍，曝乾去皮又蒸一遍，又曝令乾。麻子以水浸去皮，共棗同入甑中蒸熟，取出去棗核。三味一處爛擣，又再蒸一遍，團爲拳大，又再蒸之。從初夜至夜半，令香熟，便去火，以物密蓋之經宿。曝乾，擣羅爲末，任性喫，以飽爲度，遇渴得喫新汲水、麻子湯、栢湯。第一服七日，三百日不飢；第二服四日，約二千日不飢。若人依法服之，故[44]得神仙。若是奇人服，即得長生，甚是殊妙，切不可亂傳。若食，犯之損人。如要食，即以葵子爲末，煎湯服之，其藥即轉下如金色，此藥之靈驗也。

文始先生絕穀方

雄黃半兩、細研。禹餘糧一兩、 麥門冬一兩半、去心焙。白礬一兩、燒灰。雲母粉一兩。

右件藥擣羅爲末，鍊蜜和擣一千杵，丸如梧桐子大。欲服藥，先作牛羊肉羹、稻米飯飽食，明旦服三十丸，以井華水下之，可一月不飢矣。

太清飛仙法

方曰：當取松脂、茯苓各一十二斤，先次水漬茯苓一七日，朝朝換水，滿日曝乾；以醇酒二斗又漬茯苓七日，出曝令乾，月食一斤。欲不食，即取松脂鍊去苦巍汁，以火溫之，内茯苓中洽合，和以白蜜，三物合服之，月各一斤。百日身輕，二百日寒熱去，三百日風頭眴目去，四百日五勞七傷去，五百日腹中寒癖飲癖㿋去，六百日顏色駐，七百日面黦去，八百日黑髮生，九百日灸瘢滅，千日兩目明，二千日顏色易，三千日行無跡，四千日諸痕滅，五千日夜視光，六千日肌肉易，七千日皮脈藏，八千日精神彊，九千日童子薄，萬日形自康，二萬日神明通，三萬日白日無影，四萬日坐在立亡。日服食，慎勿忘，但過萬日仍縱橫，變名易姓昇天耳！

太白星官洗眼方〔45〕

嘉州刺史張評士中年已來，夫婦俱患瞖疾，求方術之士不能致，退居別墅，杜門自責，唯禱醮星辰，以祈所祐。歲久，家業漸虛，精誠不退。元和七年壬辰八月十七日，有書生詣門請謁。家人曰："主公夫婦抱疾，不接賓客久矣。"書生曰："吾雖是書生，亦醫術人，聞使君有疾，故此來爾。"家人入白，評士欣然曰："久疾不接賓客，客既有方藥，願垂相惠。"書生曰："但一見使君，自有良藥。"評士聞之，扶疾相見。謂使君曰："此疾不假藥餌，明日請丁夫十人，鍬鋸之屬，爲開一井，眼當自然立愈。"評士如其言而備焉，書生即選勝地，自晨穿一井，至夕見水。令評士齋潔焚香，志心取水洗之。評士眼疾頓勝輕，即時明淨，平復如初，即其數年之疾，一旦豁然。夫婦感而謝之，厚遺金帛。書生辭曰："焉用金帛爲？吾非世間人，太白星官也。以子抱疾數年，不忘於道，精心禱醮，上感星辰，五帝星君使我降授此術，以祛子重疾，答子修奉之心。金帛之遺，非吾所要也。"因留此法，今傳教世人，以救疾苦，用增陰德。其法曰："子、午之年，五月酉、戌日，十一月卯、辰日；丑、未之年，六月戌、亥日，十二月辰、巳日；寅、申之年，七月亥、子日，正月巳、午日；卯、酉之年，八月子、丑日，二月午、未日；辰、戌之年，三月寅、丑日；九月未、申日；巳、亥之年，十月申、酉日，四月寅、卯日，取其方位年月日時，即爲福地，浚井及泉，必有良效。"評士再拜受之，言訖，書生昇天而去，此乃精誠通感之應也。

張少真鍊九轉鉛精法

青鉛二斤。屎多者曰盃鉛,澤精者曰唐,並不堪用,唯伊陽及波斯計紫者爲上。

右置一仰月鐵釜,量大小著鉛,用猛火炒之,候洋訖,徹底勻攪之,須臾自成青砂,但勻攪不停,變盡即止。欲便成鉛黃花者,即將青砂猛火,不歇攪之,久之即成鉛黃花。乃取青砂於盆中,少少益苦酒,漸添研之。苦酒即用糠醋,不全用釅者。澄濾細好訖,於火上爆乾,須臾微微火逼之,取爲汁,流漿入左味團之,磁粉入左味也。不得此法,團鼓之不成。鉛曝乾,即入鑄道鐵鍋内,上下用雙皮袋猛火鼓之,其青砂須臾即變爲鉛,從鑄道流出,下著一鐵器盛取,以盡爲度。其色明白,名鉛孫,八返九轉成紫色。凡一斤鉛,九轉耗折十五兩,得一兩,強名曰金公丹,一曰紫河車,一曰金狗子,一曰九轉鉛精,可用之矣。別有經在《上清靈書》中及《龍虎正錄》中。

茯苓麨方

茯苓三大斤、去黑皮,剉如酸棗大。甘草二小兩。剉。

右以水六大升,先下甘草,煑取三升,漉出去滓,澄棄濁者。又入白蜜三大升,牛乳九大升,和茯苓煎盡。及熱出,按令散,擇去赤膜。又更熟按,令如麨,陰令乾,日三四服之,初服二方寸匕,稍稍加之任性。大忌松菜、米酢。春秋合,不須着乳,臨時着乳下。

【校記】

〔1〕"三斗",《洞真高上玉帝大洞雌一玉檢五老寶經・大洞西華玉堂仙母金丹法》作"二斗"。

〔2〕"二斤",上書作"三斤"。

〔3〕"二",上書作"三"。

〔4〕"槐子中仁"，《洞真太上紫度炎光神元變經·鎮魂固魄飛騰七十四方靈丸》作"槐仁"。

〔5〕"零"，上書作"苓"。

〔6〕"石兑黛"，上書作"石黛"。

〔7〕"北"原作"比"，據上書改。

〔8〕"素華丹"，上書作"素丹"。

〔9〕"神華"，上書作"神化"。

〔10〕以上注文十五字，上書無。

〔11〕"以"，上書作"次"。

〔12〕"栁"，上書作"柳"。

〔13〕"筆"字，上書無。

〔14〕"衣"字，上書無。

〔15〕"至"字，上書無。

〔16〕"宫"原作"官"，據上書改。

〔17〕"意憚典局之煩"，"煩"原作"類"，據上書改。又"意憚"，上書作"不憚"。

〔18〕"五味子二兩金之精"八字，《四部叢刊》本缺。

〔19〕"九真中經四鎮丸"，《上清太上帝君九真中經》作"太一大四鎮圓方"。

〔20〕"久虛"，上書作"九虛"。

〔21〕"除熱痰""去寒熱"，上書分别作"除炎熱""去寒冷"。

〔22〕"此"字原無，據上書增。

〔23〕"若常服此藥，一切不同服雜藥餌之輩"，上書作"若常服此藥一圓，不可復服其餘雜餌之藥也"。

〔24〕"修合之時"至"坐位"二十九字，上書作"合藥時，當先燒香，設一净席東面西向，爲太帝君太一太上太元君之坐也"。

〔25〕"髓"原作"體"，據上書改。"三年易氣"，上書作"三年易肉"。

〔26〕"旦餌"二字原無，據《太極真人九轉還丹經要訣·黄帝四扇散方》

增。

〔27〕"神",本書卷七四《太上肘後玉經方·風后四扇散方》作"散",且較此方多五靈脂、仙靈皮二味藥。

〔28〕"先生",上書作"子","令"疑當作"今"。

〔29〕"乾黃精五兩"條,《太極真人九轉還丹經要訣·王母四童散方》置於"术三兩"條下,二條皆無註,"桃仁"條註亦較略。

〔30〕"每日"至"四十丸",上書作"旦服三十丸,日一耳,此返嬰童之祕道者也,善填精補腦矣"。

〔31〕"帝女玄霜掌上錄",《道藏》本收錄作"玄霜掌上錄"。

〔32〕"一名帝女玄霜",《玄霜掌上錄》作"夫玄霜者,一名女玄霜"。

〔33〕此句下,上書有"即生時龍虎"五字。

〔34〕"撲鉛"原作"撥瀉",據上書改。

〔35〕"鉛",上書作"瀉"。

〔36〕"明净處室向陽者",上書作"又須明室向陽處"。

〔37〕"後一復時",上書作"候一伏時","却用清水濕綿蓋器口"原作"用却去清水以綿蓋器口",據上書改。

〔38〕"九物",以上共計八物,"九"疑當作"八",或脱一物。

〔39〕"名山",《太上靈寶五符序》卷中作"山石"。

〔40〕"採合道",上書作"治合藥"。

〔41〕"矣",《四部叢刊》本作"日",連下。

〔42〕"授",上本無。

〔43〕"長生",上本無。

〔44〕"故"字,上本無。

〔45〕《太白星官洗眼方》一節,上本無。

方　藥

三品頤神保命神丹方叙

若夫胤者，五行之秀氣，二儀之純精。津液流形，體分三品之別；剛柔爲用，功標百鍊之奇。故能匿鋭燕圖，白霓翹而貫日；潛芒豐匣，紫靄發而衝星。在物之靈，莫斯爲最。雖表名於《兑》域，實取効於《離》方。是以上古聖人，歷嘗諸味，甘而無毒，可以養神。遂變柔成剛，從麤入妙。或作規而寫圓璧，或爲矩而象方諸。鑒同明月之輝，藏於習《坎》之地。金水相合，自表生成之數；玄臺吸引，用召太陽之精。因其自然而生，故即體之名爲胤。麥合姿於西德，爲酒熱而且宣；棗成氣於《震》宫，爲藥溫而又潤。以斯相和，合而服之。再餌晨晡，一無所忌。可以堅實骨髓，羸體變而成剛；可以悦澤肌膚，衰容反而爲少。至於男女之道，房室之間，姬滕數百，取御之儀，俄頃亦具。辟鬼除邪，蠲痾去疾。風勞虛悸之輩，攣躄疽癩之徒，餌一劑而便瘳，匝三周而並愈。復本質於平素，如舊姿而有佳。倚《震》柱而不驚，當《離》牖而寧懼？若能依八節，順四時，採百物之初生，合衆藥而爲長。或乾或濕，爲散爲丸。適寒暑以調和，隨道引而消息。一服之後，萬事都捐，心若死灰，形同槁木。滓穢日去，清虛日來，通幽洞冥，驅神役鬼。純漿不覺其濁，絶糧不覺其飢，腸漸化而爲筋，髓漸化而爲骨。體生羽翼，身若虛空。駕鶴乘龍，將煙霞而迥鶩；長生久視，與穹壤而相倅。斯則天仙之上品也。若也不救物表，取足人間。初服之日，閉情無逸。一二三年，微用節宣。八九十歲，方始任使。耳目唯有聰察，神彩彌加精明。顏與日而俱新，智將年而共遠。力則拔山扛鼎，倒曳九牛；誦則一日萬言，五行俱下。躅塗靡乏，任意所爲。偃仰六合之中，高視數百年外。雖未能觀東海以成桑田，詣西母而摘桃實，抑亦優游自在，其地仙之亞歟！語曰："上藥養命，中藥養性，下藥去病。"總三者以爲言，唯此可以備矣！豈與夫種石齊偶，功効相倅？膚體纔未充虛，發徹已通中外，可得同年而語哉！但代人迷於攝養，自致危脆，苟徇目前，不圖久遠。以爲壽有定極，非關藥餌。所資自然者，飲鴆羽寧得斯須？吞烏喙行爲丘死。既能促之使短，豈不能延之使長？信彼而不信此，斯爲惑也，不亦愚乎！且食鐵之獸，得其糜獷，猶能猛健，有異毛族。況人爲之取其精粹，取其輕清，而無殊特之姿，不獲延長之壽，未之有也！余以胤丹之妙，功用無比，故申述舊方，更爲新題，庶有識君子，知此評之不虛也。其有餘小功能，并合和節度，隨時附出，並論之于後。大唐開耀二年歲次壬午正月乙未朔十五日巳酉蘇遊撰。

上品頤神保命篇第一

論胤功能第一

　　論曰：凡鐵胤丹體性沉緩，若欲純服，獲驗多遲，蓋由臟腑先虛故也。若本充實，寧有是乎？麤藥服之，其効必速，何也？如兔絲子之得清酒，若鳶尾之佐黃荄，故[1]以草藥先導之，冀相宣發也。又草性速發而易歇，鐵性遲効而長久，是以服藥之人，暫餌便獲驗者，此皆藥力，非關鐵功也。鐵性沉緩，服者初未即効，謂言藥無功，中道而絕，此蓋同於棄井，勞而無益者焉！故三品方中，皆兼草木，以相宣佐耳。是以本經云，上中藥並堪久服，今制三品，兼而用之。若姬后之獲太公，濟巨川而須舟楫者矣！鐵丹雖與金丹同類，而長服者終無發動之期，所以不言解療之法，喻如俗間食器盛鐵爲之，未嘗聞有患鐵之人，以此而論，用堪久服。至如硫黃、雲母、乳石之徒，有爲湯酒服之，或作丸散餌者，而服之者既衆，發之者猶多，莫不寢膳乖常，背穿腦裂。夏則重裘熱酒，未解其戰；冬則處泉寒食，寧釋其溫？少服猶弊於斯，多餌翻令壽夭，事皆目擊，今古共知。以此而論，詎堪久服？若欲方之鐵胤，豈可同日而語哉！故本方云，鐵主堅肌耐痛[2]，明目鎮心，實髓充膚，安魂定魄，熱風虛損，驚悸癲癇，如斯等疾，悉皆除愈。能久服者，令人體氣壯勇，一人當百，志意剛決，心力無敵，每一見聞，終身不忘，延年長壽，絶粒休糧，鬢髮常黑，已白更變。又有五勞七傷、八風十二痺，莫不能愈。服滿千日，行及奔馬。又按《本草經》云：鐵味辛，甘平而無毒。熟鐵鐵精稍溫，久服微熱，生鐵鐵漿微冷。冷熱雖殊，俱至明目[3]鎮心，安魂定魄，實五臟，堅肌膚，除心煩，去黑子，療熱風，皮膚中氣風，癲癇驚悸恍惚，惡瘡瘑疽疥癬，胷膈中氣塞不能化食，諸下部惡病，陰癲脫肛[4]，蟯蟲五痔，皆悉主之。《別錄》云：鐵屑燒之，投酒中飲，主賊風風痓。又云：以鐵團燒赤投鹽醋中，青布裹之，熨腋下多時，除胡臭及汗氣。又鐵漿及鍛家磨鐵汁澄清飲之，令婦人斷産。又以剛鐵合半夏湯，能療氣噎反胃等疾。又仙方古錄有鐵丹，既非常藥，人怯不能服。又以鐵化爲水飲之，鎮心强記，除風去熱。又有服鐵末法，終不逮此。又按古今經方，唯金玉不可輒服，令人心腸焦爛，有毒故也。唯銀鐵二種，乃堪久服，無毒故也。常有人服胤，具一年之中少覺異常，二年中間氣力益健，三年之後十倍加常，自兹已往，漸更健壯，口鼻之中氣息衝逸，遍餌諸藥，皆不能過。至於房帷，特苦强盛，行坐之間，莖不委歇。若去此弊，可依別方。即余所造《開性閉情》者，今具《上品篇》中。又近代有增損此方，加諸胡藥，云益心力，不强陽道。余觀其方，多用胡椒、畢撥、蘇蜜、乾薑、蓽、澄茄等總十餘味，和胤丹服。尋其藥性熱而且補，又兼下氣，寧有不强陽道乎？應是矯俗之人，故述斯詐，以惑凡庶矣。嗟乎！莫不由貴遠賤近之所致也。余制《開性閉情方》，藥既中華，不俟邊城，頻經試驗，今故出之，擬昭學道之賢，不傳矯俗之子。凡此功効，實珍奇異，合和等法，列之如左。

造胤丹法第二

凡欲合鐵胤神丹者，必先辯諸鐵性，擇其善者乃爲之。古方多以雅州百丈、建州東瞿爲上，陵州都盧爲次，并州五生爲下，又牂牁及廣郴二州所出，並不煩灌鍊，即堪打用，此即自然剛也。又嘉陵榮資四州所出，功力與廣郴相似，而灌剛之時，要須百丈者相參，乃堪服用。又蘄州及忠渝等州所出，並力薄不堪用。而硤州所出，與當陽連接，故亦其次矣。遍常用[5]，並不如荆州當陽者最佳。自古以來，楚金等一其性勁快，服者必俊快，江漢英靈山水之應也。鐵者感山水氣以成其形，而服之者必當俊健。又説者云，遼左軍中有刀千口，用斬賊并甲俱斷，諸刀相刻皆不逮之。或問其故，云是當陽鐵造，衆並奇異，咸共惜之。以此而論，其俊如是，今之合鍊，用此爲佳。又灌剛之時，必須櫟栗等炭，餘皆不堪用。調停火色，唯須善別，生熟失宜，即不任用。

其方曰：剛鐵一百斤。取自然成剛鐵上，次取擣剛，五灌已上者佳。

右取前件鐵打作鏡，中央開孔容指許，狀似璧形，面徑五寸已上，一尺已下，厚三分許，兩面刮削令極平淨；亦有打作方鋏，長七寸，闊四寸，厚三分，上微開孔，盡此百斤作鏡畢。

次作神水法：

調和府藏鹽一升、煎作亦得。玄臺引鐵磁石十兩、毛亦得。清淨花水一升半。並大作兩。

右以花泉和鹽攪令消，次内引鐵末畢，若用盡更作，准此數爲之。以此神水噀鏡兩面令濕，穿於長鐵著上，片片相去三分許。先埋甕於地，中爲架，架上重重安之，以瓦盆合甕口其甕欲得貯物者良，若無可用，新者爲佳。畢，盆上覆土，可厚一尺許，每日鹽水灑上令濕，滿一百五十日發之，其面有胤如鐵衣之狀。以剛刀刮取作紫赤色，於鐵鉢内以玉槌和清酒研之，唯須極細。畢，更添酒泛取浮者，傾置別器中，澄取澱曝乾，更和酒研，泛、澄如上法。再三爲之畢，即堪服用。所有麤者更研令細，准前泛取，以盡爲度。其埋甕處，勿使婦人小兒鷄犬污物犯之。若先患冷氣癥癖并欲肥者，於前神水加鍾乳末十分；欲加增陽道者，加陽起石末十分，並須令極細，自非年七十以上者不加。陽起石出太山黑白二色者，餘並不堪用。又法：清水一斗、九月二日者佳。玄臺引鐵一斤，毛亦得。和噢鏡面令濃，自外如前。又一法，甕底穿作一小孔，甕下掘地作一小溝，内常使有水流，不得露風日，如是百日即成，有胤多前，若急須之，五十日亦得。余謂此於山間，則可爲之。又云，明日欲埋甕，今夜須宿齋淨心。當埋之時，勿令婦人小兒鷄犬疾病人見之。又以成、滿、除日爲之，復得福德建王盛潔等地埋之，最佳。

開性閉情方第三

論曰：余[6]以至道幽玄，求之者寡，縱有好生君子，而鮮能終卒者，莫不由染習尚存，情慾仍在。致使南宮朱火，鍊質靡期；北府黑編，刊名何日？病斯等事，披覽經方，自製《開性閉情》，絶諸淫思，頻經試用，心若死灰。則於入道之賢，神安志定；攝生之士，髓實命延。因是[7]衆疾自療，羣妖歛迹，恒餌不絶，仙路可昇。故爲之方，豈不務也[8]。

胤丹三十二分、　萱草根二十四分、日乾。女貞實二十四分、　龍葵子二十四分、切，日乾。青木香二十四分、　苦參十八分、切，日乾。白瓜子十分、甘者。乾蒲桃二十八分、隴西者。菰首二十分、八九月採。寄生實十八分、諸木並得。杜苦根十二分、切，日乾。蓮子三十二分。去皮心，乾。

右十二味合治如法，淨室中清潔童子擣篩之。諸子有脂潤者共處擣如膏，令細乃和，散更擣，令極細調。若春月合者，以櫻桃實汁和丸，非此時者，以大麻子汁煎爲稀麵糊以丸之，如梧桐子大，一服二十丸，日二服，以酒若蜜湯薑飲等下之。忌五辛血味陳臰之物。

其二[9]

胤丹十二分、　薤白一握、乾之。槐子三合、漬之七日。萱草根八分、切炒。菰首三分、八月採。甘草六分、炙。韭子五合、炒令黄。薏苡人六分。

右八味合治如法，於淨室中令童子擣篩，和以白蜜，丸如梧桐子大，以棗湯服二十五丸，日再服，漸加至六十丸爲恒。忌猪肉蒜魚麵血羹五辛陳臰物。

四主保神守中安魂定魄可以去俗長服神仙方以建王日爲始

胤丹一百二十分、 茯神八十一分、 人參三十六分、 赤箭十分、去心。麥門冬二十四分、 牛膝三十二分。

右六味以棗膏若白蜜和丸，如梧桐子大，若酒服十二丸，日二服，加至二十四丸止，四時常服。滿千日，則腸化爲筋，色如童子，髮白更黑，齒落再生，力敵十人。經三千日，行五百里，走及奔馬，能役使鬼神。滿七千日，形體骨髓皆易，更受新者，五嶽朝拜，青腰玉女皆來侍衛。滿萬日，白日昇天，上謁太上玉宸君，拜爲仙公，壽與天地相畢。忌大醋陳臰物及遇死喪孝家，合藥時，勿使小兒婦人鷄犬殘疾不足人見之。

五主留年還白堅實骨髓通神延命長服方以六丁日爲始

胤丹一百二十分、 茯苓三十二分、 蓍目實八十一分、 牛膝七十二分、 桂心二十四分、 天門冬三十二分。

右六味以棗膏若白蜜和丸，梧桐子大，若飲酒，酒服十二丸，日二服，加至二十四丸止，四時不絕。若宿有風病者，加防風三十二分；有氣者，加橘皮二十八分；心腹滿脹者，加枳殼二十四分；炙。皮膚枯乾者，加栢子人三十二分；無心力，加遠志二十四分；去心。夢洩精者，加白龍骨二十四分；若精澁者，加桑寄生二十四分；有冷者，加乾薑二十八分；有熱者，加乾地黄二十八分。生作之。服經一月，皮膚內風並盡；滿百日，筋脈中風並盡；滿一年，體中風並盡；滿二年，髓中風並盡；服千日，五藏六腑中風並盡；滿三千日，形體皆易，瘡瘢總滅，白髮並變，齒落更生，顏如十五六童子，日日聰慧，漸漸自污俗間，神鬼皆悉見之，能役使六丁玉女，身輕如風，日夜見物，力能負重，經涉山川，妖邪惡魅不敢近之，諸山林神皆來謁見。深宜祕之，忌如前法。

六主鎮精神補髓肉堅如鐵氣力壯勇一人當百長服方 以王日爲始

胤丹一百二十分、 乾地黃八十一分、 兔絲子七十二分、蒸。茯苓二十四分、煉黃用。徐長卿三十二分、 巴戟天七十二分。

右六味蜜和，丸如梧桐子大，若飲酒，酒服二十四丸，日再服，日加二丸，至三十二丸爲恒。服百日，雄氣大至，語聲寥亮，行步如風。經得一年，萬病消除，筋髓充實，力敵百人，帷房之間，夕能御百，亦不疲勌，面皮光悦，色如華英，通幽洞冥，監照一切，制伏鬼神，莫不從心，疫氣流行，身終不染。服經十年，輕舉雲霄，縱賞三清，遨遊五嶽，往來圓嶠，出入方諸，仙聖同居，永辭生死。有効不得語，大[10]洩藥功能，仙家大忌。故古人服藥，要入名山大藪，良有以也。慎之！

七主開心益智[11]

胤粉一百二十分、 菖蒲八十一分、 遠志三十二分、 人參四十九分、 龜甲二十四分、炙。署預二十四分、 龍骨一十二分。

右七味蜜和，丸如梧桐子大，酒服二十四丸，日三服，別加二丸，滿三十二丸爲恒。服得百日，心神開悟；二百日，耳目聰明；三百日，問一知十；滿三年，夜視有光，日誦萬言，一覽無忘，長生久視，狀若神明。忌羊血餳陳臰物。

八主無草藥和丹服者單餌防萬病方 以甲子日爲始

胤丹三百六十分。

右件以棗膏倍之和爲丸，研令相入，丸如[12]麻子大，一服七丸，酒服或井花水皆任意服，旦朝、日晚兩時服之，漸加至二十丸爲恒。服經百日，腰腎實；三百日，五臟皆實；滿千日，骨髓堅強，夕御百女，終無所勌，若生男女，聰慧如神，顔色光華若童子。滿三千日，日行三百里，力舉千斤，身重三百六十斤，樹徑尺者，拗拉折之。能萬日，必證神仙。雖然，要不如和上品藥三五種味服之佳，其驗速耳！

九延命澄神論

論曰：凡上品藥養命安神，將服之人，須持上法。若能真心奉道，苦節求仙，如是修行，神仙可冀。若不求仙出俗，取樂人間，自服之後，一年斷慾。要令藥力成就，骨髓堅充。因此百病消除，真氣來入。身神既具，藏腑端嚴。表裏清澄，魂魄雄盛。內與道合，外以辟邪。所有功能，一如經説。若未能頓絶，躭淫世華，百日以來，微用宣洩，此之意況，以理可知。如不能慎，徒服無益，斯可謂揚湯止沸，不如離薪也。故説云，鷄鶵養蚕，續不供口，此之謂也。至於坐臥居處，極須清淨。衣物衾具，並宜香潔。鞋履雜物，不用借人。則[13]雜氣相亂，正氣不居[14]，則魂魄散越，多諸夢想，則神識不澄，神識不澄則志誠不定，志誠不定則情懷燥擾，情懷燥擾則有始無終，有始無終則於服餌養生有能終卒者鮮矣。若居處清淨，衣香嚴潔，藥物精新，懷形一定，服餌不輟，志存長年，不雜交遊，唯知內視，依方禁戒，受[15]氣寶精。如是十年，則諸仙畢至，青腰丞翼，咸侍衛之；六甲直符，任其馳使；十二守士，應召俱臻；八使天官，隨懷即感。若能階此，已證神仙，何拘於長者焉！其葷辛血屬，仙家大忌，乃至凶穢之處，亦勿履之。若正療病，蹔時所不論耳。三品服餌丸散，任情隨時取宜，亦無恒，唯消息節度，觸類引之，上品養生，道盡於此也。

中品和形養性篇第二

十主頭面諸疾可以和形長服留顏還白方以立春日爲始

胤丹三十六分、 槐子十九分、 夜干十二分、 牛膝二十四分、 防風十二分。

右五味蜜丸，如梧桐子大，一服二十丸，日二服，別加二丸，以三十丸爲恒。服得百日，緣身頭面所有諸疾悉皆除愈。服得周年，白髮總變，色如童子，身輕目明。能滿千日，見諸鬼神，夜視有光。忌諸肉陳臰物。

十一主心腹諸疾可以和形長服駐年還白方以立春日爲始

胤丹三十六分、 蕭廉十二分、 人參十一分、 白朮十二分、 茯苓二十分。

右五味蜜丸，如梧桐子大，一服二十丸，日二服，別加二丸，至三十丸爲恒。服得百日，緣身心腹所有諸疾悉皆除愈。服得周年，白髮更黑，顏如十五女子，日可四五頓食，定心神。能滿千日，役使山精。忌桃李大醋陳臰等物。

十二主四肢諸疾可以和形長服反顏還白方以夏至日爲始

胤丹三十二分、 山茱萸十八分、 牛膝十二分、 石龍芮十二分、 杜仲十二分。

右五味蜜丸，如梧桐子大，一服二十丸，日二服，別加二丸，至三十丸爲恒。服得百日，緣身四肢所有諸疾皆悉除愈。服得一年，腰脚輕利，陽道不衰，白髮更黑，耳目聰明。能滿千日，尸蟲並死，四大舒緩，調和關節，去諸頭寒，多生男女。忌惡魚肉陳臰物。

十三主胸諸疾可以和形長服更還白方以立秋日爲始

胤丹三十六分、　白芷六分、　防風十二分、　細辛六分、　牛膝二十分、　甘草十八分。炙。

右六味蜜丸，如梧桐子大，一服二十丸，日再服，別加二丸，至三十丸爲常。服得百日，緣身胷背所有諸疾皆悉除愈。服得一年，耳目聰明，口氣香潔，肉色肥澤，眼目頭面輕利，風邪並除，九竅通爽，五藏安和，去諸煩滿。忌生菜陳臰葫菜等物。

十四主人福薄少媚令人愛念好容色延年方以立春日爲始

胤丹七十二分、　麥門冬三十二分、　萬歲二十四分、　牛膝二十四分、　蓍實二十四分、　獨搖草二十四分。

右六味蜜丸，如梧桐子大，一服二十丸，日二服，服加二丸，至三十二丸爲恒。服得百日，皮膚光悦。二百日，面如十五六童子。三百日，媚好具足，見者皆愛，神彩縱逸，不可名之，有所好求，莫不依允。忌五辛魚肉陳臰生菜等物。

十五主利關節四肢九竅通百脈令人能食輕身長生方以建日爲始

胤丹八十四分、　天門冬四十二分、　苦參二十四分、　白朮二十四分、　青木香十二分、　兔絲子十二分、　桂心二十四分、　甘草十二分、　茯苓二十四分、　牛膝二十四分。

右十味蜜丸，如梧桐子大，一服十五丸，日再服，服加二丸，至二十四丸止。欲得陰大而堅，加巴戟天二十四分、肉蓯蓉二十四分；欲得小便滑利者，加澤瀉二十一分；多風者，加防風三十分；多頭風，加芎藭二十四分、山茱萸二十四分、薯預二十分；若內傷絕者，加鹿角膠二十八分，炙，續斷二十分；熱者，加乾地黃二十四分。忌桃李蒜菜陳臰鯉魚醋等物。

十六主安神强記方

胤丹八十一分、 防風三十四分、 遠志二十四分、 天門冬二十一分、 菖蒲二十四分、寸[16]九節者。人參二十四分、 茯苓二十四分、 通草十二分。

右八味蜜丸，如梧桐子大，服二十丸，日再服，加二丸，至二十八丸止。服得三百日，舊日之事，皆總記之。六百日，平生習學者，悉記儼然。九百日，誦萬言終身不忘，志氣虛豁，聲音柔和，所有熱風，皆悉除愈，身神具，腑臟安。服九年，聰慧若神，顏色充美，終身不惙，及獲神仙。忌羊肉餳鯉魚大醋陳梟五辛等物。

十七主心虛恐怖驚悚不定方 以平定日合之

胤丹八十一分、 茯苓四十九分、 卷栢三十一分、 龍齒十二分、研。人參十二分。

右五味蜜丸，如梧桐子大，一服十二丸，日再服，日加二丸，至二十四丸止。服得百日，恐怖即定。服二百日，迅雷不驚，臨危不懼，神安志定，延命無窮，肌肉充華，顏如童子，終身不絕，効驗若神。忌大醋猪肉陳梟等物。

十八主辟邪鬼魅山精魍魎等方 以五月五日臘日合之

胤丹四十九分、 蘇合香三十分、 青木香二十四分、 安息香二十四分、 麝香十二分、 生犀角二十四分、 羚羊角十二分、 白木香二十四分。

右八味以棗膏丸，如小豆大，一服七丸，日再服，不過七日，邪鬼病皆瘥。亦可七丸合爲一丸，燒於香火上薰病人隱處，若鼻孔中吸噎，日夕各一度薰香即差。若山行野宿燒之，則羣妖歛迹不能近。若欲召真神燒之，則仙官並至，玉女衛形。若能久服，滿百日，衣汗皆香。千日，所臥床枕，吐氣言語，香氣遠聞，非說可盡。一云迎風而立，香聞三十里，久久百邪不干，羣妖速殄。萬日道成，白日昇仙，役使鬼神，拯濟無極，長生久視，與天地齊備。忌五辛生魚肉生菜桃李及陳臭等物。

十九主荒年絶穀不飢去俗方以成滿日爲始

胤丹一百二十分、白术三十六分、天花葚三十分、天門冬九十一分、去心。真蘇合二十四分、茯苓三十九分、松栢十二分、鍊蠟四十九分、青木香二十四分、乾地黄三十六分、大豆黄四十九分、松根白皮二十二分。

右十二味爲散，好鍊酥三斤入鼎爲丸，如彈子大，日服五丸，久久不飢渴，飲冷水及醇酒爲佳，身輕目明，力作不勌，可以入山往險，亦無所殆，久久服者神仙也。其辟邪魅毒蟲虵虺，皆不敢近。亦甚省睡，至夢相見如晨事，識與神通，久久諳知幽冥間事，當密之。忌血味生菜鯉魚大飯陳臭，若絶穀者，則都不食餘物。

二十養性宜食論

論曰：凡中品藥性爲宗，至於服餌，皆須導引相助，能兼上法，尤益其性。房帷之間，月惟一洩。年五十已上，四十日一交，此於藥餌過無妨損，但爲藥力未成，骨髓須實，所以制之。是三年一發，可御百女。然鐵有鑒形之明，鬼神懼觸其鋒，精魅媿彰其質，所以妖邪魍魎，終身免之。然三年始服一劑，劑即百斤，計有千餘日也。此非[17]藥力將成，精靈自衛，其功効一如方述，四時消息，臨時制宜。所論服日，皆依下注。當服之時，須食牛羊麞鹿雉兔鷄鴨鵝酒麨之屬，以助藥勢。大說如是，自外依常。中間亦有禀受盛衰不同，強弱不等，或一年藥力乃盛，或數年始効，此並受性不同，氣候有異，未可怪也。此謂單服，如兼草藥，則一依其方所陳功効深淺。若修行上道，不顧妻孥，可行上品閉情真法。此則強身益智，永絶驕滛，朱室紫房，何[18]能遠矣！予[19]自服胤丹來，向欲周歲，中間獲驗，非筆能申，惟恨過之，失期晚也。今故具述，廣宣流布，有道君子，知我志焉。

下品療疾蠲痾篇第三

二十一主心風虛弱健忘心家諸病方以上戊巳日合

胤丹三十二分、　茯苓二十四分、　遠志十二分、　人參十二分。

右四味蜜丸，如梧桐子大，一服十二丸，日再服，加二丸，至二十四丸止。服盡更合，病差仍停。忌大醋陳臰等物。

二十二主脾風虛不能食脾家諸病方以庚子日合

胤丹三十六分、　白朮二十四分、　甘草十二分、　荳蔻十三分。去皮。

右四味蜜丸，如梧桐子大，一服十五丸，日再服，加至二十丸為恒。忌桃李蒜菜生冷難消之物。

二十三主肺風虛兼嗽或氣上肺家諸疾方以壬癸日合

胤丹三十六分、　天門冬二十四分、　五味子十四分、　紫蘇子五合。

右四味蜜丸，如梧桐子大，一服十五丸，日再服，漸加至二十一丸為恒。忌鯉魚生臰大酢鹹等物。

二十四主腎風虛腰痛腎家諸疾方以定日合之

胤丹三十六分、　杜仲二十四分、　牛膝二十四分、　鹿角膠十八分。炙。

右四味蜜丸，如梧桐子大，一服二十丸，日再服，漸加至三十丸為恒。忌生菜生魚。

二十五主肝風虛目暗肝家諸病方以丙子日合之

胤丹三十六分、車前子二十四分、槐子十八分、決明子十八分。

右四味蜜丸[20]，一服十丸，漸加至三十丸爲恒。忌五辛熱毒物。

二十六主五勞七傷八風十二痺乏氣少力弱房方以四時常服

胤丹八十一分、肉蓯蓉三十九分、白膠二十四分、炙。防風二十四分、蛇床仁十二分、兔絲子十八分、署預十二分、茯苓十二分、五味子十八分、杜仲十八分、桂心十二分、牛膝二十四分。

右十二味蜜丸，一服二十五丸，日再服，漸加至三十丸爲恒。忌大醋生菜陳臰等物。

二十七主房帷間衰弱方

胤丹八十一分、巴戟天皮二十四分、兔絲子二十四分、蛇床仁二十四分。

右四味雀卵和丸，一服二十丸，用鷄子和亦得，漸加至三十丸。忌如前法。

二十八主宿食不消心腹冷痛脹滿虛鳴不能食方

胤丹十八分、當歸十二分、乾薑二十分、白朮十二分、薑黃十分、炙。甘草十分、厚朴十分、炙。吳茱萸十分。

右八味蜜丸，一服二十丸，日再服，漸加至三十丸爲恒。忌同前法。

二十九主心腹積癥瘦腹大方

胤丹十二分、　鱉甲十分、炙。蟬甲十分、炙。牛膝十分、　大黃十分、　附子八分、炮。防葵八分、　桑耳十分。金色者。

右八味蜜丸，一服十丸，日二服，久疾根者即差。忌如前法。

三十主五尸九注骨蒸傳屍復連滅門方

胤丹二十四分、　獺肝二具、炙。安息香十分、　蘇合香十分、　鬼督郵十一分、　白朮十分、　青木香八分。

右七味，丸散任意，每服七丸，日再服，散即服一錢七。忌如前法。

三十一主疥癩癧疽手足攣躄鼻柱斷壞者方

胤丹一百二十八分、　天門冬八十分、　蛇脯三十六分、　茯苓三十六分、　真木蘭皮三十分、　苦參八十一分、　梔子仁十四分、　白朮二十八分、　蒼耳子二十分、　乾地黃二十四分、　牛膝二十四分、　枳殼二十分。

右十二味蜜丸，一服三十六丸，日二服，服之百日已外，周年以來，所患無不愈者。如極重，不過千日。一差之後，色勝於未病前。忌法同前。

三十二主消渴中晝夜飲水乃至一石不能食方

胤丹四十分、　苦參三十二分、　知母二十八分、　栝蔞三十二分、　黃連三十八分、　麥門冬二十四分。去心。

右六味，生地黃汁及竹瀝和丸，如梧桐子大，衆手為丸，曝乾，以荊根汁服三十丸，日再服，加至四十丸。忌如前法。

三十三主痢下黃赤水若鮮血無時度方

胤丹十二分、 茯苓十八分、 黃連二十四分、 黃芩二十四分、 黃蘗十八分、 龍骨十二分、 犀角十二分。

右七味篩，飲服方寸匕，日再，漸加至三匕爲度。忌如前法。

三十四主冷痢下膿血下部疼痛小腹脹滿方

胤丹十二分、 乾薑二十四分、 吳茱萸二十四分、 黃連二十分、 厚朴二十分、炙。荳蔻二十分、去皮。白朮十二分、 赤石脂十八分。

右八味下篩，飲服方寸匕，日再服，漸加至二匕，疾愈當止。忌如前法。

三十五主小兒驚癇壯熱發作有時方

胤丹二十八分、 龍齒十二分、 牛黃十三分、 茯苓六分、 人參八分、 蚺虵膽八分、 麥門冬八分、 甘草六分。炙。

右八味下篩，以牛乳和，五錢匕服之，日再，盡此一劑，但驚癇除差，亦終身不染時氣，永定心力開，聰明強記不忘，亦不患溫氣無辜等疾。忌如前法。

三十六主目闇眼中三十六疾方以開日合之

胤丹八十一分、 蕠子四十九分、 車前子七十二分、 決明子三十二分、 槐子二十二分。

右五味擣末，以麥門冬汁煎溲爲丸[21]，每食後服二十丸，日再服，盡更合，能滿千日，夜視有光，久久能跳赴深谷，身輕目明，心神清朗。忌五辛酒肉陳臭等物。

三十七主耳聾耳中三十六疾方以開日合之

胤丹八十一分、　磁石三十八分、　菖蒲十八分、　通草十八分、　玄參十八分。

右五味，以葱涕溲爲丸，一服二十八丸，日再服，滿千日，則聞百步中人語聲事。周萬日則神與物通，有所警誡皆聞語。忌如前法。

三十八主鼻塞鼻中三十六疾方以開日合之

胤丹八十一分、　通草三十二分、　細辛二十八分、　乾薑三十八分、炮。蒲黄十二分。

右五味，以生地黄汁煎溲爲丸，一服二十八丸，日再服，滿千日，聞百步内香。周萬日，人聞藥物則知善惡。

三十九主口舌青黑口内三十六疾方

胤丹八十一分、　黄連七十二分、　升麻三十二分、　檀桓[22]二十八分、　天門冬二十八分。去心。

右五味，以砂糖和丸，一服二十八丸，日再服，滿千日，唇如朱丹，面色赤白，肌肉潤悦，滑膩異常，與人談論，見者歡喜，功能不可具言。忌如前法。

四十主身體麤皮膚甲錯多諸瘢疥身中三十六疾方

胤丹八十一分、　千秋七十二分、　乾地黄七十二分、　人參三十分、　麥門冬七十二分。去心。

右五味，以酥蜜和爲丸，一服三十二丸，日再服，滿千日，則體生光白，行步縱闊，舉止生情，多有逸能。周萬日，則顔如十五女子，無問人鬼，見者欣愛。所爲善事，莫不從心。

四十一主心虛悸戰慄多汗心中三十六疾方以定日合之

胤丹八十二分、　人參七十二分、　茯苓三十二分、　高良薑八十分、　赤石脂二十八分。

右五味，以麥門冬汁煎，和爲丸，一服三十二丸，日再服，滿百日，所患皆愈。周千日，則問一知十，聞雷聲亦不驚悚，神安志定。萬日備通，觸目之事，見則自悟。若多以菖蒲代高良薑，可以常服。

四十二主陰癩疝氣等方

胤丹四十分、　蒺藜子十二分、　桃仁四十分、　狸陰一具、去毛，炙。海藻二十四分。馬毛者，沉之。

右五味蜜丸，如梧桐子大，酒服二十丸，日再服訖任意。忌殗穢，百日外無忌。

四十三主少小脫肛或因虛冷者主之方

胤丹三十分、　卷栢十二分、　肉蓯蓉十分、　兔絲子十分。

右四味蜜丸，如梧桐子大，酒服二十丸，再服無忌，又兼胤丹傅肛上，三五度差。

四十四主虛勞五痔方

胤丹三十分、　兔絲子十二分、　覆盆子十二分、　五味子十二分、　牛膝二十分、　乾地黄二十分、　當歸十二分、　桂心十二分。

右八味蜜丸，酒服，滿百日即差，服既更合之。忌行房、生菜、陳臰物。

四十五蠋痾禁忌論

論曰：下品療病蹔服，縱延時日，不過數劑。一差已後，能久服之，非惟療病，神仙亦可冀也。胤丹之體，特忌猪肉酒醉，變吐無所不至，於餘食並無妨廢。前知三品所論者，爲兼草藥，所以須然。大凡論餌之法，傷慎猶好，既不損藥勢，得益彌速。其陳穢之物，凡人亦不宜多食，惟令昏濁精神，亂忤真氣。真氣既亂，邪氣反入，由是百病競生，死亡無日，而況求延年乎！而況求神仙乎！攝生之士，可不勗哉！此之教識，略舉綱目，服餌之法，觸類而長。凡正服藥，病未全療，必不得近房，一犯損十日藥，再犯百日，三犯畢劑力絕，乃更生餘病，何論於舊疾乎！有病君子，深須達之。予自服餌以來，今將二十餘載，其間禁忌節度，乃至犯誡違方，善惡備經，今具述，服餌之士宜知之。得者慎重而勿祕，陰德濟人，其功大矣。

胤丹二十八分、　人參十分、　石斛六分、　兔絲子六分、　苟杞子六分、　牛膝六分、　茯苓六分、　桂心四分、　遠志六分、　署預六分、　肉蓯蓉六分、　蛇床子四分。

右十二味，依常法服。

胤丹四分、　人參二兩、　茯苓二兩、　遠志二兩、　署預二兩、　五味子二兩、　杜仲二兩、　甘草二兩、　兔絲子二兩、　牛膝二兩、　續斷二兩、　當歸二兩、　棗膏八兩、　麥門冬三兩、去心。巴戟天二兩、　肉蓯蓉三兩。

右十六味，准上日再服，服二十丸，漸加三十丸爲恒。

古鐵胤粉方

夫金玉之藥，停置積久，終無自壞，以其自然生。因其自生，故名爲胤。凡斷割萬病，非胤不克，理藥化金，非[23]鐵不成。勁利堅健，既剛既快。或光輝燭地，或銷鎔變化，邪精懼其鑑形，鬼神畏其剛利。夫人但貴玉石藥，不知鐵胤強筋骨，益氣力，使心健人勇，身體輕利，療五勞七傷，補腰脚不足，尤療虛損，反白變黑，延年益壽，補精填髓，起陰發陽，增長業命，無三五婦，則不可輒服，功効極多，難可具記。其法取精剛蒸鐵，打作片，如笏形，兩面磨礱使淨，作三四十枚，以水淨拭，即側著甕中，放簀上，蓋頭泥之，置陰潤處。百日開取，盡生胤也。以竹箆刮取，其丹色赤黃。於甃鉢中玉硾研篩三遍，以酒浸三日，少渾即轉瀉別器中，輕細飛過者，隨酒取淀，著下者棄之，其隨酒者又澄一日，更傾者酒，取下胤淀，日曝乾，棗肉爲丸，如梧桐子大。初服十五丸，日再服，漸加至三十丸，用所澄酒服益佳，百無所忌。

後代名醫造鐵胤粉

右取蒸剛鐵一百斤，任意大小打作葉，厚三分許，兩面刮削，平淨如鏡，長短方圓任意。作訖，取白鹽一合，磁石毛一兩，磁石亦得，水一合半，和鹽攪令消，內磁石末，更若多亦准此爲數。以此鹽水溁，即側著甕中，令蓋口。其甕先盛醬者佳，新者不堪。蓋訖，埋甕於北陰地下，使不見日，蓋甕土可一尺許，每日以鹽水灑之，一如前法。

【校記】

〔1〕"故"，《四部叢刊》本作"皆"。

〔2〕"本方云，鐵主堅肌耐痛"，"耐"原作"奈"，據《神農本草經》改，"本方"疑作"本草"。

〔3〕"目"原作"日"，據《四部叢刊》本改。

〔4〕"肛"原作"肚"，據上本改。

〔5〕"遍常用"，上本作"然總言之"。

〔6〕"余"，上本作"夫"。

〔7〕"則於入道之賢，神安志定；攝生之士，髓實命延。因是"，上本作"入道之賢，寶而服之，自然"。

〔8〕"故爲之方，豈不務也"八字，上本無。

〔9〕"其二"，上本作"又方"。

〔10〕"大"，疑當作"人"連上。

〔11〕"智"後疑脫"方"字。

〔12〕"如"原作"和"，據《四部叢刊》本改。

〔13〕下"則"，《四庫全書》本作"恐"。

〔14〕"居"後，《四部叢刊》本有"正氣不居"四字。

〔15〕"受"，疑當作"愛"，形譌也。

〔16〕"寸"，《四部叢刊》本作"十"。

〔17〕"此非"二字，上本無。"非"疑當作"乃"。

〔18〕"何"，上本作"可"。

〔19〕"予"原作"子"，據上本改。

〔20〕此下似少"如梧桐子大"五字。下五方同。

〔21〕"丸"後疑脱"如梧桐子大"，下五方同。

〔22〕"檀桓"原作"檀恒"，據《神農本草經》"檗木"條云"一名檀桓"改。

〔23〕"非"字原無，據蔣力生等校注本《雲笈七籤》所引《四庫》本補。

雲笈七籤卷之七十九

符　　圖

五嶽真形圖序 東方朔

《五嶽真形》者，山水之象也。盤曲廻轉，陵阜形勢，高下參差，長短卷舒。波流似於奮[1]筆，鋒芒暢乎嶺崿。雲林玄黃，有如[2]書字之狀。是以天真道君下觀規矩，擬縱趣向，因如字之韻，而隨形而名山焉。子有《東嶽真形》[3]，令人神安命延，存身長久，入山履川，百芝自聚。子有《南嶽真形》，五瘟不加，辟除火光，謀惡我者，反還自傷。子有《中嶽真形》，所向唯利，致財巨億，願願克合，不勞身力。子有《西嶽真形》，消辟五兵，入陣刀刃不傷，山川名神，尊奉伺迎。子有《北嶽真形》，入水却災，百毒滅伏，役使蛟龍，長享福祿。子盡有《五嶽真形》，橫天縱地，彌綸四方，見我懽悅，人神攸同。黃帝徵師諸侯，與蚩尤戰於涿鹿之野，遂擒之，諸侯咸宗軒轅爲天子，代神農氏，是爲黃帝。天下有不順者，從而征之，破山通道，未嘗寧居。東至于海，登丸山[4]及岱宗；西至崆峒，登雞頭；南至于江，登熊湘；北逐[5]獯鬻，登[6]符釜山，而邑于涿鹿之阿，遷徙往來，無有常處。察四嶽並有佐命之山，而南嶽獨孤峙無輔，乃章詞三天太上道君命霍山潛山爲儲君。奏可，帝乃自造山，躬寫形像，連五圖之後。又命拜青城爲丈人，署廬山爲使者，形皆以次相續，此道始於黃帝耳。

東嶽太山君領羣神五千九百人，主治死生，百鬼之主帥也，血食廟祀所宗者也。世俗所奉鬼祠邪精之神，而死者皆歸泰山受罪考焉。諸得佩《五嶽真形》，入經山林及太山[7]，諸山百川神皆出境迎拜子也。泰山君服青袍，戴蒼碧七稱之冠，佩通陽太平[8]之印，乘青龍從羣官來迎子。

南嶽衡山君領仙七萬七百人，諸入南嶽所部山川[9]，神皆出迎。南嶽君服朱光之袍，九丹日精之冠，佩夜光天真之印，乘赤龍從羣官來迎子。

中嶽嵩高君領仙官玉女三萬人，道士入其中嶽所部，名靈皆來迎拜。中嶽君服黃素之袍，戴黃玉太乙之冠，佩神宗陽和之印，乘黃龍從羣官而來迎子。中嶽五土之主，子善敬之。太上常用三天真人有德望者以居之。

西嶽華山君領仙官玉女四千一百人，道士入其所部之山川，神並來迎。華山君服白素之袍，戴太初九流[10]之冠，佩開天通真之印，乘白龍而來迎子。

北嶽恒山君領仙人玉女七千人，道士入其所部之山川，神皆來迎。北嶽君服玄流之袍，戴太真冥靈之冠，佩長津悟真之印，乘黑龍而來迎子。

青城丈人，黃帝所命也，主地仙人，是五嶽之上司，以總羣官也。丈人領仙官萬人。道士入山者，見丈人服朱光之袍，戴蓋天之冠，佩三庭之印，乘科車從衆靈而來迎子。

廬山使者，黃帝所命，秩比御史，主總仙官之位，蓋五嶽之監司。道士入其山者，使者服朱緋之袍，戴平華之冠，佩三天真形之印，而來迎子，亦乘科車[11]。

霍山南嶽儲君，黃帝所命，衡嶽之副主也，領靈官三萬人。上調和氣，下拯黎民，閱[12]校衆仙，制命水神，是峻嶮[13]之府，而諸靈之所順也。道士入其境，儲君服青錦之袍，戴啓明之冠，佩道君之玉策而來迎子，或乘科車，或駕龍虎。

潛山儲君，黃帝所命，爲衡嶽儲貳，時參政事，今[14]職似輔佐者也。道士入其山者，潛山君服紫光繡衣，戴參靈之冠，佩朱宮之印，乘赤龍之車而來迎子。

諸佐命山君並輔弼嶽君，預於位政。道士入其山，佐命服朱袍，戴仙華之冠，佩太上真形之章而來迎子，所乘無常。

東方朔言：古書《五嶽真形》首目者，乃是神農前世太上《八會》羣方飛天之書法，始於[15]鳥跡之先代也。自不得仙人譯注顯出，終不可知也。凡道士欲佩圖，進取山象及書古文卷畢，以此題外面。

五嶽真形神仙圖記

《神仙圖》曰：一切感到，妙應備周。或天或人，或山或水，或飛或沉，或文或質。皆是真精之信，有字總號爲符。符驗證感，皆由善功。功無妄應，其路莫因。因悟立功，其符必現。現而未得兼者，由功行未充。方應修戒，積精存神，常想真形，受符佩服。妙氣入身，智慧通達。達士通人，懃密遵崇。消災厭惡，精則有徵。徵則神降，所願必諧。是以三五，傳用至今。但後人善少，得之偏頗。或時遇值，旨訣不明。明之者希，希故爲貴。貴不可妄得，得不可妄行。臣擇君而奏，君卜臣而傳。傳奏非人，兩受災害。下未達者，上行之宜。奏未通者，下修之宜。潛密則各保元吉，詣和則俱享利貞。君臣父子，男女師朋，更相曉喻，疑則勿行。了然無惑，正信同心，上下和睦，必通神明。玉帛鍾鼓，禮樂外形。三牲百味，嗜慾之事。日損之教，止殺之科，明者驚[16]悟，不復曲言。今錄古迹，記時不因，風移俗易，三牲可停。觀妙之徒，勿拘文以翳理。緣本取悟，必守源以究流。源一生二，二爲父母不可忘，常當存念。

《老君中經》曰：東王父者，清陽之氣也，萬神之先。治東方，下在蓬萊山，姓無爲，字君解。人亦有之，在頭頂，精氣爲日，在左目中，名伏戲，字偃昌。西王母者，太陰之氣也，姓自然，字君思。下治崑崙之山[17]，金城九重，雲氣五色，萬丈之巔。上治[18]北斗華蓋紫房，北辰之下。人亦有之，在右目中，姓太陰，名玄光，字偃玉。人須得王父、母兩目中護之，乃能行步，視瞻聰明，別知好醜，下流諸神。如母念子，子亦念母，精明相得，萬世常存。人之兩乳，萬神精氣，陰陽之湊液[19]。左乳下有日，右乳下有月，王父、母之宅。上治目中，遊戲頭上，止於乳下，宿於絳宮，此陰陽之氣。人欲長生神仙，務和陰陽之氣。氣中有神，神驗有符。符次於神，神爲符本。本是誰乎？太一父母也。太一祖宗，源本之主。父爲東帝，母爲西君。應感赴救，隨念而來。來無所從而來，去無所至而去。眾生大感，都應有方。寓崑萊並立宮殿，大會集乎大嶽，位居五嶽之端。符信之始，始於此方。元氣周廻，北斗分下，天地交泰，父母轉居。人能得者，混合玄黃，驅使六甲，正定五行。常以歲暮，三元之朝，諸王之辰，拜訊父母。練符建德，上乘玄元，制化一切，賞罰分明。始氣蕩滌，正之以符，常起王初，受符施行。應當拜者，皆廻向日暮。

《五嶽真形》《神仙圖記》，並出太玄真人。漢初有司馬季主，師事太玄仙女，太玄仙女號西靈子都，居委羽石室大有宮中，有諸妙法，《五嶽》備焉。諮受《五嶽》，以奏孝文帝。帝不能勤行，又教賈誼。誼未練習，粗諳本源。文帝受釐，坐於宣室。未央殿前正室也，祠還致福曰釐。因問鬼神事，誼具道之。帝曰："吾久不見賈生，自以爲過之，今不及也。"雖有此言，猶斥遠誼。誼既失志，法遂不行。後孝武好道，少君薦之，王母感降，圖文宣明，不能專修，俄復散逸。季主同學道士季守及西門君惠，圖識兼精，知劉季當爲天子，光武中興，詣上此科，帝務未遑，信用疎略。建武七年，此年日蝕，積雨爲災，陰陽變怪，四方多壘，寇逆縱橫。及至八年，上自西征，潁川盜賊，河東叛逆，京師騷動，求福神明。方士道術，頗被信用。乃徵道士郭憲代張堪爲光禄勳，從駕南郊，委以祭事，遍醮五嶽，行戒立功，後不能從，茲法又絕。至桓帝時，仲甫賣筹遼刀城市上，以供酒脯，爲百姓祈福。外人齎禮，即皆設之，遠近歌恩，昏朝所忌。李公嘉遁，左生微行。葛孝先爲孫權修之，多諸効驗。李方回爲晉武修之，亦有休徵。世塵難蕩，善始少終。元帝過江，鮑太玄頻奏，王丞相雅重之。鮑爲廣州長史南海太守，化行丹天，傳授葛洪。洪傳滕叔，叔傳樂玄真，條流稍廣，約在至誠，修行唯密也。

王母授漢武帝真形圖

　　西王母既降漢宮，武帝見王母巾器中有一卷書，盛以紫錦之囊。帝問："此書是仙靈方耶[20]？不審其目可得瞻盼否？"王母出以示之曰："此《五嶽真形圖》也。昨青城諸仙就吾請求，今當過以付之，乃三天太上所出。文祕禁重，豈汝穢質所宜佩乎？今且與汝《靈光生經》，可以通神勸志也。"帝叩頭請求不已，王母曰："上皇清虛元年，三天太上道君下觀六合，瞻海河之長短，察丘山之高卑，名立天柱，安於地理。植五嶽而擬諸鎮輔，貴昆陵以舍靈仙，尊蓬丘以館真人，安水神乎極陰之源，棲大帝乎扶桑之墟。於是方丈之阜爲理命之室，滄浪海島養九老之堂，祖瀛玄炎長元流生鳳麟聚窟各爲洲名，並在滄流大海玄津之中。水則碧黑俱流，波則震蕩羣精。諸仙玉女，聚乎滄溟，其名難測[21]，其實分明。乃因山源之規矩，覩河嶽之盤曲，陵廻阜轉，山高隴長，周旋逶迤，形似書字。是故因象制名，定實之號，畫形祕於玄臺，而出爲靈真之信。諸仙佩之，皆如傳章，道士執之，經行山川，百神羣靈，尊奉親迎。汝雖不正，然數詣山澤，扣求之志，不忘於道，欣子有心，今以相與。當深奉慎，如事君父，泄示[22]凡人，必致禍考也。"夫人語帝曰："阿母今以瓊笈妙韞，發紫臺之文，賜汝八會之書《五嶽真形》，可謂至珍且貴，上帝之玄觀矣。子自非受命合神，弗見此文矣。今雖得其真形，覩其妙理，而無《五帝六甲左右靈飛之符》《太陰六丁通真遂靈玉女之錄》[23]《太陽六戊招神天光策精之書》《左一混洞東蒙之文》《右庚素昭攝[24]殺之律》《壬癸六遯隱地八術》《丙丁入火九赤斑符》《六辛入金致黃水月華之法》《六己石精金光藏影化形之方[25]》《子午卯酉八稟十決六靈威儀》《丑辰未戌地直曲素訣辭[26]長生紫書三五順行》《寅巳申亥紫度炎光內視[27]中方》，凡闕此十二事者，當何以召山靈、朝地神、攝萬精、驅百鬼、來虎豹、役蛟龍乎？子所謂適知其一，未見其他。"帝下席叩頭曰："徹下土濁民，不識清真，今日聞道，是生命遇會。聖母今當賜與真形，修以度世。夫人方今告徹，應須《六甲》《六丁》《六戊》致靈之術。既蒙啓發，弘益無量，唯願告誨，濟臣飢渴。使已枯之木，蒙靈陽之潤。焦火之草，幸甘雨之漑。不敢多陳，願賜指授[28]。"帝啓陳不已。王母又告夫人曰："適《真形寶文》，靈官所貴。此子守求不已，誓以必得，故虧科禁，將以與之。然《五帝六甲》《通真》《招神》，此術眇邈，必須精潔至誠，殆[29]非流濁所宜施行。吾今既賜徹以《真形》，夫人當愛之矣[30]。吾嘗憶[31]與夫人共登玄隴羽野及曜真之山，視王子童[32]，王子立迺就吾請求[33]《太上隱書》。吾以《三九祕言》，不可傳泄於中仙，夫人時亦有言見守，助子童之至[34]矣。吾既難違來意，不獨執惜。至於今日之事，有以相似。後來朱陵食靈瓜味甚好，憶此久而已七千[35]歲矣。夫人既已告徹篇目十二事，畢[36]當匠而成之，何緣令主人稽首謝某乙流血邪[37]？"夫人曰："環不苟惜，向不持來耳。此是太虛羣文，真人赤童所出。傳之既自有男女之別耳，又宜宣[38]得道者。恐徹下才，未應用此耳！"王母色不平，乃曰："天禁漏泄，犯違明科，傳必其人，授必知真者，夫人何向下才而說《靈飛》之篇目乎？妄說則泄，說而不傳，是爲銜天道，此禁乃重於傳耶！別勅三官司直推夫人之輕泄也。吾《五嶽真形文》乃太上天皇所出。其文寶妙，而爲天仙之信，豈復下授於劉徹也！直以徹孜孜之心，數請川嶽，勤修齋戒，以求神仙[39]之應，志在度世，不遭明師，故吾等有下眄之耳。至於教仙之術，不復限惜而傳[40]，夫人但有致靈之方，能獨執之乎？吾今所以授徹《真形文》者，非謂其必能得道，欲使其精神有驗求仙之不惑，可以誘進向化之徒；又欲令悠悠者知天地間有此靈真之事，足以却不信之狂夫耳！吾意在此也。然此子性氣淫暴，眼精不純[41]，何能得成真仙，浮空參差乎？懃而行之，適可庶於不死乎[42]！《明科》云：非長生難也，聞道難；非聞道難也，行之難；非行之難也，終之難。良匠能與人規矩，不能使人巧也。必何足隱之耶？"夫人曰："謹受命矣！但環蒙倒景君無常先生二君傳靈文，約以四千年一傳，女授女，男授男，太上科禁以表於昭生之符矣。環以來并賢大女郎抱簡，凡六十八女子[43]，固不可授男也。頃見浮廣山青真小童受《六甲靈飛》於太微中元君[44]，凡十二事，與環所授者同。青真是環入火弟子，所受《六甲》，未聞別受於人，彼男官也[45]。今正勅取之，將以授徹也。先所以告其篇目者，亦是愍其有心，將欲堅其專氣，令且廣求，他日與之，亦欲與男授男，承科而行，使勤而方獲，令知天真之珍貴耳！非徒苟執，衒泄天道矣。願不罪焉！阿母《真形》之貴，愍於懇志，亦以授之，可謂大不宜矣！"王母笑曰："亦可恕乎！"夫人即命侍女紀離容但到浮廣山，勅青真小童出若《左右六甲靈飛》致神之方十二事，當以授劉徹也。須臾，侍女還，捧八色玉笈鳳文之韞，以出《六甲之文》曰："弟子柯昌[46]言，向奉使絳河，攝南真七源君檢校羣龍猛獸事畢，過門授[47]教，承阿母相邀詣劉徹家，不意天靈至尊下降於濁梟。不審起居此來[48]何如？侍女紀離容至，云尊欲得金書祕字《六甲靈飛左右》《策精》之文十二事，欲授劉徹，封一通付信，且徹雖有心[49]，實非仙才，詎宜以此傳泄於行尸乎？昌近在帝處，見有上言之者甚眾，云山鬼哭於叢林，孤魂號於絕域，興師旅[50]而族有功，妄兵勞而縱白骨，奢擾黔首，淫酷自恣，罪已彰於太上，怨已見於天氣，囂言玄聞[51]，必不得度世也。值尊見勅，不敢有違耳。"王母笑曰："言此子者誠多，然帝亦不必推也。夫好道慕仙者，精神[52]志念，齋戒思愆，輒除過一百[53]。克己反善，奉敬真神，存真守一，行此一月，輒除過一千[54]。徹念道累年，齋亦勤矣。累禱名山，願求度脫，校計功過，殆已相掩。但自今已去，勤修志誠，奉上元夫人之言，不宜復奢淫暴虐[55]，使萬兆勞殘，怨魂窮鬼有[56]破掘之訴，流血之尸忘功賞之辭耳！"夫人乃下席起立，手執八色玉笈鳳文之韞，仰天向帝而呪曰："九天浩洞，太上耀靈。神照玄微，清虛朗明。清虛者妙，守氣者生。至念道臻，寂感真神。役神形辱，安精年榮。授徹《靈飛》，及此《六丁》《左右》《招神天光策[57]精》。可以步虛，可以隱形。長生久視，還白留青。我傳有四萬之壽，徹傳在四十之齡。違犯泄漏，禍必族傾，反是天真，必沉幽冥。示其福禍，敢告劉徹。師主是青真小童，太上中黃道君之司直，元始天王[58]入室弟子也，姓延陵名陽[59]字庇華，形有嬰孩之貌，仙宮以青真小童爲號。其爲器也，玉朗洞照，聖同[60]萬變，玄鏡幽覽，才爲真俊。游於浮廣，推此始運，館於玄圃，治仙職分。子存師君，從爾所願[61]。不存所授，命必傾淪。"言畢，夫人一一手指所施用節度示帝[62]。凡十二事都畢，又告帝曰："夫五帝者，五方之真精；六甲者，六位之通靈。佩而尊之，可致長生。此書上帝封於玄景之臺，子其寶祕焉。"王母曰："此三天太上之所撰，藏於紫陵之臺，隱以靈壇之房，封以華琳之函，韞以蘭簡之帛，約之以紫羅之索，印之以太帝之璽，受之者四十年傳一人，如無其人，八十年可頓受二人。得道者四百年一傳，得仙者四千年一傳，得真者四萬年一傳，得昇太上者四十萬年一傳。傳非其人，謂之泄天道。得人不傳，是爲蔽[63]天寶。非限妄傳，是謂輕天老。受而不敬，是謂慢天藻。泄、蔽、輕、慢四者，取死之刀斧，延禍之車乘也。泄者身死於道路，受土形而骸裂；蔽者盲聾於來世，命雕枉而卒歿；輕則禍終於父母，詣玄都而受罰；慢則暴終而墮惡道[64]，生棄疾於後世。皆道之科禁，故以相戒，不可不慎也。"王母因授以《五嶽真形圖》，帝拜受之。

五嶽真形圖法 并序

弟子葛洪曰：夫至道无形，機妙難論。神仙之事，誠非小醜所宜緣尋。然世人不覩其門，皆謂之无。既見真驗，復不[65]肯以語人。是以清濁乖體[66]，香臭絕倫。若道士得祕聖之書，皆當杜[67]於一人口者，則靈真之文，將墜於獨見，何緣得存流於百代乎？洪謂傳授當必得其人，豈可都蔽邪？自江東都无有此書，若鄭君復祕而不出，則斯文永翳也。昔曾以此白鄭君曰："道書人皆有之，如[68]《三皇天文大字》，及靈書至妙，修勤求慕，時忽聞見。《五嶽真形》在目錄之首，吳越之人无有得傳，將斯文之不出，文貴而不授乎？不審先生有此書與不？儻令魚目之珠，映於九陽之光；洿丘瓦石，蹔晒南和之肆，若遂仰瞻天真，則洪心堅愈深。"鄭君曰："此書吾似有之，傳授禁重，不可妄泄，傳非其人，罪咎必至。凡道士輩雖心希清正，而行多不備。不備則有慮，有慮則禍詣，亦何急令[69]致禍之書而爲刀鋸乎？是以先流得之者，又不敢輕以授人，便自都絶，正如此耳。卿極有心，必能通玄暢昧，是故相告，且勿宣之。吾先受此書[70]於青牛先生，自吾受《圖》以來，未傳一人。依仙科當付一人，乃得絶身棄迹耳。世上波波，不可復停，行當以此文與卿。"後復是一年許，七月閑夜見呼，告曰："吾方當去，可具素寫《圖》。"洪乃齋戒祭受，今施用節度皆出於鄭君也。

鄭君説：青牛先生仙人封君達，本隴西人也。初服黄連五十餘年，入鳥鼠山中服鍊水銀百餘年，還鄉里年如三十者。常乘青牛，故號青牛道士。行聞有疾殆死者，識與不識，便以腰間竹管中藥與服之，或爲下針，應手皆愈，世多得其驗效，都不以姓字語人，人通識乘青牛爲名耳。人間復二百餘年，入玄丘山中，不知所在。青牛先生言：人家有《五嶽真形》，一嶽各遣五神來衛護圖書。所居山川近者，山澤神又常遣侍官防身[71]，凶逆欲見傷害，皆反受其殃，辟除五兵五瘟，可帶履鋒刃。又司人之姦穢，言人之不正。不正者禍身，姦穢者禍門，是以宜深忌慎。人有帶此文及執持以履山林者，其山地源靈主皆出境拜迎。尊貴圖信，鬼神猶執卑降之禮，何況凡人？而可慢墮哉！

鄭君言：在家一歲，輒一祭《圖》。令人居家富昌，宦身升隆，行來詣[72]合，凶禍遠迸[73]，求欲得願，長生延年。若山林獨處，可虧祭也。所以然者，山林幽寂，棲心無邪，又非酒炙所出，唯當恭而已矣。家居混雜，有婦女鷄犬塵穢生於部界，墮慢出自言語，或汙濁神炁，産乳堂宇。是故齋祭《靈圖》，爲謝災癘[74]。以月建齋三日，又須夜半之時，出庭中或密室中西向，勿令人見。祭用白米粿脯二十五斤，清酒一斛，以十杯酒著一桉上，无桉新布巾上亦可。燔兩爐香，大例祭餘酒以別甖盛座左，隨杯奠粿花脯，餘脯著桉盛座右。取可食菜覆祭上，令花脯在菜下，有果尤良。安施既畢，主人立而不拜，因以朱書章紙著桉上，《圖》著桉後席上。若別有所道，當令聲載出口，祭食須訖也。祭畢，即於祭所室中燒章文，煙盡、取灰，以雜水湯中，令舉家各取少多噴澡面目手足，令人目明无患，辟兵却鬼，去尸安神。若家富財豐，而竭盡珍寶，欲置腆於神明益善也，亦如祠山川務厚耳。古人祭多用大牢或少牢飯粿之物，殆崇厚者也。其傳授祭用粿花脯五斤，酒二斗。凡祭胙唯得與同志人，若大祭饌多，得分一家飲食之耳。食胙者除災辟禍，禳諸惡氣。《祭五嶽文》，以好紙朱書之。

　　請五嶽儲佐等君：鄭君所出。
　　年月歲在某日子男生州郡縣鄉里某甲年若干歲，謹依道《明科》告齋，請五嶽君、霍、潛儲君、青城丈人、廬山使者、諸佐命八山神君：
　　東嶽泰山君，羅浮括蒼佐命；
　　南嶽衡山君，黃帝所命霍山、潛山儲君；
　　中嶽嵩高山君，少室武當佐命；
　　西嶽華山君，地肺女几佐命；
　　北嶽恒山君，河逢抱犢佐命；
　　太嶽衆官君、千山百川諸墟陵真仙地主、源澤丘阜大神，有泰清三天玄錄飛精稱下土者，皆登遊降於某郡縣鄉里村中齋盛處，某昔以某年月日受先師真像如千年，按《九都千明之科》，九炁丈人《昭生之符》，五嶽君共遣二十五神，千山百源皆遣侍官營衛圖書，防捍某身。某身生長濁世，動多違離。才非通真，識淺術薄。未得遠避風塵，游適林岫。抱持靈圖，汙染穢氣。文禁深重，懼以抵觸。謹告虔齋祠，誠照至心。當令某長生久視，所向无前。凶害藏匿，金石為開。精光神炁，常在身中。願欲如意，昌盛隆豐。謀議者反死，毀謗者反傷。令此二十五神、千靈侍官，長守某身，擁護靈文。日月代序，當復以聞。某居在郡縣鄉里中，因九光使者、威明大夫謹請。祭文如此，細書如道家章狀。其所書山神郡縣鄉村上叙年月姓字，當如常法。自從後應所道，斟酌出入隨意耳。此是歲祭儀，若祭酒祭者，兼建道家之治位。鄭君云：神饗下是太上道君《致神符》，仙人祕，魯女生所出，以付封先生者。

昔黄帝遊觀六合，後造神靈，見東中西北四嶽並有佐命之山，唯衡山峙立無輔。乃與昌宇、力牧、方明等章詞三天太上，使霍山、潛山爲南嶽儲君，拜青城山爲丈人，署廬山爲使者，令[75]總衡嶽以鼎鎭，擧德真而爲主。儲君者，衡山之副君也。吴越人或謂霍山爲嶽，其實非正也。

《授圖祭文》：

某以胎生肉人，白骨[76]子孫。躭酒[77]嚚惡，流濁世務。運遇有幸，得奉大化。滌蕩穢俗，許以更始。修心慎違，希企靈真。夙夜馳競，不敢寧捨。昔以某年月日歲在某處，受先師甲乙《真形》，按九都千明之科，許得傳授。謹按道法，當付良密。今有同志道士某郡縣鄉里男生某甲，年如干歲，小心勤翼，必能宣啓靈化，敷正神炁。即以今年月誓書[78]，授其真圖，委繒告盟，禁以不泄。天親同心，常相愛護，不得棄元崇末，要榮希利。其五八大約，禍福所期，量己審人，任之處焉。謹齋祭以付[79]，唯即一列，上達三天[80]。

《受圖祭文》：

某胎生肉人，枯骨子孫。生長濁世，染亂罪考。宿行積咎，禍高丘陵。天啓其衷，得聞聖化。心開改跡，好生樂道。仰慕靈感，思求真應。庶蒙清蕩，以延性命。常捨穢率善，願爲種民。鑽求遐年，當須天啓。登山履川，亦賴靈助。注心道門，不敢携貳。並仰貢方物，自輔信誠。以今即日受《五嶽真形》，藏戢一己，與之終始。五八有期，永无中泄。傳授相親，愛護同炁。齏齊榮辱，天科所祐。不敢慢惰，抵犯禁網。遵受法訣，付[81]之于心。謹清齋告祭，以爲其始。唯即一列，上達[82]三天，章奏太上。除某三尸，登書生録。刻題玉札，緘之絳府。五方靈嶽，各遣五神。千百山川，時差侍官。營守圖文[83]，防護某身。使長生永存，壽延億千。

晉鮑靚施用法

靚按《黃帝九籥玉匱內真玄文》[84]，此書是三天太上撰次所出，曾聞之於先達也，言西王母紫蘭宮室，通畫此象，諸埔宮[85]玉女仙人服衣，皆以此形畫之。昔遣中黃太一以此圖下授名山隱逸有仙錄者，結約五八之年而傳也。自无運命之遇，莫見其篇目矣。如魯女生山中受之，皆此也[86]。仙人云，道士佩此文[87]入山林川澤，所經諸靈神皆出郊境奉迎焉。然五嶽各有所部，東方之山則屬東嶽，其西嶽、南嶽、北嶽亦同。唯平地、江河淮水及中央之山陵，皆統之中嶽之部也。諸入山採八石、石象、石腦、流丹、流珠[88]、飛節黃子、石髓、桂英、芝草諸神藥，自无《五嶽》佩之，此仙物終不可得也。欲佩之法，以青爲繒，或用白爲繒，或盛以紫囊，或帶之頭上，或帶之心前或肘後。山无大小，皆有靈神。神來見形，自稱某山某甲來迎拜也。是太上真人以爲所[89]使策文，五嶽衛此圖書，如今世人敬[90]監司之章節狀，所以丘山之神而來拜謁也。受付之法，限之四十年一傳，歃血委誓而約。人有此文在家者，五嶽君各遣五神來奉衛圖文，所居山川源澤諸靈各遣侍人營護子耳。他人憎嫉、謀議口舌、凶逆賊害、及官繫子者，五嶽所衛二十五神及山川侍官，即白所居之部嶽君，嶽君即使鬼物反害彼人自中也。奉之者不可不淨身清神，若行邪亂慢，不尊所受，忽賤靈信，輕侮宗末者，禍至滅家，不可不慎。入山无其《真形》，則衆精壞人；採藥不得《真形》，則羣靈蔽之；爲道士不得《真形》，則魂炁不定，三尸亂干；術士不得此文，皆不成就。但[91]有此文以佩身，乃是[92]彌綸衆神，橫行天地。在家則神人奉衛，入山則羣靈奉迎，採藥服芝草則真仙營護，結疫涉害[93]則妖災自滅。爾乃虛往實來，真驗禍福，將有道者，其祕而尊焉！漢元封元年西王母授孝武皇帝[94]。

【校記】

[1]"奮"原作"舊"，據《五嶽真形序論》（下稱《序論》）及《洞玄靈寶

五嶽古本真形圖》（下稱《古本真形圖》）改。

〔2〕"如"字原無，據上二書增。

〔3〕"東嶽真形"，上二書無"真"字，以下四嶽同。

〔4〕"丸山"原作"太山"，據《史記·五帝本紀》改。

〔5〕"逐"原作"遂"，據上書改。

〔6〕"登"，上書作"合"。

〔7〕"及太山"，《序論》及《古本真形圖》作"及詣泰山君"。

〔8〕"平"，上二書分別作"朔""明"。

〔9〕"川"原作"山"，據上二書改。

〔10〕"太初九流"，《古本真形圖》作"太素九旒"。"流"當作"旒"。

〔11〕"而來迎子，亦乘科車"，《序論》及上書分別作"乘科車從衆靈而來迎子""而來迎於子也"。

〔12〕"閱"，上二書作"關"。

〔13〕"險"，上二書作"驗"。

〔14〕"今"，上二書作"令"。

〔15〕"始於"，上二書作"殆"。

〔16〕"驚"，《四部叢刊》本作"警"。

〔17〕"山"字原無，據本書卷十八《老子中經·第四神仙》增。

〔18〕"治"原作"直"，據上書改。

〔19〕"湊液"，上書作"津汋"。

〔20〕"耶"原作"也"，據《道藏》本《漢武帝內傳》及《序論》改。

〔21〕"測"，《序論》作"尋"。

〔22〕"示"原作"失"，據上書及《漢武帝內傳》改。

〔23〕"遂靈玉女之錄"，《漢武帝內傳》作"遁虛玉女之籙"。

〔24〕"昭攝"，上書作"收攝"。本書卷一〇六《紫陽真人周君內傳》作"文攝"。

〔25〕"之方"原無，據《漢武帝內傳》增。

〔26〕"地直曲素訣辭"，上書作"地真素訣"，北圖善本《道藏·漢武帝內

傳》作"地真曲素之訣"。"直"當作"真"。

〔27〕"視"原作"現"，據《道藏》本《漢武帝內傳》改。

〔28〕"願賜指授"原無，據上書增。

〔29〕"殆"原作"逮"，據上書改。

〔30〕"當愛之矣"，上書作"今當授以致靈之途矣"。

〔31〕"嘗憶"原作"當億"，據上書改。

〔32〕"王子童"原作"童子"，據上書改。

〔33〕"王子立迺就吾請求"原作"王子就吾所請"，據上書改。"立"或"立迺"疑當作"童"。

〔34〕"至"，上書作"言志"。

〔35〕"千"原作"十"，據上書改。

〔36〕"畢"，上書作"必"。

〔37〕"令主人稽首謝某乙流血邪"，上書作"令人主啓顙請乞叩頭流血邪"。

〔38〕"宣"，上書作"授"。

〔39〕"神仙"原作"仙"，據上書增。

〔40〕"而傳"，上書作"而弗傳"。

〔41〕"然此子性氣淫暴，眼精不純"原作"子性氣淫暴，眼時不紅"，據上書增改。

〔42〕"適可庶於不死乎"，上書作"適足以不死耳"。

〔43〕"環以來并賢大女郎抱簡，凡六十八女子"，上書作"阿環受書以來，凡得六十八女子，賢大女郎抱蘭即阿環之弟子也。阿環所授者"。

〔44〕"受六甲靈飛於太微中元君"，上書作"往授太微中元君五帝六甲靈飛遁虛、天光左右策精等方"。

〔45〕"未聞別受於人，彼男官也"，上書作"青真男官也，未聞復有所授"。

〔46〕"柯昌"，上書作"阿昌"。

〔47〕"授"，上書作"受"。

〔48〕"此來"二字，上書無，疑當作"比來"。

〔49〕"欲授劉徹，封一通付信，且徹雖有心"，上書作"輒封一通付徹，雖有心求慕"。

〔50〕"旅"字原無，據上書增。

〔51〕"玄聞"，上書作"互聞"。

〔52〕"精神"，上書作"精誠"。

〔53〕"一百"，上書作"一月"。

〔54〕"一千"，上書作"一年"。

〔55〕"虐"原作"霅"，據上書改。

〔56〕"有"字原無，據上書增。

〔57〕"策"原作"榮"，據上書改。

〔58〕"元始天王"原作"元始十天王"，據上書删。"司直"，上書作"師真"。

〔59〕"姓延陵名陽"原作"姓□名陵陽"，據上書增改。

〔60〕"同"，上書作"周"。

〔61〕"子存師君，從爾所願"原作"子在師君，爾從所願"，據上書改。

〔62〕"所施用節度示帝"原作"所願用節文以示帝焉"，據上書改。

〔63〕"蔽"，上書作"閉"，下同。

〔64〕"道"字原無，據上書增。

〔65〕"不"字原無，據《序論》增。

〔66〕"體"，上書作"律"。

〔67〕"杜"原作"吐"，據上書改。

〔68〕"如"原作"始"，據上書改。

〔69〕"有慮則禍詣，亦何急令"原作"禍詣急令"，據上書增。

〔70〕"受此書"原作"此書受"，據上書改。

〔71〕"防身"後，上書有"營家"二字。

〔72〕"詣"，上書作"諧"。

〔73〕"迊"原作"逆"，據上書改。

〔74〕"癘"原作"屬"，據上書改。

〔75〕"令"原作"今"，據上書改。

〔76〕"白骨"，上書及《古本真形圖》作"百官"。

〔77〕"秏酒"，上二書作"沉湎"。

〔78〕"誓書"，上二書作"歃血誓書"。

〔79〕"付"原作"符"，據上二書改。

〔80〕"達三天"三字原無，據上二書增。

〔81〕"付"，上二書作"封"。

〔82〕"達"字原無，據上二書增。

〔83〕"文"原作"永"，據上二書改。

〔84〕"黄帝九籥玉匱内真玄文"，《序論》作"黄帝槀籥玉匱内真文云"。

〔85〕"諸墉宮"原作"在諸宫墉"，據上書刪改。

〔86〕"皆此也"，上書作"皆此類也"。

〔87〕"仙人云，道士佩此文"原作"仙人玄道士佩此類文"，據上書刪改。

〔88〕"流珠"原作"珠"，據上書增。

〔89〕"所"原作"竹"，據上書改。

〔90〕"敬"原作"二"，據上書改。

〔91〕"就。但"原作"但就"，據上書改。

〔92〕"乃是"，上書作"仍足"。

〔93〕"結疫涉害"，上書作"經疫遇害"。

〔94〕此句下，《四部叢刊》本有"勿令有見之者矣，皆内視臨閉目而存也"十六字。

雲笈七籤卷之八十

符　　圖

洞玄靈寶三部八景二十四生圖[1]

　　大運告期，赤明開光，三景朗煥，五劫始分。元始天尊與十方大聖至真尊神无極太上大道君飛天神人玄和玉女无軮之衆，同坐南浮洞陽上館栢陵舍[2]中，清淡空[3]泊，素語自然。靈音十合，妙唱開[4]真。諸天懽樂，日月停輪。星宿默度，九天徊關。河海静波，山嶽吞煙。龍麟踴躍，人神懽焉。是時太上无極道君稽首作禮，上白天尊："今日侍坐，太漠開昏。无極世界，一切見明。法音遐振，澤被十方。過泰因緣，劫劫化生。轉輪聖位，任居總真。方當玄御，部判六天。考劫理運，料度種民。推筭長夜，檢實三官。役勞任重，懽戚難言。敢附靈風，回嚮披心。前與元始天王俱於長桑碧林園中，聞天尊並告大聖尊神云：洞玄天文靈寶玉奧有《三部八景神二十四圖》，上應二十四真，中部二十四炁，下鎮二十四生。靈章璀璨，妙絶空洞，覩之者九天書名，金簡記錄，生死得仙。來運當促，三五傷喪。萬兆短命，流洩八難。風刀痛體，五苦備嬰。淪於長夜，不覩三光。无知受對，任運死生。撫之生化[5]，痛感人神。今大慈道行，惠澤普隆。伏願天尊，有以哀矜。冀發玄科，教所未聞。使未見者見，未成者成。福流一切，億劫得[6]恩。如[7]蒙訓授，輒當承神皷風，因流陽波，清蕩三界，肅檢衆魔，部正六天，鹹斬羣邪，安國育民，使陰陽寧，明化既興，道暢太虛矣。"於是天尊仰而[8]

含笑，有青黃赤三色之氣從口中而出，光明徹照，十方內外，无幽无隱，一切曉明。金書紫字，玉文丹章，文綵煥爛，在三炁之中。三部八景神二十四真，各從千乘萬騎，在空玄之上，輔衛靈文。諸天日月，流灑華光。衆津交灌，飛香八纏。萬聖稱慶，一時禮真。天尊告曰："今生一切，懽樂難譬，傾心露蘊，情無遺隱。當依玄科，七寶鎮靈，黃金爲壇，授子神真之道。道尊法重，四萬劫一行，下世度人，祕則真降，泄則禍臻。今已相告，明識之焉。"太上道君欣喜惶懼，唯北向而立，叉手聽命。天尊登命九光太真十方飛天侍經玉郎，披九光玉蘊，出金書紫字玉文丹章《三部八景二十四圖》，盛以白玉立空之案，九色之巾，雲精空結飛文，錦蓋懸覆經上。諸天大聖无極天尊飛天神王三天真人同時監盟，燒香散花，誦詠靈章，旋行宮城，繞經三周，一依舊典俯仰之格，自然威儀，付度道君。法事粗畢，三景復位，衆真退席。是時[9]赤明天中，是男是女，莫不範德，歸心信向，皆得度世。

　　上皇元年九月二日，後聖李君出遊西河，歷觀八方。值元始天王乘八景玉輿，駕九色玄龍三素飛雲，導從羣仙，手把華幡，師子白鶴，嘯歌邕邕，浮空而來，同會西河之上。李君稽首請問天王："昔蒙訓授天書玉字《二十四圖》，雖得其文，未究妙章。雖有圖讚，而無其像。修之菴藹，妙理難詳。今遇天尊，喜慶難言，願垂成就，極其道真。"於是天王口吐《洞玄內觀玉符》，以授於君。使清齋千日，五香薰體，東向服符，子形神備見，自當洞達，諸疑頓了。李君稽首，奉承教旨，具依天儀，長齋千日，東向服符，三部八景神並見，口吐金書玉字，《二十四圖》，空中而明，文彩光鮮，洞徹無窮，羅縷自然，是時即命主圖上仙而畫圖焉。金書紫字、玉文丹章，於此成音。自南極上元、九光太真王夫人、東西二華、南北真公、五嶽神仙、清靈真人所受真文，並是後聖所畫圖像，而各係之焉。

　　《真人沐浴東井圖》上部第一真氣頌[10]："天河灌東井，石景水母精。圓光拂靈曜，玄暉瑩高明。元始披重夜，天人逐月生。沐浴蘭池上，龍負長緶[11]缾。金童灑香華，玉女流五星。冠帶濯玉津，練度五仙形。體香萬神降，乘景登高清[12]。"

《神仙五嶽真形圖》上部第二真氣頌："妙哉元始道，五靈敷真文。上開龍漢劫，煥爛三景分。十部飛天書，安鎮五帝神。靈嶽承玄宮，鬱勃吐寶雲。上有不死炁，殖牙練五仙。玉芝玄中奧[13]，體潔自生[14]薰。精思高靈降，交遊上帝君。"

《通靈決精八史圖》上部第三真氣頌："三景吐靈華，晃朗八門開。中有智慧神，被服飛天衣。八史通靈氣，玉符洞精微。寶雲映玉宇，巨獸振天威。煥爛八會宮，紛紛靈人飛。思精招真氣，五符生光輝。八景策玉輿，上登入紫微。"

《神仙六甲通靈圖》上部第四真氣頌："靈宮飛天女，六真宴常陽。抱日負明月，仰攝三晨光。通靈究幽微，洞觀朗十方。招致自然廚，五芝六府昌。變化練萬神，分形改正容。乘虛步玄都，高奔入空洞。時降金霄人，解衿三素房。攜契策飛蓋，逍遙昇玉京。"

《神仙九宮紫房圖》上部第五真氣頌："紫房暎高清，宮室互相扶。香煙繞日月，飛天翳太虛。至真大聖衆，蕭條詠羽書。開度諸天劫，塵沙始一周。九氣[15]固靈運，長保天地居。精思安能遠？紫宮生我軀。"

《元始太清圖》上部第六真氣頌："太清無邊際，青氣鬱紫微。靈風迅七寶，琳樹何萋萋。紫鳳鳴長條，龍麟交橫馳。太上觀十方，諸天整法衣。旋行繞宮城，三周長夜開。若能思靈氣，自得乘景飛。"

《神仙真道混成圖》上部第七真氣頌："蕩蕩元始初，混沌氣未分。三色無中化，廻合靄慶[16]雲。幽冥生真景，煥落敷靈文。豁朗長夜府[17]，植立天地根。自然妙真氣，淳淳氣常存。運通九天[18]界，開度諸天門。"

《神仙西昇寶籙圖》上部第八真氣頌："乘運迅靈氣，駕景昇西宮。之造玉那國，萬乘來相從。神魔稽首伏，天王並歸降。分金範正法，世恭道德王。故施正真氣，別號度一方。是時有道世，稱曰福德堂。"

《靈寶神仙圖》曰："《上部八真神圖》，以洞天元始之氣，化生自然八景上真,在人身中,致上元生氣。精心内思,八真見形,千乘萬騎,運致景雲,載人上昇。"

玉符

第一[19]景腦[20]神名覺元子,字道都,色白,《一景玉符》上元洞天炁,部一景神。符並朱書。

第二景髮神名玄文華[21],字道衡,色玄,《二景玉符》上元洞天炁,部二景神。

第三景皮膚神名通衆仲,字道連,色黃,《三景玉符》上元洞天炁,部三景神。

第四景目神名虛監生[22]，字道童，五色，《四景玉符》上元洞天炁，部四景神。

第五景項髓神名靈謨蓋，字道周，色白，《五景玉符》上元洞天炁，部五景神。

第六景膂神名益曆輔[23]，字道柱，白玉色，《六景玉符》上元洞天炁，部六景神。

第七景鼻神名仲龍玉，字道微，青黄白三色，《七景玉符》上元洞天炁，部七景神。

第八景舌神名始梁峙，字道岐，色赤，《八景玉符》上元洞天炁，部八景神。

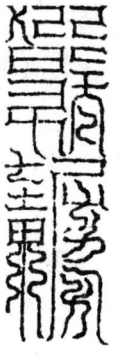

《神仙圖》曰:"《八景神真玉符》,上元洞天自然之氣,以部上部八景神真[24],鎮在人身上元宮中。服之八年,八景見形,爲已通達幽微之事,洞觀自然,坐在立亡。降致天仙,千乘萬騎,雲輿羽蓋,白日登晨。"

《神仙通微靈化圖》中部第一真氣頌:"大道妙無像,運氣凝高真。結空自然生,靈化表三神。朝引五星精,中噏日中津,夕食黃月華,寢臥練五仙。變景隨空化,倏欻[25]立自然。"

《神仙躡靈九天圖》中部第二真氣頌:"蕭蕭九天氣,清澄自高玄。慶雲翳重虛,金闕承紫煙。中有太極宮,道君羅大千。青林彌衆梵,十方並飛天。南陵福德堂,四座皆須[26]賓。散華慶我願,逍遥無波津。"

《神仙九變圖》中部第三真氣頌:"妙化因空感,專思通至靈。上食九天氣,導引五雲精。三日練萬神,一日九變形。脱身遊九域,遊戲三界庭。乘景望太素,靈風扇綠軿。飛煙繞十絶,黃旛召萬靈。諸天降羽儀,鬱鬱入上[27]清。"

《神仙常存圖》中部第四真氣頌:"默念招幽真,專静神自歸。漏盡外應消,正氣自夷微。積感妙真降,六府生光輝。玄會空相和,萬物應嚮廻[28]。八景浮雲蓋,焕落迅羽儀。載我大梵外,逍遥乘空飛。"

《神仙守一養身圖》中部第五真氣頌:"導引九天氣,摩手熨身形。遏斷邪魔逕,瑩飾練光明。鳳翔通真氣,龍超制萬靈。辰旦衆真會,養身覺神生。恬惔還守一,静思正氣停[29]。神備景自飛,高昇入上清。"

《神仙守神含景圖》中部第六真氣頌:"泥丸置魄營,中元抱一宮。丹田三靈府,混合生[30]神王。三[31]關統九天,呼吸日月光。五星奧玄滋,流演六胃充。静思萬氣歸,神安形亦芳。三部八景真,携我入太空。長居天地劫,無始永無終。"

《神仙寂嘿養精守志圖》中部第七真氣頌:"清朝餐五星,專思守泥丸。正中咽日光,默念絳府薰。黃昏導月精,奧灌丹田君。三真生一景,變化形自分。一見萬神歸,攝氣景高奔。上登日月宮,出入觀八門。龍漢無終劫，妙哉《靈寶文》！"

《芝英玉女圖》中部第八真氣頌："飄飄散靈氣，芝英隨風廻。諸天灑香華，日月灌靈暉。玉女擎金盤，粲粲乘空飛。仰思真顏降，咽芝五神開。導引光明徹，萬劫體不衰。"

《靈寶神仙圖》曰："《中部八景神圖》，以元始靈寶洞玄之氣，化生自然中部八景，在人身中中元宮，致中元生氣。精思八年，八真見形，千乘萬騎，運致神仙羽蓋[32]，飛行太空。"

中真一景喉神名百流放，字道通，九色，《洞玄中元一景真符》，部一景神。

中真二景肺神名素靈生，字道平，色白，《洞玄中元二景真符》，部二景神。

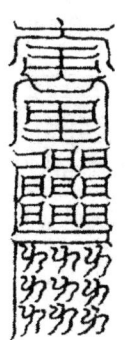

中真三景心神名煥陽昌，字道明，色赤，《洞玄中元三景真符》，部三景神。

中真四景肝神名開君童，字道青，色青，《洞玄中元四景真符》，部四景神。

中真五景膽神名龍德拘，字道放，色青黃綠，《洞玄中元五景真符》，部五景神。

中真六景左腎神名春元真，字道卿，五色衣，《洞玄中元六景真符》，部六景神。

中真七景右腎神名象他无,字道生[33],白黑色,《洞玄中元七景真符》,部七景神。

中真八景脾神名寶元[34]全,字道騫,正黄色,《洞玄中元八景真符》,部八景神。

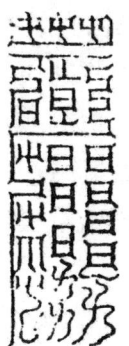

《神仙圖》曰:"《靈寶洞玄中元八景真符》,以部中部八景神真,鎮

在人身中元宫中。服之八年，中元八景見形，爲已通靈達神，洞觀八方，神芝玉漿，五氣雲牙，身中光明[35]，神仙乘騎，飛行太空。"

《神仙六陰玉女圖》下部第一真氣頌："靈飛秀太微[36]，玉女翠朱瓊。窈窕飛空出，飄飄乘空生。玄妙自然氣，六陰安常形。遲念希良會，仰昒降六丁。攜景金房内，嬿婉娉精神。玄感自相求，豈期形與名。變化因款發，應嚮神自靈。"

《神仙九元導仙圖》下部第二真氣頌："玉清輝玄都，十聖廻紫微，神仙披雲出，紛紛流羽衣。香華隨風散，十天乘空飛，丹霄暎輕蓋，日月灌靈暉。仰思妙真降，神感因心歸。"

《神仙導引圖》下部第三真氣頌："鬱鬱五雲芝，玄暉吐玉光。凝津洞靈府，徘徊日月宫。五色理高真，流津灌十方。呼吸[37]不覺疲，飛天並金容。導引餐靈氣，玄哺六胃充。精思易致感，安坐觀空洞。"

《神仙洞中皇寶圖》下部第四真氣頌："澄氣[38]理太玄，蕭蕭羣真居。下治諸名山，洞房清且虛。五色煥日月，列號衆仙廚。上統紫微宫，總錄天寶書。中有守一士，精思待洞開[39]。五老監魔試，心端情自灰。身度水火宫，名入九天廬。苦哉有衿人[40]，遂得乘景輿。"

《神仙變化隱側[41]圖》下部第五真氣頌："變化空無中，五行兆身形。洞思自然氣，金木水火精。土爲隱側府，六戊合景庭。玉女變衣裳，老壯應響生。細入毫氂裹，大包山嶽靈。種殖通神草，身與八史并。萬化隨所欲，逍遥可娛情。"

《神仙採芝開山圖》下部第六真氣頌："靈嶽鬱嵯峨，翠阜凌景霄。五芝秀玄嶺，仙草茂霜條。上有採芝人，被服乘羽飆。靈洞萬劫開，一煥諸天交。得妙安覺淹，塵[42]沙如一朝。"

《神仙明鏡圖》下部第七真氣頌："妙鏡[43]生威光，流煥照八冥。洞徹方圓内，通真別鬼精。自然觀重陰，照耀諸天形。伏魔致神仙，變化入紫庭。"

《神仙無極太一圖》下部第八真氣頌："煥爛帝[44]一真，身生龍鳳文。威光動九天，焰照天[45]囷圓。上御諸天氣，總爲萬仙君。巍巍至道宗，落落大範門[46]。"

《靈寶神仙圖》曰："《下部八真神圖》，以元始靈寶洞神[47]之氣，化生自然下部八景，在人身中下元宮中，致下元生氣。精思八年，下元八真使千乘萬騎，運致神仙羽蓋，載人俱升七寶林中。"

下真一景胃神名同未[48]育，字道展，黄色，《洞神下元一景靈符》，部一景神。

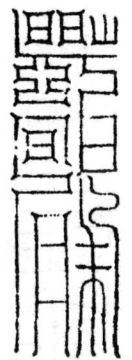

下真二景窮腸神名兆騰康字道還，黄赤色，《洞神下元二景靈符》，部二景神。

下真三景大小腸神名蓬[49]送留，字道廚，赤黄色，《洞神下元三景靈符》，部三景神。

下真四景胴中神名受厚勃，字道虛，九色，《洞神下元四景靈符》，部四景神。

下真五景胷膈神名廣暎宅，字道仲[50]，白色，《洞神下元五景靈符》，部五景神。

下真六景兩脇神名辟假馬[51]，字道成，赤白色，《洞神下元六景靈符》，部六景神。

下真七景左陽神名扶流起，字道圭，青黃白色，《洞神下元七景靈符》，部七景神。

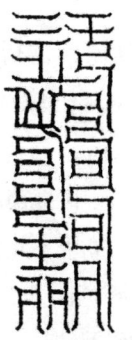

下真八景右陰神名包表明，字道生，青黃白色，《洞神下元八景靈符》，部八景神。

《神仙圖》曰："《靈寶洞神下元八景靈符》，以部下部八景神真，鎮在人身下元宮中。服之八年，下元八景見形，爲人養精補氣，鍊髓凝真，身生光澤，八景雲輿，載人飛行。"

　　《玉清七寶神仙圖》總三八部真氣頌："蕭蕭三清上，凝真大羅天。瓊林翠玄臺，日月煥靈軒。飛天梵綠氣，駕景乘紫煙。鬱鬱披雲出，紛紛靈寶仙。逍遥七寶林，五色煥金銀。振響衆真會，靈歌慶萬神。精思三八景，超步登霄[52]門。"

五稱符二十四真圖

　　案《五稱符上經》云：
　　子欲求道法，先沐浴[53]臭穢，當得《東井圖》；
　　子欲定五帝，役山精，當得《五嶽圖》；
　　子欲通神靈，法先訣[54]八精，當得《八史真形圖》；
　　子欲通吾行廚[55]，當得《六甲通靈圖》；
　　子欲存吾身[56]，致天神，當得《九宮紫房圖》；
　　子欲奉道法，當得《太清圖》；
　　子欲奉順道，當得《混成圖》；
　　子欲通道機，當得《西昇寶籙圖》；
　　子欲通變化，當得《靈化圖》；
　　子欲躡大[57]道，當得《九天圖》；
　　子欲脱身形，當得《九變圖》；
　　子欲隱存身守[58]神，當得《常存圖》；
　　子欲定身心、守身神寶[59]，當得《含景圖》；
　　子欲恬淡守一以存身，當得《養身圖》；
　　子欲寂默養其志，當得《精誠守志圖》；
　　子欲清静潔白致芝英，當得《芝英玉女圖》；
　　子欲娉六丁，當得《六陰玉女圖》；

子欲致仙籙，當得《九元導仙圖》；

子欲食道氣，當得《導引圖》；

子欲治道術，當得《洞中皇[60]寶圖》；

子欲爲變化，當得《隱側圖》；

子欲臨鑪定九丹金液，當得《太一圖》；

子欲登五嶽求神仙芝藥，當得《採芝開山圖》[61]；

子欲保神形，別邪精魔魅，當得《明鏡圖》；

凡二十四真圖，天之靈寶也。子能得之，必得長生，蕭蕭高仙，飛步太清也。

元覽人鳥山形圖[62]

太上曰："無數諸天，各有人鳥之山，有人之象，有鳥之形。峯巖峻極，不可勝言。玄臺寶殿，尊神所居。林澗鳥狩，木石香花，芝草衆藥，不死之液，又難具陳。陳之無益於學，學者自應精尋。得一知萬，了然究知。教須題名，是故[63]標文。妙氣結字，聖匠寫之，以傳上學，不泄中人。妙氣之字，即是山容，其表異相，其蹟[64]殊姿，皆是妙氣，化爲成焉。玄達之思，閉目見之，周覽既畢，行久[65]有徵。妙氣既降，肉身能飛，久鍊得妙，肉去妙充。其翔似鳥，出遊三界之外；其神真人，入宴三清之中。總號人鳥。學者遊[66]山，緣山至道，永保常存。自非至精，勿妄叩也。"

《人鳥山形圖》

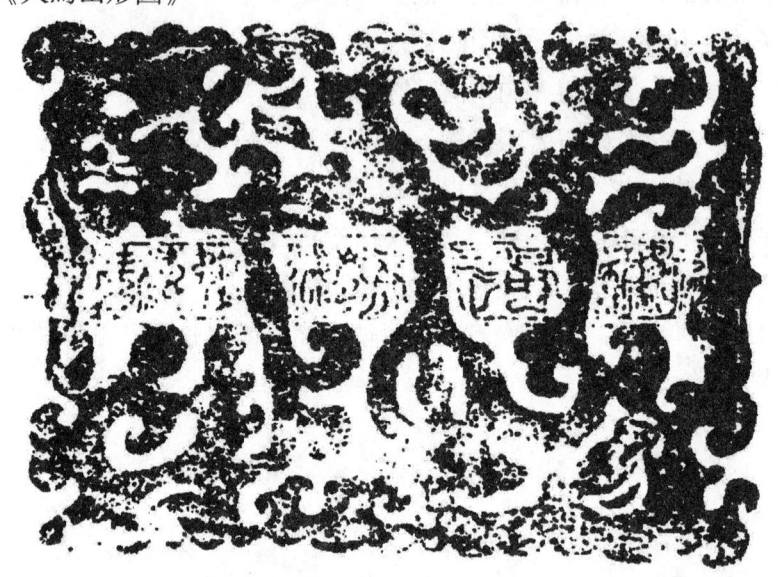

太上曰："人鳥山之形質，是天地人之生根，元氣之所因，妙化之所用。聖真求其域，仙靈仰其神。敬而事之，存而念之，受而醮之，繕而帶之[67]，精而行之，和而密之。無致[68]懈怠，三氣調均，生身赤子[69]，爲道種民。在世行化，入山研方，出處自在，魔不敢當。於是朝致五嶽，使役八溟，從三天之君，佩日月之精。知之不死，習之永生，諦之合智，究之同神。其山之上，元始天王所居；其山之下，衆聖真仙所處。其山之氣，生五色之水名反魂流液，成脂名震檀之香。西王母初學道，詣元始天王。三千年道成德就，應還崑崙之山。臨去辭元始天王，共刻銘人鳥山上虛空之中，製作文字，字方一丈，懸在無中[70]，以接後學，于今存焉。九老仙都君九炁丈人圖畫山形，佩之於肘。天帝寫空中之書，以附人鳥之體。百年一出，以傳真人。道士有此山形及書文備者，便得仙度世，遊宴崑崙。能讀此書萬遍，修行不負文言，天帝君即遣使雲車羽蓋來迎。不須服御丹液，無勞導引屈伸，精之不休，自獲昇天矣。"

太上曰："凡能清齋三月，別於靜室修行，仙人當降，自以文字語人。受之密遵，速得成真。道士佩之，役使萬神。正月有甲子，二月有壬申，三月有戊子，一年之中，唯取三日[71]，祭醮山形於金鏡之上。相傳口訣之事，慎勿妄泄書文。若年中無此三日，或有而邂逅趣得甲子[72]，一年三醮也。醮時皆齋，清嚴禁斷，明月之夜，露出中庭，不須壇纂，不可他知，密自灑掃，淨席南向，兆敷別席，向北施禮。先以明鏡九寸面者，置座中央，紫紋複傘，以罩座上，紫錦囊巾[73]，覆藉山圖，正安鏡中。清酒三椀，置圖之前，香脯棗果，圓施鏡外。酌酒半椀漱口，捻香即位，閉目叩齒三通，存思依常。鳴鼓發爐，亦如常法。又三捻香，臨目見太上大道十方天尊元始真王人鳥山元氣生神大帝君雲駕羅列，布滿空中，同來向座。良久，仍密稱名位臣妾姓名，奉請太上大道十方天尊元始真王人鳥山元氣生神大帝君一切諸靈官，今日吉時良，散[74]薦芬芳，表獻至誠，仰希垂降。臣妾某等稽首禮拜。仍禮三拜伏地，閉目存神降座，良久乃起。

又三拈[75]酒，長跪稱位臣妾姓名，上啓太上大道君[76]十方天尊元始真王人鳥山元氣生神大帝君一切神明，臣妾叨恩，得見今日，奉對尊神，喜懼交集。唯願大慈開度，當使臣妾學道得道，求仙得仙，神通自在，永保長存。小醜賤臣妾不敢多陳，不勝踴躍屏營，謹稽首禮拜。三拜畢，三拈酒，拈畢又啓如此。

三拈三啓都畢，三捻香起[77]倚送神，稱位臣妾姓名，上啓太上大道十方天尊元始真王人鳥山元氣生神太帝君一切靈官，緣恩上請，紆廻雲儀，神駕已整，還昇三清。臣妾戀慕，俯仰屏營，唯願大慈，流布洪恩。臣妾得道，謁見王宮，後宜有請，仰希重降。臣妾某稽首禮拜。訖[78]，起復爐。某復爐畢，秉[79]一椀酒，瀉浸四周畢，依次飲之也。同志者還房進胙，不得妄與非法之人。夫妻接侍，皆同此法，不同不得交會。此禁至重，明各慎之！清齋千日，丹書山形於薄紙上，方三寸至五寸，玉池之泉，向王吞服。一服長生不死，二服神仙飛行，三服昇登尊位，與道合同。清齋起圖，佩之三[80]年，晨夕誦文，吉日修事，慎終如始。一千日限足，遊行山澤，威制五嶽，三河四海，八溟九地，一切神靈，奉迎拜謁，功德流布，五年七年，不過九年，超登三清矣！

【校記】

〔1〕"洞玄靈寶三部八景二十四生圖"，《道藏》本作"洞玄靈寶二十四生圖經"。"生"原誤作"住"，據《道藏》本改。

〔2〕"浮"，《無上祕要》卷二二《三界宮府品》作"丹"。且"舍"後有注云"在太上道君請元始天尊智慧罪根之所"。

〔3〕"空"，《洞玄靈寶二十四生圖經》（下稱《二十四生圖經》）作"虛"。

〔4〕"開"，上書作"明"。

〔5〕"生化"，上書作"傷襟"。

〔6〕"得"字原無，據上書增。

〔7〕"如"原作"而"，據上書改。

〔8〕"而"，上書作"面"。

〔9〕"時"原作"明"，據上書改。

〔10〕"頌"字，上書無，下同。

〔11〕"緶"原作"庚"，據上書改。

〔12〕"清"，上書作"明"。

〔13〕"奧"，上書作"煥"。

〔14〕"生"，上書作"然"。

〔15〕"氣"，上書作"五"。

〔16〕"靁慶"，上書作"若景"。

〔17〕"長夜府"，上書作"開長夜"。

〔18〕"九天"，上書作"大九"。

〔19〕"第"，上書作"上真"，下七景同。

〔20〕"腦"，原作"聰明"，據上書及本書卷二九《胎精中記》、卷三一《二十四神回元經》改。

〔21〕"玄文華"原作"玄父華"，據上三書改。

〔22〕"虛監生"原作"靈監生"，據上三書改。

卷之八十　符圖　1171

〔23〕"輔",《二十四生圖經》作"轉"。

〔24〕"神真"二字原無,據上書增。

〔25〕"欻",上書作"忽"。

〔26〕"須",上書作"清"。

〔27〕"上",上書作"太"。

〔28〕"廻",上書作"齊"。

〔29〕"停",上書作"庭"。

〔30〕"生",上書作"百"。

〔31〕"三"原作"二",據上書改。

〔32〕"蓋"後,上書有"玉輿"二字。

〔33〕"象他无字道生","无"原作"元","生"原作"主",據本書卷二九《胎精中記》及卷三一《二十四神回元經》改。

〔34〕"元"原作"無",據上二書改。

〔35〕"五氣雲牙,身中光明",《二十四生圖經》"雲"作"玄","中"作"生"。

〔36〕"微",上書作"極"。

〔37〕"呼吸"原作"吸吸",據上書改。

〔38〕"氣",上書作"心"。

〔39〕"洞開",上書作"開圖"。

〔40〕"苦哉有衿人",上書作"善哉有今人"。

〔41〕"側",上書作"測",下同。

〔42〕"淹,塵",上書作"厭,恒"。

〔43〕"鏡"原作"鐵",據上書改。

〔44〕"帝",上書作"第"。

〔45〕"天",上書作"大"。

〔46〕"落落大範門",上書作"洛洛大梵門"。

〔47〕"洞神"原作"洞玄",據上書改。

〔48〕"未",上書及本書卷三一《二十四神回元經》作"來",本書卷二九

《胎精中記》作"朱"。

〔49〕"蓬"原作"逢",據《二十四生圖經》及本書卷二九《胎精中記》、卷三一《二十四神回元經》改。

〔50〕"仲",《二十四生圖經》作"冲"。

〔51〕"馬"後原有"超"字,據上書刪。

〔52〕"霄",上書作"寶"。

〔53〕"浴"後,《太上無極大道自然真一五稱符上經》卷下有"去"字。

〔54〕"法先訣","法"原作"洗",據上書改。"訣",上書作"決"。

〔55〕"通吾行廚",上書作"通五行,致行廚"。

〔56〕"吾身",上書作"五牙"。

〔57〕"躡大",上書卷下作"跚天"。

〔58〕"身守",上書作"守身"。

〔59〕"定身心、守身神寶",上書作"定身守神寶"。

〔60〕"皇",上書卷下作"洪"。

〔61〕"採芝開山圖",上書作"開山芝藥圖"。

〔62〕"元覽人鳥山形圖",道藏本收錄作"玄覽人鳥山經圖"(下稱《山經圖》)。

〔63〕"名,是故",《山經圖》作"示故畧"。

〔64〕"蹠",上書作"跡"。

〔65〕"久",上書作"之"。

〔66〕"遊",上書作"由"。

〔67〕"受而醮之,繕而帶之"原作"受而帶之",據上書增。

〔68〕"無致",上書作"久無"。

〔69〕"赤子",上書作"生子"。

〔70〕"無中",上書作"空中"。

〔71〕"三日",上書作"一日"。

〔72〕"甲子"後,疑脫"壬申、戊子"四字。

〔73〕"囊巾"二字,《山經圖》互乙。

〔74〕"散"，上書作"敢"。

〔75〕"拈"原作"招"，據上書改。下同。

〔76〕"君"字，上書無。

〔77〕"起"原作"啓起"，據上書刪。

〔78〕"訖"，上書作"三拜畢"。

〔79〕"秉"原作"柬"，據上書改。

〔80〕"三"，上書作"二"。

雲笈七籤卷之八十一

庚申部

上清元始譜録太真玉訣凡二門，又名解形遯變流景玉光三惡門

三尸三惡門：

第一門名色慾門，一名上尸道，一名天徒界。

第二門名愛慾門，一名中尸道，一名人徒界。

第三門名貪慾門，一名下尸道，一名地徒界。

此三惡之門，一名三尸之道，一名三徒之界，常居人身中，塞人三關之口，斷人三命之根，遏人學仙之路，抑人飛騰之魂。爲學之本，而不落尸於三道之上，去慾於三界之門，真何由降？道何由成？夫學上法，宜遣諸慾，滅落尸根，道自然成[1]。克得飛騰，上昇三清。三尸五道門：

第一門名色累苦心門，一曰太山地獄苦道。

第二門名愛累苦神門，一曰風刀苦道。

第三門名貪累苦形門，一曰擔山負石苦道。

第四門名華競苦精門，一曰作江河苦道。

第五門名身累苦魂門，一名吞火食炭鑊湯苦道。

此五苦五道之門，常居於人身，係人命根，遏人招真之路，斷人修仙之門。爲學之本，而不解形於五道之上，滅跡於五苦之下，衆累不斷，沈淪罪門，何由得脱，騰身遯變，流景玉光也？夫欲上學，當先斷

诸累，绝灭苦道，真自然降，神仙自然成。克得变形，游宴诸天。

落上尸之道，当青书《上玄[2]灭欲斩尸变景流光玉[3]符》著头上，当於色欲之门北向衔刀，请一杯清水，面临水上，师於弟子後叩齿九通，呪曰：“上尸青欲，自号彭倨。变化九种，鸟头蛇躯。混沌无心，或沉或浮。贪欲滋美，华色自居。走作魂魄，司人过咎。断人命根，气散神游。放浪三宫，小蟲无勌。真人甲乙，佩箓带符。色欲已断，死路已除。元始有命，请斩尸头。三台监形，速出无留。灭根绝种，勿使遗馀。甲乙练真，三宫清虚。五帝监映，太一定书。北元沐浴[4]，冠带行畴。飞[5]度天界，流景玉舆。遐变上清，乘空遨游。”毕，取所衔刀，师以绕弟子头结九过下，所卷玉符埋於色欲门下，以杯水灌上。行此之道，上尸即灭，色欲自除，身过天徒之界，形魂无复苦恼之患。太真上道，慎勿轻传。

以次进中门而落中尸，落中尸当黄书《中元灭欲斩尸变景流光玉符》著心前，於爱欲中门向王捉刀向腹，请一杯清水著前，师於後叩齿十二通，呪曰：“中尸彭质，号曰中黄。爱欲自居，依腹逃藏。沉浮变化，形无常方。执人魂魄，走作三宫。赤子驰竞，使人发狂。欲性丧神，罪由小蟲。真人甲乙，上帝已徵。身佩玉符，丹文金章。列名元图，三欲已忘。元始符命，斩灭尸形。断根绝种，勿得飞扬。甲乙受练，五符休粮。真仙安镇，藏内生光。五帝监映，太一列行。中元沐浴，冠带衣裳。解形遐变，流景玉光。飞昇上清，食息太空。长保自然，天地无穷。”毕。

以次进下门而落下尸，落下尸当白书《下元灭欲斩尸变景流光玉符》著两脚上，於下贪欲门向南横刀於两足上，请一杯清水著足下，师於後叩齿三通而呪曰：“下尸彭矫，贪欲自荣。白色混沌，体无常形。依人两足，讯动人情。言白得失，走作魂灵。三宫扰乱，赤子不宁。贪欲小蟲，贾备幽冥。真人甲乙，三链已清。欲门断塞，不受邪精。元始急令，三台临庭。速出无隐，及汝弟兄。九种子孙，一时斩形。五帝度真，太一记名。下元沐浴，冠带羽青。玄度三界，上饮元精。解形遐變，流景上清。飛玄步虛，三界齊明。"畢。三界既度，便度五苦之道。

《解形遯變飛度五道之法》，當作新衣一通，巾履並新，於第一色累苦心門上，黑書《解形遯變滅度地獄流景玉符》置兩足下，北向平立，師叩齒五通，呪曰："解形遯變，落尸五難。三慾已清，神津內灌。脫故鍊新，體香氣蘭。玉符滅跡，地無拘攣。飛[6]度天界，超淩雲端。魔王保真，氣合自然。七祖同昇，飛步天門。五帝監暎，萬神咸關[7]。"畢，脫巾[8]解結，埋符於兩足下，脫履而去。次進愛慾苦神門，於愛慾苦神門上，白書《解形遯變滅度風刀流景玉符》置兩足下，西向平立，師叩齒九通，呪曰："雲行飛步，遯變玉光。解形脫跡，散髮翱翔。人界無拘，乘虛空行。天魔已保，五道開通。越度風刀，形升上宮。"畢，埋符兩足下，去之勿顧[9]。

論庚申存童子去玄靈訣 凡五法

《穎陽經》曰：童子者，心神也，衆神之主。玄靈惑人耳目鼻口身意。玄靈者，三尸六甲神，同遊內外。其神咸有色象，觸物皆欲，令人重車馬玄黃，聲利飲食，多有求欲，不知止足，行妨身辱也。先鍛鍊其心，使欲者不欲，令不欲者欲。觀欲如道，志道如欲。大底苦於色味，其色味者，情欲之府，喪亂之原。不得求言，亦勿求有。至道人云，欲者不欲，不欲者欲。或云，至人惜言，以制欲物。心因有而生欲，有者欲之主，言者道之筌，道契則言忘，欲無則事息。此語無不如在，至人乃消息之。消一百刻，息一百刻。息減消加，稽古之道也。刻，遍也，每遍爲一欲。肇啓一門，就萬欲中窺離去聲一門。知至至之，知終終之。動用消息，必覷其跡。注云：覷爲委氣，練心根無爲。有欲情廣施，至敬無私念。故文曰：敬勝欲者昌，欲勝敬者亡。審自訓難，專氣致柔。每尋一刻，皆以謙道而尋之。覺昏沈睡生，尋理不出，乃凝然內省。大丈夫懇責其心，節慕聖賢，興諭洗零。歷逕切。故經云：少則得，多則惑。注云：少謂退方寸之源，本來無事，則可應萬物而不亂也。天道惡盈，神道託靈。知心惟微，達理至静。積習有常，自成廣大，貞一會道之謂也。常思往者、來者、今者之事，注曰：往謂已過之事，來謂未然之事，今謂即日消息之事，了然自知。動無二過。常於欲者，擎不欲之欲，於心尤苦，當如割截肌膚。叩物懸解，乃可超生死之門，浴澄淨之境。研之不止，聲參太極。大無不包，細無不入。以息情欲，節滋味，清五藏，通神明，至真久壽之要道。

制六欲神法

舌者，榮辱之機，禍害之闌。亂之所生者，必言語以為階，故君子慎言語、節飲食也。六神各主其欲，斷欲斷識，於理咸宜用平。若併平之，則弱塵生矣。是以對境，先從欲制，六神謂六欲門，耳目鼻口身意，泄亂神機之路也。意從內發，寄在於物。物從外入，經自何門？應接之時，心盡知見，常起悲敬，性本不生，此應物之義。《文子》曰："萬物之總，皆閱一孔。百事之根，皆出一門。"當豫斷之。肇啟一門，消之於未形，息之於未亂，令心壯於欲。用壯處謙，壯乃全也。《黄庭》曰："負甲持符開七門"，備豫之謂也。夫性者本乎心，情者本乎性。情動則性亂，性亂則心荒，心荒則移神伐性，亡無日矣。故對物識交之際，於中不有情欲。欲至識動，物之常情。若對心真無，形欲何用？能止而順，動不窮也。啟妙一門，復其生源。本無流動，神用澹泊。喘息安徐，令魂魄和通，意慮精密。養之以忘，欲之以生。若物應心搖，動亂而惑我，我乃息機深敬，介如石焉，不可轉也。久當委順遺形，言忘理析。言忘理析，故積其弱以為強，捨其美而自康矣。如覺物去情餘，進退未決，謂不欲之欲也。宜息心謙下，潔誠責己，超然離欲，氣静安神。候心見欲如朽木虛空，是欲者不欲也。道之相應，必有所因。信乃心師，安為動主。動識生於無地，無地自是宜安。正尋理之時，萬緒躁心，乘念飛越，昏機內應，真興不彰。為爾心神，傳習成妄，濁氣薰灼，世業堅深。正用決邪，邪神戀欲，謂玄靈也。交戰於內，而致斯也。若不誓心惕慮，反偽還真，乃隨欲居心，是滋洩慢。以一柔之性，馭六剛之情。情與物親，性與道合。堅正自理，去邪勿疑之也。又言念玄靈，欲我懈怠。當建志弘願，苦節安貞。如謀必成，如戰必克。仁而能武，正以殺情。大丈夫天地同心，清寧無事。常自激勵，若對嚴君。肅然一門，謙以養德。煩結都盡，欲境不生，是不欲者欲也。欲不生，則神不死也。斯乃静勝欲消，諸難將解，恒退藏於密焉。夫能解難，釋險以處安也。險必處安，宜其對境悟心，為難於易，視無前欲，往有功也。"功成身退天之道"，得魚忘筌之道也。《黄庭》曰："經歷六腑藏卯酉[10]，轉陽之陰藏於九，常能行之不知老[11]。"其此之謂乎！

凡心者，公平之司，非親於欲，而疎於道。玄靈，習之然矣。欲心躁滑，道性深微。不自執爲，任其浮動，情之所變，物莫能全，人有心識，不覺變動，得非潛慎玄靈之運哉！宜加懇倒也。至人哀其迷方，示其生理，見於不見，知於不知，感通神明，是謂道用。言之者甚衆，行之者罕及，實志之不至耳！且亡喪猶影響，履真豈獨遠哉！其三尸者，託陰氣以爲靈，感私欲而致用，邪蘊藏府，變生亂習，世相組織，流落貪昏，非天機清明至歎沈濁者，不能易其心矣！觀我生無，無能彰有。色爲空影，欲是影賓。欲生則三尸生，欲滅則三尸滅。古人云，欲者不欲，不欲者欲，反覆自明之謂也。去尸成道之速者，先外制聲色名利，內平喜怒愛惡，退心自察，徹底真無。真爲實，無餘欲。動靜能知，身世不礙。宛其見情類殉物而死，聖人興悲於物，兼濟爲心者，以此苦心零於情，卓然虛静，尸乃無處潛留，則遁跡而逝。常思正道，朗然不寐，尸亦無再宅於心。仍心私言曰，所欲者玄靈之欲，不欲者玄靈不欲也，嚴心王而使之零。以身喻國，心則王也。"王侯能守之，萬物將自化。"三尸其如子何？故君子存而不忘亡，理而不忘亂。身安而國家可保也，神定而性命可全也。若荒怠不敬，冒于寢寐，貪于飲食，尸乃千變萬化，隨欲而歸，令人世患日深，多愚早亡。道書曰：勿與爭曲直，當減人壽筭也。爭尚如此，其況大者！淪於世務，非達者之莫棄。玄靈飛去，心神凝定，則五方秀氣入於靈臺，滋於童子。經曰："惚兮恍兮，其中有象。恍兮惚兮，其中有物。"惟恍惟惚，而童子生焉。《黄庭經》曰："窺離去聲。天地有童子[12]。"窺猶欺也，因欺其心，敬於天地之間，不欲一物，則神氣不喪也。夫天地者，陰陽列位也。童子者，人神至精也。非精無以崇其聖，非蕩無以長其愚。是故聖人修之以真，行之以勤。若能克己勵志，不出三年，道成矣！乃心中有白氣拂拂然生光明，久習彌廣。

六甲存童子去玄靈法

又有甲子日辰，其人年月命筭日減，被玄靈伐命。至夜半，起坐端策，私誦玄靈名彭倨、彭質、彭矯七遍，無令耳聞也。依守清淨法動用消息之宜，繼晝不睡，六甲、庚申日守之亦耳〔13〕。《黃庭》曰："晝夜不寐乃成真。"此之謂也。

> 穎陽書〔14〕下篇略例容成公曰：凡筭先扣上古變日、六甲積日辰，變見天地甲子諸神，筭心清靜而應之，以十二律扣之。聲同於律者，先存童子，童子可以聽之。若存童子，先去三尸，可以合道。

《治脾腎舌術》：

甲子旬。玄靈多遊黃庭幽闕靈根之內，令人好色極欲，意亂精施，貪滋味，妄言笑。

右旬內日辰及年月日命筭日，結舌正言，閉目思神，依經肇啓一門，欲者不欲，不欲者欲。他旬倣此。即於靈根却味保氣，靜意全真。脾藏主意。意者，氣之帥也，意寧即脾泰。其旬正五方秀氣應律於心，而玄靈自化矣。其道閉精尤急，宜啄齒咽液，令靈根堅固。靈根，舌本也。其下有華池，通腎，池不欲枯竭，津液同源，腎舌相固耳。若人依法守之，心乃清零，去呼。其神日生。故經云："藏養靈根不復枯，閉塞命門如玉都。"藏謂無言，養謂咽液。腎宮主壽，故曰命門。玉者，津液之狀，都猶聚也。容成公曰："凡人兩腎有日月命門，左男戴日，右女戴月，虛無相生，寒暑相成，男女相形。中有二神皆衣青，子能見之可長生。晝敬玄光，夜履真跡，久視道也。"

《治鼻口喉嚨術》：

甲戌旬。玄靈多遊神廬天闕氣管之内，令愛香憎臭，入鼻觸心也。

右旬依[15]肇啓一門於神廬，用平香臭，治中毛，專氣寡言，養精飲液，消氣管，口吐濁，鼻引清，綿綿若存。如此，玄靈不復入人腦，則上元清靜矣。故經曰："神廬之中當修治，玄膺氣管受精符[16]，急固子精以自持。"人生而靜，天之性也。天假其生，地成其形。天地造化，有為物性。清者能久，濁者多咎。則知本乎天真，可謂至人。親於地利，曷足為貴？形有三關之號，鼻與天通，用之不窮，餘可知也。

《治肺心耳術》：

甲申旬。玄靈多遊玉堂靈臺神牖之内，令人貪欲亂神，憂驚傷魄，叛道離德，輕燥煩勞也。

右旬依肇啓一門於靈臺，不妄是非，不妄察聽，除色去味，吐納寬舒，斯乃乾坤合氣之所謂玉堂靈臺也。必在内視無形，反聽無聲，則其神各守司舍。故經曰："六府五藏神體精，皆在心内運天經，晝夜存之自長生。"閉守三關，勿令邪氣得入，玄靈無所施其巧。上關，口也；中關，手也；下關，足也。關者，閉固之異名，邪謂心搖物感也。洗五藏，有節度。修六腑，令潔清。能調三關，則為洗五藏、修六府矣。五藏者，心、肝、脾、肺、腎也；六府者，大、小腸、胃、膽、膀胱、三焦也。藏為陰，府為陽，迭相生也。不求道而道自至，不求有而有自來。不出三年，坐見萬里之外，豫觀成敗，辯天下筆數，如響之應聲也。

《治兩眉間腦舌中神術》：

甲午旬。玄靈多遊明堂泥丸靈根赤宅之内，令人妄視昏寐，重味輕言也。

右旬依肇啓一門於三丹田，收視養心，精誠自保，屏其寢夢，節其言語飲食。靜於關，潤於舌，二府相得，命門自開。潤謂飲其華池，二府腎舌也。精液相得，元氣開通，陽淨陰凝，幽關洞見矣。明堂者，正室也，真一常遊其間。一氣含三，周流變化，未始有極。天地之氣，稟於真一。真一之氣，從道而生也。故經曰："明堂四達法海員，真人子丹當我前[17]。"固守一門於三靈，不求道令道自見。三靈者，三丹田也。眉間入三寸為上丹田，心為絳宮中丹田，臍下三寸為下丹田。守為精神不散，合三以為一也。所思則存，不思則亡。攻之不止，通天合道，天人玉女六甲諸神，自於左右而與人言，玄靈滅矣。

《治肝目身中陽氣術》：

甲辰旬。玄靈多遊蘭臺寸田陽氣之内，令人喜怒忘魂，沈迷思寢，恐懼懈息，鄙悋矜誇也。

右旬依肇啓一門於身中，莫敢懈息，端心默念，含垢黜聰。令魂魄太平，志氣不懾。息喜怒哀感，節五味色音。前此者，皆亂正氣也。修鍊心關，童子清淨，則玄靈不能爲祟也。左目爲日，王父治其中；右目爲月，王母治其中。人能守之，與天地相保，日月齊明，外本三陽自去，内陽三神自生。外本者，玄靈也；內陽者，三關神也。故經曰："魂欲上天魄入淵[18]，還魂返魄道自然。"此之謂也。真性自然，非所造作，退藏於密，不繫有無，則還魂返魄之道也。

《治兩手足術》：

甲寅旬。玄靈多遊四關之内，令人手欲妄持，足欲妄行也。

右旬依肇啓一門於四關，握固，思手不妄持，足不妄行，嚴策其心，動用清靜，玄靈不復得安，便飛去。故經云："口爲天關精神機，足爲地關生命扉[19]，手爲人關把盛衰。""關門杜籥闔兩扉，丹田之中精氣微[20]。"兩扉謂雙腎門，連於下關也。籥動則扉開，精流則命竭。善閉藏者，真氣會於丹田，化爲赤子矣。

三尸中經一名去尸駐色得不死之道。

《太上三尸中經》曰：人之生也，皆寄形於父母胞胎，飽味於五穀精氣，是以人之腹中各有三尸九蟲，爲人大害。常以庚申之日上告天帝，以記人之造罪，分毫錄奏。欲絶人生籍，減人祿命，令人速死。死後魂昇於天，魄入於地，唯三尸遊走，名之曰鬼。四時八節企其祭祀，祭祀既不精，即爲禍患，萬病競作，伐人性命。上尸名彭倨，在人頭中，伐人上分[21]，令人眼暗髮落口臭面皺齒落。中尸名彭質，在人腹中，伐人五藏，少氣多忘，令人好作惡事，噉食物命，或作夢寐倒亂。下尸名彭矯，在人足中，令人下關搔擾，五情勇[22]動，淫邪不能自禁。此尸形狀似小兒，或似馬形，皆有毛長二寸，在人身中。人既死矣，遂出作鬼，如人生時形象，衣服長短無異。此三尸九蟲，種類羣多。蛔蟲長四寸五寸或八寸，此蟲貫心人死。白蟲長一寸，相生甚多，長者五寸，躁人五藏，多即殺人，兼令人貪食煩滿。肺蟲令人多咳嗽。胃蟲令人吐嘔不喜。膈蟲令人多涕唾。赤蟲令人腸鳴虛脹。蜣蟲令人動止勞劇，則生惡瘡顛癲，癰癤疽瘻，癬疥癇癩，種種動作。人身中不必盡有，亦有少者，其中有十等，就中婦人最多也。其蟲凶惡，好污人新衣，極患學道，欲調去之即可矣。凡至庚申日，兼夜不臥守之，若曉體疲，少伏牀數覺，莫令睡熟，此尸即不得上告天帝。又太上律科云：庚申日北帝開諸罪門，通諸鬼神訴訟，羣魔併集，以司天下兆人及諸異類善惡之業，隨其功過多少，賞勞謫過，毫分不遺。《經》曰：三守庚申，即三尸振恐；七守庚申，三尸長絕。乃精神安定，體室長存，五神恬靜，不復搔擾，不迷不惑，不亂不淫，瞋怒平息，真靈衛佐，與天地相畢。每夜臨臥之時，叩齒三七，以左手撫心，上呼三尸名，使不敢爲害耳。

去三尸符法符並朱書。

太上曰：三尸九蟲能爲萬病，病人夜夢戰鬥，皆此蟲也。可以用桃板爲符，書三道埋於門闌下，即止矣。每以庚申日書帶之，庚子日吞之，三尸自去矣。常以六庚日書姓名，安《元命錄》中，三尸不敢爲患也。

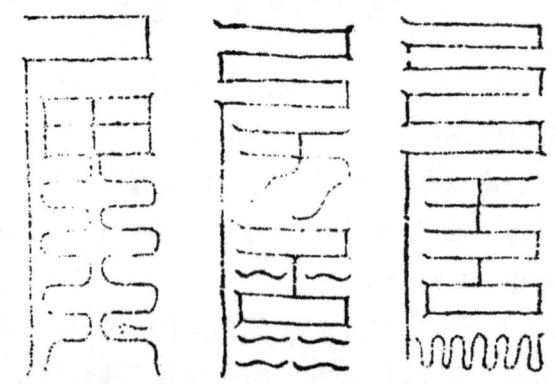

此符消九蟲，當以六庚日，常以白薄紙竹紙書服之。每庚皆如之，唯庚申書之，不限多少。從庚申日早朝服一枚，次庚午日吞一枚，值六庚勿失，蟲皆不貫五臟，人身無病也。《勅符呪》曰："日出東方，赫赫堂堂。某服神符，符衛四方。神符入腹，換胃蕩腸。百病除愈，骨體康強。千鬼萬邪，無有敢當。知符爲神，知道爲真。吾服此符，九蟲離身。攝錄萬毒，上昇真人。急急如律令！"

【校記】

〔1〕"道自然成"，《道藏》本《上清元始譜錄太真玉訣》（下稱《道藏》本《太真玉訣》）作"道自然降，仙自然成"。

〔2〕"上玄"，例下疑作"上元"。

〔3〕"玉"原作"王"，據《道藏》本《太真玉訣》改。

〔4〕"北元沐浴"，以下二呪分別有"中元沐浴""下元沐浴"，"北元"疑當爲"上元"。

〔5〕"天"，《道藏》本《太真玉訣》作"无"。

〔6〕"飛"，上書作"身"。

〔7〕"咸關"，上書作"咸聞"。

〔8〕"巾"原作"中"，據上書改。

〔9〕"去之勿顧"，上書作"以次進貪欲苦形門"，下注云"已下元闕文"。

〔10〕"卯酉"後，本書卷十二《太上黃庭外景經·中部經》有"通我精華調陰陽"一句。

〔11〕"不知老"，上書作"可不老"。

〔12〕"窺離天地有童子"，本書卷十二《太上黃庭外景經·下部經》作"窺視天地存童子"；《上清黃庭內景經·肺之章第三四》作"視聽幽冥候童子"，注引元陽子曰"窺離而下存童子"。

〔13〕"耳"，疑當作"爾"。

〔14〕"穎陽書"，上文作"穎陽經"。《道藏》闕經有《穎陽經》。

〔15〕"依"，上文《治脾腎舌術》作"依經"，疑脱"經"字，下同。

〔16〕"符"，本書卷十二《太上黃庭外景經·上部經》作"府"。

〔17〕"明堂四達法海員，真人子丹當我前"，上書"員"作"源"，"我"作"吾"。

〔18〕"魂欲上天魄入淵"原作"魂欲還天，魄欲入淵"，據《太上黃庭外景經·中部經》刪改。

〔19〕"扉"，本書卷十一《上清黃庭內景經·三關章第十八》作"棐"。

〔20〕"關門杜籥闔兩扉，丹田之中精氣微"，本書卷十二《太上黃庭外景經·上部經》作"關元茂籥闔兩扉，幽關俠之高巍巍，丹田之中精氣微"。

〔21〕"伐人上分"，本書卷八三《紫微宮降太上去三尸法》作"伐人眼目"。

〔22〕"勇"，疑當作"湧"。

雲笈七籤卷之八十二

庚申部

三尸篇

《洞章》曰：太上三氣，化爲神符，號曰《三元無量洞章》，制命六甲，運使五行，率離還合，却死來生，消除三鬼，滌蕩五神。五神一曰五尸，三鬼一曰三蟲。蟲尸互名，參神亂鬼。三尸，上尸中尸下尸也；五尸，青尸赤尸黃尸白尸黑尸神。祝曰："三尸五尸，俱入黃泉。吾升清天保長生，樂史世世居天王。"

神仙守庚申法

常以庚申日徹夕不眠，下尸交對，斬死不還。復庚申日徹夕不眠，中尸交對，斬死不還。復庚申日徹夕不眠，上尸交對，斬死不還。三尸皆盡，司命削去死籍，著長生録，上與天人遊。或六月八月庚申彌佳，宜竟日盡夕守之。二守庚申，三尸伏没。七守庚申，三尸長滅[1]。

庚申夜祝尸蟲法

常以庚申夜中平坐，叩齒七下，擊額呼彭倨。次叩齒七下，撫心呼彭質。又叩齒七下，捫腰呼彭矯。先兩手心書太上，祝曰："吾受《太上靈符》《五嶽神符》，左手持印，右手持戟，日月入懷，濁氣出，清氣入。三尸彭倨出，彭質出，彭矯出。急急如律令！"

用甲子日除三尸法

常以甲子日夜半時，披髮東向，坐呼腹中伏尸名字。第一之名蓋東，第二之名彭侯，第三之名蝦蟆。一呼其名，以右手撫心三過，尸當應人，便不復去言人過也。又云：男用左手、女用右手撫心留伏尸，即尸不離人，上言其過。人但能勤行氣閉氣者，身中神亦自安爾，久之消尸。

六甲除三尸法

法曰：清心掃除中庭，正向北用一案，三杯羅列案上，以井華水著中。甲子日夜半時，披髮置後，三拜跪，稱臣自某州郡縣鄉里曾孫某甲，奉請北極三台君斗中真人，請以三杯水，除去三尸，令某修道得神仙。因飲三杯水，先從東起。飲時祝曰："日月君水，除我頭尸。"次飲中央，祝曰："真人水，除我腹中尸。"次飲西杯，祝曰："日月君水，除我足尸。"畢，稱臣三拜，左廻還牀臥，當應夢見人辭謝去者止。不爾未去，未去者，後甲子日當又如此，勿忘。

除三尸法

常以雞鳴時，漱取醴泉咽之，三而止，徐徐定氣，勿與人言語。

祝去伏尸方

以正月五日、七月七日，取商陸根細切，以玄水漬之三日，陰乾，可治爲末。服方寸匕，玄水服下，日三服。百日，伏尸盡下出如人狀，醮埋之，祝曰："伏尸當屬地，我當屬天。"無復相召，即去隨故道，無還顧。常先食服之，禁一切血肉辛菜物。

厭尸蟲法

真人曰：江南多白芷草，掘取根，細擣末，以沐浴用之，此香乃三尸所憎者。

又方

三月三日取桃葉，一云桃根，擣取汁七升，以大醋一升同煎，令得五六分，先食頓服之。隔宿無食，即尸蟲俱下。

上仙去三尸法

丹砂一斤，細研飛過。淳大酢三升。純漆二升。

右合和令相得，於微火煎之，令乾稠。可丸之如麻子大，日再服，從三丸漸加至二十一丸。經四十日，百病自愈，三尸自出。服之百日，肌膚堅固，千日，令人長生不死，與天地相保，不能俱言，後當自知。

下三尸方[2]

貫衆五分、主[3]伏蟲。白藜[4]蘆十二分、主長蟲欲得雄者。蜀漆三分、主白蟲。蕪荑五分、主肉蟲。石蠶五分、主蟯蟲。厚朴三[5]分、主肺蟲。狼牙子四分、主胃蟲。雷丸六分、主赤蟲。殭蠶四分。主膈蟲。

右九味物，熬令黃，合擣篩子，鍊蜜丸如梧桐子大。以粉漿服五丸，日三服之。漸加至十丸，十二日癥聚下，六十日百病愈。服之先從小起，若女人如齋戒恭謹者，亦可服之。

仙人下三蟲伏尸方

茯苓十斤，商陸根削去上皮，但取下白者五斤，清酒、麥麴各五斤，并炊釀之，酒置盆中封之，二十日藥成。擠之，但淳大豆熬之作末[6]如飴狀，合丸如大彈丸，日服三丸，十日以去稍益如鷄子黃。上尸者百日，中尸六十日，下尸四十日，當爛出。上尸如手，中尸如足，下尸如鷄子。上尸黑，中尸青，下尸白。此三尸與人俱生，常欲令人死，至晦朔日上天白人罪過。每至其日，當拘制七魄[7]及守庚申夕，於是三尸不能得動矣。是庚申夕人夢與他諍鬭者，是魂與尸魄鬼鬭。夫魂常欲令人身安，故静。魄常欲令人恍惚，蓋欲人早死[8]，故欲攻奪，此之謂也。

凡道士醫師但知按方治身，而不知伏尸所在。上尸好寶貨千億，中尸好五味，下尸好色，若不下之，但自欺耳。去之即不復飢，心神静念，可得延生。真人貴其道，道士尊其藥，賢者樂其法，愚俗笑其事。所以言人死爲尸骸者，乃是三蟲之號位也。當服當陸散者，乃自除去三尸，不必酒釀而服之也。槐子亦善[9]。能服氣者，不用此術。又真氣是青牙五方之精，道士服之，二十一日，三蟲走出矣。

神仙去三尸法[10]

真人去三尸延年反白之方，宜服丹光真華之母，宜食[11]浮水玄雲之髓。此自然能生，千歲一變，百歲一化。先變後化，藥之精英也，故可服之而得長生也。丹光之母者，松脂也。浮水之髓者，茯苓也。能伏鬼神，却死更生。松脂流入地中，千年變爲茯苓，茯苓千年化爲琥珀，琥珀千年變爲丹光，丹光之色，赫然照人[12]。丹光千年變爲蚕節芝，蚕節芝千年變爲浮水之髓，浮水之髓千年變爲夜光，夜光千年變爲金精，金精千年化爲流星，流星千年化爲石膽，石膽千年化爲金剛，金剛千年化爲木威喜。夫金入火不耗，入水益生。夫松脂變化，蓋無常形，故能沉淪無方，上升太清。此飛仙之法，勿傳其非人。方曰：當取茯苓、松脂各十二斤，以水漬松脂七日，朝陽去水，以淳酒二斗與茯苓合漬之，日暴令乾，月食一斤。欲不食用，練松脂去苦臭，以火溫之，內茯苓中治合，和以白蜜，三物合服之，月各一斤。百日身輕，二百日寒熱去，三百日風頭眴目去，四百日五勞七傷去，五百日腹中寒癖飲癥氣去，六百日顏色住，七百日面黠除，八百日黑髮生，九百日炙瘢滅，千日兩目明，二千日顏色易，三千日行無跡，四千日諸痕滅，五千日夜視有[13]光，六千日肌肉易，七千日皮脈藏，八千日精神強，九千日童子薄，萬日形自康，二萬日神明通，三萬日白彰，四萬日太一迎，五萬日坐在立亡。日三食，慎勿忘。但過萬日，仍自縱橫，變名易姓，升天遊獄皆可耳。

神仙去三蟲殺伏尸方 凡二方

章陸根味酸有毒，主胷中邪氣，塗癰腫，殺精物，鍊五藏，散水氣，根如人形者神[14]，生故墟田間，三月八月採。章陸一名夜呼，一名蕩根，一名當陸，一名莧陸，一名長根，一名商陸草，一名神陸，一名白華，一名逐邪，一名天草，一名逐陰之精，此神草也。去三蟲，殺伏尸，去面䵟黑，益智不忘，男女五勞七傷、婦人乳產餘病、帶下結赤白皆愈。

右用麴十斤、米三斗，加天門冬成末一斗，釀酒，漬章陸六日。便齋服，五日食減，二十日穀絕腸肥，容氣充茂，諸蟲皆去，耳目聰明，瘢痕皆滅。以月宿與鬼日加丁時，取商陸服如棗，日三。道士常種此藥草於靜室之園，使人道[15]神，令人不老長生，去三蟲，治百病，毒不能傷矣。

又　　方

取當陸根四十斤，削去麤皮細切之。以水八斗於東向竈煎之，令減半。去滓更煎之，令可丸，服如梧桐子大。丸蜜作之，勿令人見[16]。又一方：章陸根三十斤，正月、二月、九月、十月、十一月、十二月採取，過此不中用。取章陸根淨洗麤切，長二寸許，勿令中風也，絹囊盡盛，懸屋北六十日，陰燥爲末，以方寸匕水服，旦先食。服十日見鬼，六十日使鬼取金銀寶物作屋舍，隨意所欲，八十日見千里，百日身飛行，登風履雲，腸化爲筋，久服成仙矣。

除去三尸九蟲法 并藥術

先生曰：夫三尸之鬼，變化無方，或見厲鬼，或假[17]人形。雖千袄萬怪，即黠而不神，不悟人言語，不能鑒其情。欲修法事，慎無發揚，心或默語，鬼聞人聲。既聞人聲，即爲禍害，厭暴祟戾，其憂百端。審察災源，急宜詳解，逆爲人之備，無令寖淫。故訣稱：用建日修法，破日服符，及造藥術，欲爲消去，即其尸鬼亦常忌此日也。兼慮人用月晦庚日開執之日，故於此日能迷淪人意，俾耽眠睡，造作夢寐，顛倒非常。或緣人性之所畏惡，輒變此物，恐怖多端。或於眠中，喚人名字。或假吏卒，收錄執縛。或託人父母兄弟，責詈於己。或夢妻子，困病死喪，使人惇惶，悲哀哭泣。或夢塚墓，狼籍尸骸。或若乘危，爲其迫塞。或若犬來咋齧，或見牛馬奔衝，往來號吠，倉卒抵踏。或鳥豕之形千狀，或蟲蛇之物萬端。或顛倒其巾冠，或訐揚人過惡，比[18]皆其所爲也。可先期一二日間，收心歛意，以道自處，庶幾行法而去之耳！仙經云：凡服仙藥，先去三尸。其方如左：

　　附子、七枚，炮。[19] 蕪荑、二兩，炒。[20] 乾漆、二兩，炒令煙。[21]

　　右三物篩擣爲散，常以空腹酒服一匕，日再服。七日而上尸去，九日中尸去，十二日下尸去。後當痢於盆中，即見三尸蟲狀。以綿裹之，葬東流水中，微哭之，呪曰："汝死屬地，我得升天。"別道而歸，更勿反顧之。經三日後，或自於日中大哭，煩惱恍惚。勿自訝之，後當爽朗爲道人耳。

劉根真人下三尸法 此方與前方稍類，但別出耳。

　　真人曰：欲求長生，先去三尸。三尸去則志意定，志意定則嗜慾除。乃以神方五[22]篇見授云：伏尸常以月望晦朔日上天，白人罪過，故司命奪人筭，使人不壽。欲去之法用此方：

　　蜀狗脊、七枚。乾棗、二兩。蕪荑、二兩。

　　右藥並皆依法事，持杵羅爲散，以清水服一合，日再服。七日上尸去，九日中尸去，十二日下尸去。其形似人，以綿帛裹之，埋於東流水，呪曰："子死屬地，我當升天。"易道而歸，勿復回顧，三日之中當恍惚，後乃佳耳。

神仙古方傳授所來二首

朱璜者，廣陽[23]人也。少病毒瘕，就睢山下[24]事道士阮丘。丘憐之，言："卿除腹中三尸，真人之業可度教也。"璜曰："病愈當爲君作客，三十年不敢自違[25]。"丘因與璜七物藥，日服九丸，百日病下如肝脾者數升乃愈。後數十日肥健，心意日更開朗。乃與《老君黃庭經》令讀之，告曰："日三過，通之能思其意，當度世[26]。"丘遂與璜俱入浮陽山玉女祠，且八十年，復歸故處，白髮盡黑，鬚更長三尺餘。過家食止，數年復去，至武帝末猶存[27]焉。

沈文泰者，九嶷人也。得紅線[28]神丹去土符還年益命之道，服之有效。往崑崙，留安息二十餘年[29]，以傳李文淵，曰："土符不去，服藥行道無益也。"文淵遂受秘要，後亦昇仙。今以竹根汁煎丹及黃白去三尸法，出此二人矣。

遊稚川記

僧契虛姓李，其父開元中爲御史。契虛幼好浮屠氏，年二十，髡髮衣褐，居長安中佛舍。及明皇幸蜀，羯胡陷兩京，契虛乃入太白山，食栢葉絕粒。遇道士喬君，清瘦高古，髮鬢皎白，謂契虛曰："師神骨孤秀，後當寓遊仙都。"契虛謙謝之。喬君曰："異日師於商山備食物於逆旅，有桴子必犒而饋焉。[30]或有問師所求，但言願遊稚川，當有桴子導師去矣。"及祿山破，上皇還京，天下息兵。契虛即於商山旅舍備食膳，遇桴子而饋焉。近數月，饋桴子數百人，食畢輒去，無問者。契虛怠，爲喬君見欺，將歸長安。忽遇一桴子，年甚少，問契虛所詣。答曰："願遊稚川，積有年矣！"桴子驚曰："稚川，仙府也，安得至乎？"契虛曰："幼而好道，曾遇至人，勸遊稚川，但不知其路耳！"桴子曰："與我偕行，可以到也。"於是與之俱至藍田上理行，俱登玉山，涉危嶺，踰巖巘，十八餘里至洞穴，水自洞側而出。桴子與契虛運石填水，三日而水絕。俱至洞中，昏晦不可辨。遙見一門在十數里[31]

外，望門而去。既出洞外，風日恬灵，山水清麗。凡行百餘里，登一高山，攢峯廻拔，石徑危峻。契虛眩惑，不敢前去。桻子曰："仙都近矣，無自退也。"挈其手而登，既至山頂，緬然平坦，下視山峯川源，杳不可辯。又行百餘里，入一洞中。又數十里，及出洞，見積水無窮，中有危徑，纔橫尺餘，長亙百里。桻子引之，躡石而去，頗加悚慄，不敢顧視。即至一山，下有巨木，煙景繁茂，高數十尋。桻子遂登而長嘯，久之風生林杪。俄有巨索自山頂懸竹櫜而下，桻子與契虛入竹櫜中，閉目危坐，勢如騰飛，舉巨絚引之，即及山頂，城邑宮闕，璣玉交映，在雲物之外。桻子指而語曰："此稚川也。"與契虛俱詣其所，仙童百輩羅列。有一大仙謂桻子曰："此僧爲何而來？"桻子曰："此僧願遊稚川久矣，故挈而至。"一殿中[32]，見冠冕大仙貌甚偉，據玉几而坐，侍衛環列，呵禁極嚴。桻子命契虛拜謁，且曰："此稚川真君也。"既拜，召升階，問曰："爾絕三彭之仇乎？"契虛不能對。真君曰："此未知道，不可留此。"即命桻子引登翠華亭，見亘空丹檻雲蠹，內一人袒而寐[33]，髮長數十尺，凝膩黯黑，洞瑩人心目。又命契虛拜曰："此楊外郎，因隋室奔亂，入山得道。非其瞬目，乃徹視之。徹視者，寓目人世耳。"拜請忽寤而開目，光若日月之朗焉。又見一人臥石壁之下，桻子曰："此乙友君名潤[34]，亦得道人也。"既而桻子承真君之教，引契虛歸人間，凡所涉歷，皆是來時所經之路。契虛問桻子曰："真君問三彭之事，我所未了何？"答曰："三彭者，三尸之姓也。常居人身中，伺人之過，欲令人死。每以庚申日，條列人罪目，奏于上天。學仙之士，不去三尸，無由得道，徒苦無益也。"既及平地，在秦川矣，亦不知桻子所之。契虛自此居太白山，未嘗言稚川之事。貞元中，徙居華山。滎陽鄭紳、吳興沈聿自京出關，值契厘[35]。見契虛絕粒，不置庖饌。鄭異其不食，訪其所遇，因話其事。鄭甚奇之，自關東却回，詣其舍，契虛已遁去，不知所之，鄭君述《稚川記》耳。

夢三尸說

　　道書言曰[36]：人身中有三尸蟲，居三丹田，好惑人性，欲得早亡，每至庚申日上讒于帝，請降災禍於人，故人多夭枉禍厄。修鍊者用術及藥以去之，則年長不死。有廣羊[37]人宋彥華，家于濮上，好儒文及術伎，因於道者處受術及藥，百計求去三尸。忽一夕夢三人，古冠服而立堂閣之內。彥華問曰："君何人乎？"答曰："吾即是君身中三彭也。欲辭子，故來相告耳。"彥華夢中責之曰："吾受生于天，天賦有命，命有短長，必自悉矣。聞君好居吾身中，讒賊幻惑，惱亂吾神，使邪夭禍厄，則喜而去，吾何負於君輩哉！今吾師道術以殺汝，汝不速去，必遭楚苦。"三尸曰："子能聽我言，將以辨吾非罪，而以辭子，可歟？"彥華曰："何也？"答曰："吾之族，陰陽之精也。上係太虛，自無入有。凡人有生質，則上帝乃頒吾兄弟賦于人中，主其魂魄，護其性而保其中也。蓋人中及壯，則百緒之爲，貪財食，溺邪淫，矯詐欺誣，奸狡佞妄，外示正直，內趨僻違，不孝友，不慈惠，抑民掠財，逞形恃勢，潛窺陰計，自豐其家，喜利忌賢，輕貧叶富，晝夜役使，兄弟甚勞苦哉！吾之疲倦，且錄其尤以害之得速死，冀吾有暇耳。不如是，何得適哉！今子若好道，不必去吾兄弟。子但修中正，抛榮去味，遠世棄欲，息役沈光，滌清三宮，凝定九府，日月內燭，星斗高臨。則吾兄弟優游清閑，雖千萬歲，與子周旋，賓護外物，吾無勞役，又何敢怠？況讒賊乎！今子且愛榮好奢，戀世情命，矯謀財色，既而返逐於我，我今去矣。若上彭去，則子言語倒錯，耳窒目暗，容貌滋味無復暢也；中彭去，則子規謀失筭，治官乖政，榮業壯圖、文詞術藝無復適也；下彭去，則子風月蕩絕，馳騁艱難，坐立無復強也，子孫廢滅，魂魄飄沉，如此則子返爲行尸，非人也。夫人之處世，賴我兄弟以爲精識思慮。子不修中正，保元氣，而誣我以罪，豈非戾乎！"言訖，揮彥華將去。彥華夢中牽其袂而留之曰："自古皆有死，民無財不活，今吾不能保其真矣。子且爲我留居，共子謀財，不復反覆矣。"三彭倏然躍入其鼻，悅而驚乃瘳。自後但以積財爲業，不復更言道術。

溟洪先生曰："吾聞大道虛無，無一物可辯。自無入有，蓋賦形也。人稟中正，不可自邪也。中正則天地合其神，豈小蟲能害乎？三彭誠有靈者，豈能制天地乎？亦信人自不端，陰役其内，則更有小於三彭者，固能致禍矣！是其説可深信歟！宋氏多金，能轉貨，嘗餘財。所慕道藝，今盡擲矣。與予話夢，故書以傳之，笑其惑也如此。"

【校記】

〔1〕"二守庚申，三尸伏没。七守庚申，三尸長滅"，本書卷八一《三尸中經》作"三守庚申，即三尸振恐。七守庚申，三尸長絶"。

〔2〕"下三尸方"，《太上除三尸九蟲保生經》作"老君去尸蟲方"。

〔3〕"主"，上書作"殺"，下同。

〔4〕"藜"，上書作"雀"。

〔5〕"三"，上書作"五"。

〔6〕"擠之，但淳大豆熬之作末"，《太上靈寶五符序》（下稱《五符序》）卷中《仙人下三蟲伏尸方》作"劑之，但取純大豆熬作末"。

〔7〕"拘制七魄"，上書作"拘魂制魄"。

〔8〕"蓋欲人早死"，上書作"三尸常欲死"。

〔9〕"善"原作"苦"，據上書及《四部叢刊》本改。

〔10〕此標題，《五符序》卷中作"真人長生去三尸延年反白之方"。

〔11〕"丹光真華之母，宜食"八字原無，據上書增。

〔12〕"丹光之色，赫然照人"，上書作"丹光色紫而照人"。

〔13〕"有"字，上書卷中《真人長生去三尸延年反白之方》無。

〔14〕"神"，上書作"有神"。

〔15〕"道"，疑當作"通"。

〔16〕以上十四字，《五符序》卷中《真人長生去三尸延年反白之方》作"服如梧子一丸，大良。作之勿令人見"。

〔17〕"假"，《四部叢刊》本作"解"。

〔18〕"比"，上本作"此"。

〔19〕"附子、七枚，炮"，《太上除三尸九蟲保生經·去三尸蟲方》作"狗杞根二兩"。

〔20〕"蕪荑、二兩，炒"，上書作"蕪荑五兩"。

〔21〕"乾漆、二兩，炒令煙"，上書作"乾漆四兩"。

〔22〕"五"，疑當作"一"。

〔23〕"廣陽"，《列仙傳·朱璜》作"廣陵"。本書卷一〇八《列仙傳·阮丘》亦作"廣陽"。

〔24〕"下"，上書作"上"。

〔25〕"違"，上書作"還"。

〔26〕"當度世"，上書無。

〔27〕"猶存"，上書作"故在"。

〔28〕"紅線"，本書卷一〇九《神仙傳·沈文泰》作"紅泉"。

〔29〕"往崑崙，留安息二十餘年"，上書作"欲之崑崙，留安息二千餘年"。

〔30〕"師於商山備食物於逆旅，有桗子必犒而餽焉"，《太平廣記》卷二八《僧契虛》作"師當備食於商山逆旅中，遇桗子即犒於商山而餽焉"。《宣室志》卷一《遊仙都稚川》與此同，僅"即犒於"作"即犒而於"。

〔31〕"十數里"，《宣室志》卷一《遊仙都稚川》作"數十步"。

〔32〕"故挈而至。一殿中"，上書作"故吾挈而至此。已而至一殿"。

〔33〕"寐"，《太平廣記》卷二八《僧契虛》作"瞬目"。

〔34〕"此乙友君曰潤"，上書作"此人姓乙支，潤其名"，《宣室志》卷一《遊仙都稚川》作"此人姓一支，潤其名"。

〔35〕"契厘"，疑當作"契虛"。然"厘"作"廬"亦可通。

〔36〕"言曰"原作"曰言"，按文意改。

〔37〕"羊"，疑當作"陽"。

雲笈七籤卷之八十三

庚申部

中山玉櫃經服氣消三蟲訣

昔大黃帝君太古無名，云大黃帝君者，則黃帝有熊。會羣臣於崆峒山，問道于廣成子曰："夫人養生全真，遊觀於天庭間，止息於洞房中，得與衆聖齊羣，駐童顏而不敗者，則何法最寳？"廣成子曰："夫人以元氣爲本，本化爲精，精變爲形。形雖好生，欲能竭之。故欲不可縱，縱之則生虧，制之則生盈。盈者精滿氣盛，百神備足。夫有死必有生，有生必形虧。虧盈盛衰，物之常理。日中則移，月滿則虧。樂極悲來，物盛則衰。有生死是天地人之常數也[1]。聖人智通萬物，以法堅身，在養育之門，無犯形本，則合於化元之道者也。夫人體內有百關九節，百關者，號百禄之神，爲九節之用。九節者，一掌、二腕、三臂、四膊、五肩項、六腰、七腿胜、八脛踝、九腦，是謂九節也。合爲形質，洞房、玉户、紫宫、泥丸、丹田以處泊，古人作楮薄[2]，今論神氣棲息，故宜處泊。洞房等皆天庭三田神正泊處也。百神守衛，六靈潜護，百神者，百節之神，守固營魂，保護五藏神[3]。五神清則百節靈，五神傷則百節尪，清即少，傷則老。經云：貪欲嗜味，傷神促壽。金玉滿堂，莫之能守。六靈者，眼耳鼻舌身意，亦謂之六識。常隨心動，動念則識便從之[4]，是故制之則寧，用之則成，察之則悟，任之則冥[5]。又有三魂伏於身，七魄藏於府。故云肝藏魂，肺藏魄，脾藏志，心藏神，腎藏精，此皆百神六靈之主也。宜防濁亂，輕躁動作，違之不守，自致敗傷而已。保其玄關，守其[6]要路。道以真一爲玄關，以專精爲要路。既食百穀，則邪魔生，三蟲聚。蟲有三名，伐人三命，亦號三尸。一名青姑，號上尸，伐人眼，空人泥丸。眼暗面皺，口臭齒落，鼻塞耳聾，髮禿眉薄，皆青姑之作也。一本作青石。二名白姑，號中尸，伐人腹，空人藏府。心旋意亂[7]，肺脹胃弱，氣共傷胃，失飢過度，皮癬肉燋，皆白姑之作也。一本作白石。三名血尸，號下尸，伐人[8]腎，空人精髓。腰痛脊急，腿痺臀頑，腕疼脛痠，陰萎精竭，血乾骨枯，皆血尸之作也。一本作血姑。此三尸毒流，噬嗑胎魂，欲人之心，務其速死，是謂邪魔生也。人死則尸化爲鬼，遊觀幽冥，非樂天庭之樂也。常於人心識之間，使人常行惡事，好色欲，增喜怒，重腥穢，輕良善，惑亂意識，令陷昏危，其[9]於一日之中，念念之間，不可絶想。常以甲寅、庚申日，上白[10]天曹，下訟地府，告人罪狀[11]，述人過惡，十方刺史受其詞，九泉主者容其對，於是上帝或聽，人則被罰。輕者在世迍遭，求爲不遂；重者奄歸大夜，分改身形，成殃而出。今俗傳死次[12]直符，雄雌殃注，破在煞星，此之是也[13]。都由人不能絶百穀，斷五味，誡嗜欲，禁貪妄，而自致其傷殞。《内景玉書》云：“百穀之實土地精，五味外美邪魔腥，臭亂神明胎氣零，三魂恍恍[14]魄靡傾。”要知成[15]彼之三蟲，由斯五穀也。貫穿五藏，環鑿六府，使丹田不華實，津液不流注，血脈不通行，精髓不凝住，胎魂不守宮，陰魄不閉户，令人躭五味，長貪欲，形老神衰，皮皺髮落[16]。若不却粒絶味，禁嗜戒色，則尸蟲全而生，身必死。若滅三蟲，殫尸鬼，安魂魄，養精髓，固形神，保天地者，非氣術而不可倚矣。擒制情欲，殫滅蟲尸，使形神不枯朽，須服神氣還元返本，過此皆不可倚也。且我大仙以氣術爲先，元氣是本。道[17]以太和爲宗，沖元是本。及吾歸之於妙，寂之於玄，化之於無，用之於自然，自然輕舉，昇於玄玄，出入無間，其道恬焉。與道通靈，當有何患？音還。《内景》云：“勿令七祖受殃[18]患。”但不許以道傳於非人，即七祖受其殃也。今言當有何患，是亦依道奉行，保無殃咎也。夫上仙以元氣爲宗[19]，中仙以丹術爲本，下仙以藥術爲首，量此三者[20]，夫何以久？皆以勤形[21]勞神，餌金服石，動費貨泉，失於歸寂，蓋不得自然之理，乖於真道矣。昔大隗翁曰：‘生吾有身，憂吾勤[22]勞，念吾飢渴，觸情縱欲，過患斯起，遂虧於玄化之道也。’”此廣成子述初古大仙要道所得之祕旨也。於是大黄帝君謹心神，觀想元氣，用啓玄理，先靜丹元，觀想自然，融於歸寂也。乃感太一真君持

《玄元内景氣訣妙經》一篇授之帝君。帝君爾後降中嶽，復會羣仙，宣是妙經，因名《中山玉櫃服神氣經》。此碧巖受行是經於師，奉傳然得分明，知其的實，以爲誥[23]。夫太一真君者，是北極太和元氣之神，神通變化，自北極紫微宮經過於天地間，滋育萬物，在天則五象明焉，在地則草木生焉，居人則神識靈焉，在鑒則五行察焉，在化[24]則四運變焉。聽之不聞，視之不見，搏之不得，無形[25]無狀而與萬物作狀，故謂之玄，謂之象。所感無不應，所真無不證，所專無不用，所精無不動。是知道以真正爲玄關，專精爲要路，倚於此者，無所不通也。碧巖受之，相次顯示，使其將來，不滯迷惑。經曰：夫欲服氣，服元氣爲本，以歸寂爲玄妙。若不得此門，及不知玄關要路，則終不能成就功德也。經之要言，故不妄語。夫求仙道，絶粒爲宗。絶粒之門，服氣爲本。服氣之理，齋戒爲先。當持齋戒，然揀好日，晏靜一室，安置牀薦。其齋以心清意淨，無諸躁動，止[26]可二七日。若不先齋，則不得神氣內助。若不存想，則神氣不得內補。夫欲修行，要當別置一室，好土香泥泥飾，明密高敞，牀褥厚煖，衾枕新潔，不得使雜人穢污輒到其中。其中地須鋤[27]深二尺，篩去滓礫，除諸穢物，更添好土，築擣平實，更羅細土，拍踏令緊。既得平穩，勤須灑掃，務其清淨。室中唯安書机經櫃，每一度焚香，念玄元無上天尊，又念太一真君。又可呼[28]三一三元五藏六靈一身之神，冥心叩齒，静默思之也。太一真君有五誡，誠心依之，尅獲神應。一者不得與女人語笑同處，致尸鬼惑亂精神。二者勿食一切葷膩五辛留滯冷滑之物，若食之，令三尸濁觸五神。三者勿入一切穢惡處所，夫吊死問病，至人不[29]爲，殺戮決罰驚魂，大怒大怖，精神飛散，就中死尸，道人大忌。海之至大，尚不宿尸，人之至靈，尸之至穢也。或悞衝見，當以桃皮竹葉湯浴訖，入室平卧，存想心家火遍身焚燒，身都炯然，使之如盡[30]。然後閉氣，咽新氣驅逐腹內穢氣，使攻下泄，務令出盡，當自如故。四者勿與一切衆人争於是非，忿静鬬競，及抱小兒，減人筭壽，損志傷神。五者勿得欺謾一切事，陰神不助，常慎言語，節度行止，勿對北旋溺，犯太一紫微，殃罰非細。若有違此五戒，於二七日間，眠夢之內，自有驚覺，覺悟於人，務人修善，其事祕密，勿泄於人。所言《內景氣訣妙經》一篇，良有是也。夫景是內祕之事，唯自己心內知之，固不可漏泄他人也。

說三尸

真人云：上尸名彭倨，好寶物；中尸名彭質，好五味；下尸名彭矯，好色慾。三尸之爲物，常居人脾。至修法之夜，即宜右覆臥，則脾不得動。脾不得動，則三尸不得作恐耳，亦乃一助也。是夕心中祝言曰："三尸九蟲，我已知你所能也。"若眠中聞煥誤應者，即當起正坐，叩齒十二通，心中祝曰："吾知汝是三尸九蟲耳。"但知行正意役使，夢中勿與相應對也。常先預思憶勑戒之，亦無能變化矣。

說三尸所居法

上尸彭倨居人頭上，在泥丸宮中，一名上丹田宮，却入眉後三寸，自有宮殿樓閣。

中尸彭質居人心後，却入三寸三分，居其間，名曰中泥丸，一名中丹田，自有宮殿樓閣。

下尸彭矯居人下丹田，亦名下泥丸，在人小腹去臍下三寸，却入腹三寸七分，自有宮殿樓閣。

候三尸法

若忽夢起屋舍籬障者，是腹中尸蟲共相依止。若夢與女人交通者，其尸蟲會也，重者皆成病。若服丹砂有功者，當夢大火燒其屋宇。服諸藥有應者，當夢父母喪亡，妻子被殺，或是姊妹兄弟之屬或女人，或塚墓破壞失去棺槨，及被五刑死者，此是尸蟲皆將消滅候也。

趙先生口訣祝尸蟲法 凡三法

趙先生口訣曰：欲祭[31]三尸九蟲法，常以月建之日夜半之時，密出中庭，正立東向，平體正氣，叩齒三十通訖，舉頭小仰，即復下頭小俛，因嚥液二十[32]過，又向前仰兩手二七過，前後仰，緩[33]手爲之，竊祝曰："南昌君五人，官將百二十人，爲某甲除三蟲伏尸，將某周遊天下，過度災厄。"訖，徐徐左廻還卧。行之三年，尸蟲消滅。若月中有重建者，亦重爲之。修此法欲齋戒獨住，不欲雜錯人衆，務令寂靜，勿使知之，及六畜鳥獸並不聞聲。爲此法易行，無恍惚之患。

又 法

先生曰：欲除尸蟲之法，春月擇甲乙[34]夜，視歲星所在，朝之再拜，正心竊祝曰："願東方明星君扶我魂，接我魄，使我壽如松栢，生年萬歲生不落[35]。願爲甲除身中三尸九蟲，盡走[36]消滅。"常擇潔靜，頻行之爲善。此仁德樂生君木也，木尅土，所以土尸去，妙訣祕之。

又 法

先生口訣去三尸九蟲法：常以月晦日日出昕昕時，東向日所出處，禹步三祝曰："諸睪[37]，睪者喚聲，如言號耳。月中有蟲兔蝦蟆，日中有蟲三足烏，水中有蟲虵與魚，土中有蟲蛾螻蛄，腹中有蟲蚘白從[38]。"凡三祝止之，祕而勿傳。

東方氏制三尸法[39]

常以庚申日，存頭中有太上老君泥丸真人二人並共坐，上著遠遊冠，服玄袍，坐於冥光帳中，下視口目耳鼻，清滌神氣，謂之上一，拘面部之魂。次存心中有太一太帝絳宮真人二人並共坐，上著九陽冠，服丹南逸景之袍，坐於朱陵帳中，下視四體清波[40]，肝肺膽腎，皆令淨潔如五色玉，謂之中一，拘四肢之部[41]精。次存臍內有太黃老君黃庭真人二人並共坐，上著十靈之冠，服黃羅之袍，坐於黃錦帳中，下視脾腹[42]之下孔竅，令分明如白素，謂之下一，拘[43]制骸魄。於是三尸無從得動矣。

紫微宮降太上去三尸法

夫人身並有三尸九蟲。人之生也，皆寄形於父母胞胎，飽食於[44]五穀精氣，是以人腹中盡有尸蟲，爲人之大害。常以庚申日夜，上告天帝，記人罪過，絕人生籍，欲令速死，魂昇于蒼天，魄入于黃泉，唯有蟲尸獨在地上遊走曰鬼。或四時八節三牲祭祀不精，輒與人作禍害，心痛痓忤，伐人性命。上尸彭倨，在人頭中，伐人眼目，令人好作惡，噉食眾生，或口臭齒落[45]。中尸彭質，在人腹中，伐人五藏，少氣多忘，令人好作惡，噉食眾生，或作惡夢，驚恐不安。下尸彭矯，在人足，令人下關搔擾，五情踴動，不能自禁。若尸爲神則害子，是故復痓不絕。又云，上尸彭倨名青服，中尸彭質名白服，下尸彭矯名赤口。此三尸狀如小兒，或似馬形狀，皆有鬚髮，毛長三四寸。人既死遂出作鬼耳，如人生時形象衣服長短，親人見之，謂是亡人還家，實非亡人靈也。身中三尸九蟲，種類羣多。夫學道修長生者，若不先滅三尸九蟲，徒煩服藥斷穀，求長生不死，不可得也。後人謂先聖經方虛謬，乃未究害之所由也。此上聖之至訓，真人之祕言，宜可勗哉！制之法，每至庚申日，夕不眠以守之，令不得訴天帝。罪滿五百條，其人必死。三守庚申，三尸振伏。七守庚申，三尸長絕，太玄鑊湯，煑而死矣。爾乃精神安定，五藏恬和，不復搔擾。

太虛真人消三尸法[46]

真人曰：常以春甲寅[47]日、夏丙午日、秋庚申日、冬壬子日瞑臥時，先擣朱砂雄黃雌黃三物，等分細擣，以綿裹[48]之，使如棗大，臨臥時塞兩耳中，此消三尸鍊七魄之道也。明日日中時，以東流水沐浴畢，更整飾牀席，易著衣物，浣故者，更履屐，先除澡之，都畢，又[49]掃灑於寢牀下，通令所住一室淨潔，平[50]安枕臥向上，閉氣握固良久，微呪曰："天道有常，改易故新。上帝吉日，沐浴爲真。三氣消尸，朱黃安魂。寶鍊七魄，與我相親。"此道是消鍊尸穢之上法，改真易形[51]之要訣也。四時唯各取一日爲之。

思念道誡去三尸法

老君遺誡，教子防軀，外如空城，裏如丹朱。外常不足，內實有餘，保道五藏，勿得發舒。行正念道，常覆子軀。思道念道，坐致行廚。思道念道，常以道俱。內懷金寶，外常如無。保神愛氣，萬邪不拘。長生在己，三尸自去。百病九蟲，皆自消除。身過千災，仙人鄰居。

五行紫文除尸蟲法 凡三法

《五行紫文》曰：常用朔望之日日中時，臨目西[52]向。存兩目中出青氣，心中出赤氣，臍中出黃氣，於是三氣相繞，合爲一，以冠身[53]。盡見外洞徹，如光之狀[54]。良久，乃叩齒四十通，畢而嚥液[55]。此謂鍊形之道，除尸蟲之法，久行之佳也。

又　法

常以七月十六日去手爪甲，燒作灰服之，即自滅。消九蟲，下三尸。

又　　法

凡寅日去手爪甲，午日去足爪甲，名之斬三尸。

存心中赤氣去三尸法

經曰：常念心中出赤氣，上行通喉嚨，以意閉之於泥丸。爲之不止，三尸自去，長生久視，司命刻名，著不死之紫籙也。

【校記】

〔1〕"有生死是天地人之常數也"，本書卷六十《中山玉櫃服氣經》（下稱《服氣經》）作"有生即死是天地之常數也"。

〔2〕"古人作楮薄"，上書作"古文作措薄"。

〔3〕"神"，上書作"藏亦有神"。"營魂"，上書作"榮衛"。

〔4〕"動念則識便從之"，上書作"念則識闇闇"。

〔5〕"冥"，上書作"真"。

〔6〕"其"原作"具"，據上書改。

〔7〕"亂"原作"辭"，據上書改。

〔8〕"人"原作"之"，據上書改。

〔9〕"其"原作"無"，據上書改。"令陷昏危"，上書作"令蹈顛危"。

〔10〕"白"原作"曰"，據上書改。

〔11〕"罪狀"，上書作"陰私"。

〔12〕"次"原作"吹"，據上書改。

〔13〕"破在煞星，此之是也"，原無"也"字，"煞星"原作"殺心"，據上書增改。

〔14〕"恍恍"，本書卷十二《上清黃庭内景經·百穀章第三十》作"忽忽"，且句前有"那從反老得還嬰"一句。

〔15〕"成"後原有"敗"字，據《服氣經》刪。

〔16〕"形老神衰，皮皺髮落"，上書作"衰形神，老皮髮"。

〔17〕"道"原作"是"，據上書改。

〔18〕"殃"，本書卷十二《上清黃庭内景經·沐浴章第三十六》作"冥"。

〔19〕"夫上仙以元氣爲宗"，《服氣經》作"夫上清所崇"。

〔20〕"三者"，上書作"二者"。

〔21〕"形"字原無，據上書增。

〔22〕"勤"原作"動"，據上書改。

〔23〕"以爲誥"，上書作"故以告也"。

〔24〕"化"原作"北"，據上書改。

〔25〕"無形"二字，上書無。

〔26〕"止"，上書作"正"。

〔27〕"鋤"原作"深鋤"，據上書删。

〔28〕"呼"，上書作"存呼"。

〔29〕"不"字原無，據上書增。

〔30〕"盡"，上書作"晝"。

〔31〕"祭"，《太上除三尸九蟲保生經》（下稱《保生經》）作"除"。

〔32〕"十"，上書作"七"。

〔33〕"仰，緩"，上書作"却，授"。

〔34〕"甲乙"，上書作"甲乙之日"。

〔35〕"生年萬歲生不落"，上書作"千秋萬歲，長生不落"。

〔36〕"走"，上書作"去"。

〔37〕"諸辜"原作"諸䎟"，上書作"諸皋"，音同，據改，下同。

〔38〕"蚘白從"，上書作"蚘白徒"，"蛾蟆蛄"作"螻蟻蛄"。

〔39〕"東方氏制三尸法"，上書作"守庚申之日法"。

〔40〕"清波"，上書作"情狀"。

〔41〕"部"，上書作"邪"。

〔42〕"脾腹"，上書作"脾腸"。

〔43〕"拘"後，上書有"腸胃"二字。

〔44〕"飽食於"三字原無,據本書卷八一《三尸中經》增。

〔45〕以上十四字,上書作"令眼暗髮落口臭面皺齒落"。

〔46〕"太虛真人消三尸法",《保生經》作"太上真人口訣",《上清太上八素真經》(下稱《八素真經》)作"太虛真人口訣"。

〔47〕"甲寅",上二書作"乙卯"。

〔48〕"裏"原作"裹",據上二書改。

〔49〕"先除澡之,都畢,又",《八素真經》作"而洗澡之,却又"。

〔50〕"平",上書作"更",《保生經》作"便"。

〔51〕"改真易形",《保生經》及《八素真經》分別作"改易新形""改真新形"。

〔52〕"西",本書卷一〇五《清靈真人裴君傳》作"南"。

〔53〕"合爲一,以冠身",上書作"合爲一氣,以冠一身"。

〔54〕"盡見外洞徹,如光之狀",上書作"須臾内外洞徹,如火光之狀"。

〔55〕"四十通,畢而嚥液",上書作"十四通,咽液十四過,畢"。

雲笈七籤卷之八十四

尸　解

太極真人石精金光藏景録形經説

　　上宰總真西城王君昔受之於紫陽公。施行道成後，以付弟子茅盈，以傳南嶽夫人，使授學道者當爲真人。

釋石精金光藏景録形法

　　夫石者鐵之質，精者石之津，金者劍之幹，光者刃之神。藏玄飆亂景，録四寶之形。揮割百魔，映彩五星，觀煥七元，激烈火兵者矣。軒轅有橋山之葬，所以劍焉在焉。玉子有渤海之塚，劍鳴空槨。王喬有京陵之墓，而劍飛沖霄。斯實真驗九玄，精應太虛，神方之靈致，威劍之妙化也。諸以劍尸解者，以劍代身，五百年之後，此劍皆自然還其處也。幽響無間，恍惚難尋，不可得言矣！不可得書矣！爲之者，見之者，唯當應之於心耳。
　　軒轅自採首山銅以鑄鼎，虎豹百禽爲之視火參鑪，鼎成而軒轅疾崩，葬橋山，五百年後山崩，空室無尸，唯寶劍赤焉在焉，一旦又失所在也。一説云，黃帝丹成，乘龍上天，羣臣攀慕，葬劍焉於橋山，後五百年山崩，空室唯劍，又失所在。玉子者，帝嚳也，曾詣鍾山獲《九化十變經》，以隱遯日月，遊行星辰，後一旦疾崩，營塚在渤海山。夏中衰時，有發玉子墓者，室中無所有，唯見一劍在北寢上，自作龍鳴虎嘷[1]，人遂無敢近者，後亦失所在也。既發墓時，亦當在五百年之間也。王子喬墓在京陵，戰國時復有發其墓者，唯見一劍在室，人適欲取視，而劍忽然飛入天中也。案神劍代身，五百年後劍自歸其處。當是靈人使，故有崩發者，令劍得出而上飛沖天乎！

尸解叙

夫尸解之道，如爲小妙，既令希者情阻，聞者不及，以一死鎮其路，亦[2]無所復論。唯彭鏗遊山，鳳綱市朝，四皓假首以素，八公變形萬化，亦吾所不願矣！自有方諸刻名應得尸解之仙者，或禀受使然，或志行替敗，或學尋淺狹，或情向頹住。此自希尚所及，正以分得之。非向所論諸君衍門子輩，既飽上藥而故爲尸解者也。吾昔受先師尸解上方委化之道，雖不得獲用，常所依依。今向塵埃[3]四會，交兵激合，三官驅除，疾賢害道，言神仙者致痾，尋淫利者富貴，志道求生者，亦何爲汲汲[4]於風火之中，束帶以入乎牢市者哉[5]！今密出尸解之方，可各以傳示弟子應得爲眞人者，用之潛遯，足以遠凶惡；施之而逝，可以盡子孫之近戀；隱之而遊，可以登名山也。若夫道數兼備，方[6]術斯明，役使百鬼，招召衆靈，坐在立亡，分氣散形。雖處三軍而飆鋒不能兵，雖行凶危而災癘弗能干，雖入市朝而百害不能生者，可無復施尸化之遷耳。夫此之解者，率多是不汲汲於龍輪，樂安棲於山林者矣！

又　　叙

《眞誥》曰：吞琅玕之華而[7]營丘墓者，衍門子、高丘子、洪崖先生是也。衍門子墓在漁陽潞縣，高丘子墓在河中聞喜縣，洪崖先生墓在武威姑臧縣，此三郡並云[8]上古死人之空塚也。而不知高丘子尸解入六景山，後服金液之水，又受琅玕華丹於中山，復託死乃入玄洲，受書爲中嶽真人。衍門子今在蒙山大洞黃金之庭，受書爲中元仙卿。洪崖先生今爲青城真人也。漱龍胎而決死，飲瓊漿[9]而叩棺者，王西城及趙伯玄、劉子先是也。服金丹而告終者，臧延甫、張子房、墨翟子是也。挹九轉而尸臰，服刀圭而蟲流者，司馬季主、甯仲君、燕昭王、王子晉是也。夫尸解託死者，正欲斷以死生之情，示民有終始之限耳！豈肯腐骸太陰，以肉餉螻蟻者哉。直欲遏違世之夫，塞兆民之願[10]望也。

造劒尸解法

真人用寶劒以尸解者，蟬化之上品也。當自齋戒百日，乃使鍛人，用七月有庚申日、八月有辛酉日，作精利劒。使長三尺九寸，廣一寸四分，厚三分半，以杪九寸爲左右刃處，其柄任長短取適也，頭可安錄鐔也，唯使長三尺九寸耳。

錄鐔者，鏤刻劒鐔也。鐔左右面刻之作刃字，面有九刃字也。鐔背上刻作巳字，作九巳字也。深刻之，字刻皆從刀背而下，順刃也，順鐔而刻之也。

諸刻處欲得以金銀廁填之，益分明佳也。劒身中有刻象在後，鐔中央復有豎起如小半鐔者，名之曰伏基。内鐔刻左面爲日字，刻右面爲月字。先又圓刻日月之外爲郭也，所謂伏日月之光基。五百年還出以揮五嶽，入以藏無間，下以制九陰，上以承玄冥，衛足以逐邪魔，威足以鑒七精，仰以映錄五氣，俯以代身化形矣。欲知劒之左右内外，以劒正指南，使劒背在上，使劒刃在下也，於是乃以東面爲右，西面爲左[11]，東爲内面，西爲外面，所謂廻巔黄赤，縱到五行，步斗含陰，斬電割風者也。斗謂七星，陰謂六丁之神也。劒杪九寸有兩刃處，並刻兩刃中脊上内外面各作三丁字，從兩刃頭始作丁字，分以三寸爲一丁字，字順向劒杪。

此劒恒置所卧牀上枕櫛被褥之間，使常不離身，以自衛也。既足以逐辟邪魔，又可以照映五形。爾乃神藥題之，即得遯景潛冥九[12]。此劍尺度長短廣狹厚薄刻鏤文字，乃太極四真人靈劍之模範也。或謂曰分景，或曰揮神刀，但當論鋌質有利鈍耳。上人皆陶昆吾之石，冶西流之金，鑄而作之，準其成範也。此之上質，非世人所得，但取精鐵，按而作之，亦足以流景逸真，隱靈化形。藥既陳矣，將不待西吾之質，乃成其妙也，凡鐵亦皆可用也，所存在於範質而已。夫虎狼惡獸，聞麟唱而竄穴；百鳥羣遊，聽鳳鳴而絕響。麟角豈銳於虎狼之爪牙哉？鳳聲豈猛於鵰鶚之獲乎？所貴在於靈音神氣，道妙發煥，德爲羣物之軌，真爲至空之柄，足以鎮萬精之眩惑，威千凶之用矣。奚必須昆吾之金、割玉之鋌耶？王子喬劍乃凡下之鐵耳，黃帝今所帶劍是橋山中尸解劍也，若是者復非西昆之流金也。

尸解次第事迹法度

若欲且遯潛名山，棲身高岫；或欲隨時觀化，逍遥林澤；或欲斷兒子之情，令始終道畢，外割親悲，內遏希尚，不願真官，隱浪自足者，當修劍尸解之道，以曲晨飛精書劍左右面，先逆自託疾，然後當抱劍而臥。又以津和飛精作丸如大豆，於是吞之。又津和作一丸如小豆，以口含，緣拭之於劍鐶，密呼劍名字，祝曰："良非子干，今以曲晨飛精相哺，以汝代身，使形無洩露，我當潛隱，汝暫入墓，五百年後，來尋我路。今請別矣，慎勿相悞，上登太極，言功八素。"祝畢，因閉目咽氣九十息，畢開目，忽見太一以天馬來迎於寢臥之前，於是上馬，顧見所抱劍已變成我之死尸在彼中也。臨時當易著太一迎服，留故衣巾以覆劍也。乃乘馬躡虛，任意所適。或可改名易姓，還反故鄉，無所忌難矣。劍成死尸，與真不異，又有尸氣，又乃生蟲。既劍入棺，即復劍形，不復爲尸形也。天馬者，吉光騰黃之獸也。太極真人命太一使者齎馬執控，并迎以寶衣，恍惚而來，不知所以然也。馬去之時，雖眾醫侍疾，子孫滿側，而我易服束劍，流景變迹，徒相衛比肩對目，而不覺我之云爲也。所謂化遯三辰，巔徊日精，呼吸萬變，非復故形者也。寶衣，無縫衣也。劍字子干名良非，若未用劍之時，眠臥常祝呼劍名字曰："良非子干，神金揮靈。使役百精，令我長生。萬邪不害，天地相傾。"當密祝於劍鐶之中。上馬時，以藏景録形靈丸二枚著劍青囊中，結空囊口著被中，良久已復變成向者囊中劍也。二三年間，乃忽然自失之耳。此曲晨飛精一名七陽日精之華，蓋琅玕之併例矣。此丹復能流遁散形，分景藏毫，四海不能容其體，粟米固能纏其外者也。隱廻七度，昏蔽三光，實其妙矣！其用他藥得尸解，非是用靈丸之化者，皆不得返故鄉，返故鄉則爲三官執之也[13]。有死而更生者，有頭斷已死乃從一旁出者，有死畢未殮而失尸骸者，有人形猶存而無復骨者，有衣在而形去者，有髮脱而失形者。白日去謂之上尸解，夜半去謂之下尸解，向曉暮之際而去者[14]謂之地下主者。此皆迹兆不滅，爲人所疑，雖獲隱遁，令世志未厭，又不得返旋故鄉，遊棲靡定，深所恨恨，意在於此。此自是《太清尸解之法》，那得比太極之化遯乎？高卑絕軌，良有由也。

太極真人誡

太極真人誡：夫傳受此，雖年多者，所謂道初起耳。上古之世平，當全其限；中古世衰，漸可半之；下古世亂，三分之一乃可傳授。不但此法而已，長生大道亦然。若必是其人，亦復不限。下古，謂金馬之世也。事在《太極真人誡》中。

尸解神杖法

《赤書玉訣》云：當取靈山陽向之竹，令長七尺有節[15]作神杖，使上下通直，甘竹乃佳。書《黑帝符》著下第二節中，次[16]《白帝符》第三節中，次《黄帝符》第四節中，次《赤帝符》第五節中，次《青帝符》第六節中，空上一節以通天，空下一節以立地，蠟封上節，穿中印以《元始之章》；又蠟封下節，穿中而印以《五帝之章》。絳紋[17]作韜，長短大小足容杖，臥息坐起，常以自隨。行來可脫杖衣，隱以出入，每當別著淨處。以杖指天，天神設禮；以杖指地，地祇伺迎；以杖指東北，萬鬼束形。乘杖行來，及所施用，當叩齒三十六通，思五帝直符吏各一人，衣隨方色，有五色之光流煥杖上，五帝玉女各一人合共衛杖左右，微祝曰："太陽之山，元始上精。開天張地，甘竹通靈。直符守吏，部御神兵。五色流煥，朱火金鈴。輔翼上真，出入幽冥。召天天恭，攝地地迎，指鬼鬼滅，妖魔束形。靈符神杖，威制百方。與我俱滅，與我俱生。萬劫之後，以代我形。影爲吾[18]解，神昇上清。承符告命，靡不敬聽。"畢，引五方炁各五咽，合二十五咽止。行此道九年，精謹不慢，神真見形，杖則載人空行。若欲尸解，杖則代形，倏歘之間，已成真人。朝拜以本命[19]八節日，當燒香左右，朝拜此杖，則神靈感降，道則成矣。

水解 凡三人

辛玄子

辛玄子字延期，隴西定谷人。好道，行度秦川長梁溺死。西王母酆都北帝愍之，勅三官攝取骸還魄，復得成人，度命[20]南宮。今正差領東海，候補禁元中郎將，爲吳越鬼神之司。

段季正

《道跡靈仙記》云：代郡段季正，隱士也，晚從司馬季主學道，渡秦川，溺水而死，蓋水解也。今在委羽山中。

王進賢

王進賢者，琅瑘王衍之女也。遭石勒略，共侍女名六出赴黃河，自誓不受辱，即投河中。時遇嵩山女仙韓西華出遊，見而愍焉，撫接二人，救而度之，外示沉沒，内實密濟矣[21]。西華即將入嵩高山，授以道要，今在華陽易遷宮中矣。六出本姓田，漁陽人，浚儀令田諷孫也。年可二十二三，體貌端正，善有志節，故能與進賢同赴於河。又田諷曾有陰德行善，福及六出，故亦得仙也。

【校記】

〔1〕"嘷"後，《真誥》卷十四《稽神樞第四》有"之聲"二字。

〔2〕"以一死鎮其路，亦"，《無上祕要》卷八七《尸解品》引《洞真藏景錄形神經》（下稱《錄形神經》）東卿司命君語作"一以死鎮其路，示"。

〔3〕"埃"，《錄形神經》作"垢"。

〔4〕"汲汲"原作"波波"，據上書改。

〔5〕"入乎牢市者哉"，上書作"入鄽市哉"。

〔6〕"方"，上書作"萬"。

〔7〕"而"，《錄形神經》及《真誥》卷十四《稽神樞第四》作"而方"。

〔8〕"並云"，《真誥》卷十四《稽神樞第四》作"縣人並云"。

〔9〕"決死，飲瓊漿"，上書及《錄形神經》"決死"作"死訣"，"漿"作"精"。

〔10〕"願"原作"源"，據上二書改。

〔11〕"以劍正指南，……東面爲右，西面爲左"，按方向，"左""右"宜互乙。

〔12〕"九"，疑當作"也"。

〔13〕"返故鄉則爲三官執之也"，《真誥》卷四《運象篇第四》作"三官執之也"。

〔14〕"向曉暮之際而去者"，上書作"向曉向暮之際"。

〔15〕"陽向之竹，令長七尺有節"，《太上洞玄靈寶赤書玉訣妙經》卷上作"向王之竹，全長七尺七節"。

〔16〕"次"字原無，據上書增。

〔17〕"紋"原作"文",據上書改。

〔18〕"吾",上書作"五"。

〔19〕"本命",上書作"朔望"。

〔20〕"命",《真誥》卷十六《闡幽微第二》作"名"。

〔21〕"救而度之,外示沉没,内實密濟矣",上書作"遂獲内救,外示死形,體實密濟"。

雲笈七籤卷之八十五

尸　　解

太極真人飛仙寶劍上經叙

夫尸解者，尸形之化也，本真之鍊蛻也，軀質遯變也，五屬之隱適也。雖是仙品之下第，而其稟受所承，未必輕也。或未欲昇天，而高棲名山；或崇明世教，令生死道絶。欲斷子孫之近戀，蓋神仙爲難矣！或欲長觀世化，憚仙官之劬勞也。妙道一備，高下任適，固不可用明死生，以制其定格也，所謂隱回三光，白日陸沈者也。又云：以錄形靈丸塗火炭，則他人見形而燒死，謂之火解。以一丸和水而飲之，抱木而卧，則他人見已傷死於空室中，謂之兵解。凡百縱任，即不[1]得還故邑也，當變姓名，易容貌爾。昔有人作此法[2]入林慮山，積三年[3]而復還家也。夫修下尸解者，皆不得反望故鄉[4]。此謂上解之道，名配紫簡，三官不得復闚其間隙，豈妄以死加之也。

戎胡授舜十轉紫金丹叙

《集靈經》云：昔舜移平陽而欲出都於蒲坂，路逢北戎之胡，以柱形而觸舜。舜曰："異人哉！"而左右執胡而咨之。舜曰："是老胡矣！"命釋之。左右捨胡令去。胡曰："余以柱故而得見於汝君，不柱而不見於余者何？"逐不肯去。左右以狀聞，舜曰："致之左右。"不肯進，謂左右曰：「天子鄙我也以命，命所繼於汝君也。然余非汝君不自[5]致，致由於汝君。君之至致余，余自致哉！」遂臥爲本土之歌，左右以狀而告於君。君曰：「致而不來者，慢於余致也。就人之國，慢人之本者，諒有以也。」遂命駕廻之於胡所，仍臥不起。舜就而請之曰：「客抗於主，主無於主之禮，請客據客禮，朕就主事焉！」胡曰：「禮也何如？而遣余之生也！余不知禮而生。余之長也，不約而長。生而不知禮，而天生之；長而不知禮，而天長之。生長，天之道也；禮者，忠信薄也。今爲天子不知所生，而孜孜於禮說，惡能達生而體也！」舜聞而吒[6]曰：「胡豈聖人歟！朕當受教。」遂禮之。胡乃授舜《十轉紫金丹方》，遂南巡於九疑，尸解而不返。

太一守尸

夫解化之道，其有萬途。或隱遁林泉，或周遊異域，或親逢聖匠，或會遇真靈，或授籙而記他生，或交帶而傳仙訣，或坐死空谷，或立化幽巖，或髻髮但存，或衣結不解。乃至水火盪鍊，經千載而復生；兵杖傷殘，斷四肢而猶活。一足不化，五藏生華，若趙成子之類，皆名著紫府，籍在丹臺，是得三官太一守尸而不泯也。太一守尸而號務猶收字歸會昌，一名解萌[7]，一名寄頻，蓋專主性命也。

景霄真人

高聖帝君告景霄真人曰：欲刻名[8]玄紀迴天九霄解形[9]之法，當以五月五日上合之時，沐浴清齋，正中入室燒香，北向九拜，朝禮玉天畢，北向叩齒十二通。思齋室之內，中有丹雲煥爛於一室之內，存五老仙伯在丹雲之中，披飛青之帔，冠通天玉冠，手執青文之錄。思領仙玉郎着雲錦之袍，冠七寶玉冠，手執白銀之簡。思見二真爲我記名於白簡之上，結錄於青文之編，以我簡錄付監真使者定錄左仙，上刺九天帝王七聖几下簡録定名，五老仙伯領仙玉郎化入我身絳宮之中，便祝曰："朱明南丹，慶合上陽。天元交會，六願內昌。九聖七真，齊靈瓊堂。上刺玄簡，結録西宮，刻書正音，明達四通。丹雲廻霄，來降我房。飛羽儀衛，翼翼光光。左策朱鳳，右挺[10]游龍。六轡同舉，超登華堂。五老攜契，四極齊雙。長保玄暉，日月同光[11]。"畢，又七拜禮七聖，咽七氣止。行此七年，則玄紀得道之名於上宮，九霄廻映，昇入無形。

太玄陰生符

《靈寶太玄陰生之符》，夏禹文命受之於鍾山真人，其祭醮服佩，皆有法在本經。

太極真人遺帶散

真人曰：凡尸解者，皆寄一物而後去。或刀或劍，或竹或杖，及水火兵刃之解。既得脱去，即不得廻戀故鄉及父母妻子之愛也。惟此散化即當解之，塗於衣帶之上，緊結而繫之，閉息作法而去，頗易於他爾。方藥如後：

水金、一大分，丹砂、二大分，木汞、三大分，庚鉛、四大分，黃土。五大分。

右共細研之，取九陰神水調匀，塗衣帶上，緊結之，當自脱去，但見其尸卧於牀簀爾。

軒轅黃帝

黃帝者號曰軒轅，能劾百神朝而使之。弱而能言，聖而預知，知物之紀，自以爲雲師，有龍形。自擇亡日，與羣臣辭。至於卒，還葬橋山，山崩，柩空無尸，唯劍舄在焉。仙書云：黃帝採首山之銅，鑄鼎荆山下。鼎成，有龍垂胡髯下迎，帝乃昇天。羣臣百僚悉持龍髯從帝而昇，攀帝弓。及龍髯拔而弓墜，羣臣不得從，仰望帝而悲號。故世以其處爲鼎湖，名其弓烏號焉。

讚　曰

神聖淵玄，邈哉帝皇！暫莅萬物，冠名百王。化周六合，數通無方。假葬橋山，超昇昊蒼。

甯封[12] 火解

甯封者，黃帝時人也，世傳爲黃帝陶正。有人[13]過之，爲其掌火，能出五色煙。久則以教封子，封子積火自燒，而隨煙氣上下。視其灰燼，猶有其骨，時人共葬於甯北山中，故謂之甯封。

讚　曰

奇矣封子，妙禀自然。鑠質洪鑪，暢氣五煙。遺骨寒燼，寄墳甯山。人覩其跡，惡識其玄。

玉　子

玉子者，姓章名震，南郡人也。少學衆經，周幽王徵之不出，乃歎曰："人生世間，去生轉遠，去死轉近矣。而但貪富貴，不知養性，命盡氣絕則死。位爲王侯，金玉如山，何益形爲灰土乎？獨有神仙度世，可以無窮爾！"乃師桑子，具受衆術。乃別造一家之法，著道書百有餘篇。其術以務魁爲主，而精於五行之意，演其微妙，以養性治病，消災散禍。能起飄風，發屋折木，作雷雨雲霧。能以草芥瓦石爲六畜龍虎，立便成行，分形爲數百千人。能涉[14]江海，含水噴之，皆成珠玉，遂亦不變也。或時閉氣不息，舉之不起，推之不動，屈之不曲，申之不直，百日數十日乃復起。與弟子行，各丸泥爲馬與之，皆令閉目，須臾皆成大馬，乘之一日行千里。又能吐氣五色，起數百丈；飛鳥過，指之即墜；臨淵投符召魚鼇，即皆上岸。又能使諸弟子舉眼即見千里之[15]物，亦能[16]久矣。其務魁時，以器盛水著兩魁之間，吹而噓之，上[17]直有赤光輝，輝起一二丈。以此水治百病，病在内者飲之，在外者澡之，皆便立愈。後入崆峒山合丹，服之佯死，尸解而去。

王子喬

王子喬者，周靈王太子晉也。好吹笙作鳳鳴，游伊洛之間，道人浮丘公接以上嵩高山。三十餘年後，求之於山上，見桓良[18]曰："告我家，七月七日待我於緱氏山頭。"至時果乘白鶴駐山頭，望之不得到，舉手謝時人，數日而去。亦立祠於緱氏山下及嵩高首焉。

讚　曰

妙哉王子！神遊氣爽。笙歌伊洛，擬音鳳響。浮丘感應，接手俱上，揮策青崖，假翰獨往。

清平吉

清平吉，沛國人也，漢高皇帝時衛平也。至光武時容色不老，後尸解去。百餘年復還鄉里，數日間[19]又尸解而去。

司馬季主

司馬季主者，楚人也，卜於長安市。文帝時，賈誼、宋忠爲中大夫，曰："吾聞聖人不在朝廷，或游鄽肆，試往觀之焉。"見季主閑坐，弟子侍而論陰陽之紀。二人曰："望先生之狀，聽先生之辭，世未嘗見也。尊官高位，賢者所處，何舉[20]之卑？何行之污？"季主笑曰："觀大夫類有道術，何言之陋？今蠻夷不服，四時不和，徒趑趄而言，相引以勢，相延以利，賢者乃何羞爾！夫內無饑寒之累，外無劫奪之憂，處上而人敬，居下而無害，君子之道也。卜之為業，所謂上德不德也。鳳凰不與鷰雀同羣，公等瑣瑣，何足知長者乎！"二人忽爾自失，後相謂曰："道高者安，勢高者危。卜而不審，不見奪糈；為人主計而不審，身無所處。"宋忠抵罪，賈誼感鵬，梁孝王墜馬，吐血而死。季主入委羽山大月宮中，師西靈子都，受石精金光藏景化形之道[21]。臨去之際，留枕席以代形，粗似如其真身不異也。家人乃葬之於蜀昇盤山之南，諸葛亮為其碑讚云："玄漠大寂，混合陰陽。天地交泮，萬類[22]滋彰。先生理著，分別柔剛。鬼神以觀，六度顯明。"季主得道後，常讀《玉經》，服明丹之華，挹扶晨之輝，顏如少女，鬚三尺黑如墨。有子二人，男名法育，女名濟華，乃俱在委羽山，並讀《三十九章》。

鮑叔陽

鮑叔陽者，廣甯人也。少好養生，服桂屑。後與司馬季主俱在委羽山師西靈子都太玄仙女，得尸解之道。

徐 彎

徐彎者，吳郡海鹽人也。少有道術[23]，能收束邪精。錢塘杜氏女患邪，彎為作術召魅，即見丈夫著白帢葛單衣入門。彎一叱之即成白龜。一旦為羣從兄弟數人登石崎山斫春柴，日暮彎不返。明旦尋覓，見彎在山上，腋挾鎌倚樹而不動。或向前抱，唯有空殼。

董仲君

董仲君者，臨淮人也。少行氣鍊形，年百餘歲不老。常見誣繫獄佯死，臭爛生蟲。獄家舉出，而後復生，尸解而去。

龍　　述

龍述，不知何許人也。於金山得神芝，實如梧桐，治而服之，日二刀圭。服二年得仙，尸解而去。

王方平

王遠者，字方平，東海人也。舉孝廉，除郎中，稍加至中散大夫。博學五經，兼明天文圖讖《河》《洛》之要，逆知天下盛衰之期，九州吉凶如握已成[24]。漢孝桓帝聞之，連徵不出，使郡國逼載以詣京師，低頭閉口，不肯荅詔，乃題宮門扇四百餘字，皆記方來。帝惡之，使人削之，外字適去，內字復見，墨皆徹入材裏。方平無復子孫，鄉里人累世傳事之。同郡故太尉公陳躭爲方平架道室，旦夕朝拜之，但乞福願，不從學道也。方平在躭家三十餘年，躭家無疾病死喪，奴婢皆安然，六畜繁息，田蠶萬倍，仕宦高遷。後語躭云："吾期運當去，不得復停，明日日中當發。"至時方平死，躭知其化去，不敢下著地，但悲啼歎息曰："先生捨我去，我將何怙？"具棺器燒香，就牀著衣。至三日三夜，忽然失其所在，衣帶不解，如蛇蛻也。方平去後百餘日，躭薨。或謂躭得方平之道化[25]去，或謂方平知躭將終，故委躭去也。方平東入括蒼山，過吳[26]，住胥門蔡經家。

欒巴 兵解

欒巴者，蜀郡人也。好道不修俗事，太守詣與相見，屈爲功曹，待以師友之禮。嘗謂巴曰："聞功曹有神術，可使見否？"巴曰："唯唯。"即平坐却入壁中去，冉冉如雲氣狀，須臾失巴。而聞壁外作虎聲，而虎走還功曹宅，乃巴爾。後入朝爲尚書，正旦大會，而巴後至，而頗有酒態，酒至又不飲，即西南噀之。有司奏巴大不恭，詔以問巴。巴頓首曰："臣鄉里以臣能治鬼護人，爲臣立生廟。今旦耆老皆令臣飲，不得即委之，是以頗有酒態。適來又觀臣本郡大火，故噀酒爲雨以滅之。"詔原復坐，即令驛書問成都。果信云，正旦日雨自東北來[27]，而有酒氣。後爲事而誅，即兵解也。

女真趙素臺

趙素臺者，漢幽州刺史趙熙之女也。熙少有善行，濟窮困，救王惠等族誅，有陰德數十事[28]。熙得身詣朱陵，兒子得遁化[29]遊洞天，素臺在易遷宮中已四百年，不肯移去，自謂天下無復樂於此處也。數微服遊行，眄山澤以自足也。

女真程偉妻

漢期門郎程偉妻者，能神通變化。偉當從出而無衣，甚愁之。妻即爲致，兩縑無故至前。偉好作黃白，連時不成。妻乃出其囊中，以少藥投其所以[30]煎水銀，須臾成銀。欲從求方，終不可得，云偉骨未應得之。逼不得已，妻尸解而去。

劉憺

劉憺者，不知何許人也，長大多鬚，垂手下膝。久住武當山，去襄陽五百里，旦發夕至，不見有所修爲，頗以藥術救治百姓，能勞而不倦，用藥多自採，識草石乃窮于藥性。雍州刺史劉道産忌其臂長，於襄陽録送文帝。每旦檻車載往蔣山[31]採藥，暮還廷尉。憺後以兩短卷書與獄吏，吏不敢取，憺焚之。一夜失憺，關鑰如故。門[32]吏行夜得憺，送還廷尉。憺語獄吏云："官尋殺我，殯後勿釘棺也。"既被殺，後數日，文帝疑其言，使開棺，不見尸，有竹杖云。

張玄賓

張玄賓者，定襄人也，曾[33]舉茂才。始師西河蘇公[34]，受服术行洞房白元之事。後遇樊子明於少室山，授以遁變隱景之道。昔在天柱山，今來華陽内爲理禁伯，主諸水雨官。玄賓善談空無："無者大有之宅，小有所以生焉。積小有以養小無，見大有以本大無。有有亦無無焉，無無亦有有焉[35]。所以我目都不見物，物亦不見無。寄有以成無，寄無以得無。於是無則無宅也，太空亦宅無矣。我未生時，天下皆無無也。"其所論端據如此，桐栢諸靈仙亦不能折之。自云："昔於蓬萊遇宋晨生論無，粗得其意也。"

王嘉兵解

王嘉字子年，隴西安陽人也。久在[36]於東陽谷口，攜弟子登崖穴處，御六氣，守三一，冬夏不改其服，顔色日少。苻堅累徵不就。堅尋大舉南征，以弟融爲大將軍，遣人問嘉。嘉曰："金堅[37]火强。"仍乘使者馬，正衣冠，徐徐東行數百步，而策馬馳反，脱衣服棄冠履而歸，下馬踞牀而不言。堅又不解，更遣人問："世祚如何？"嘉曰："未央。"堅欣然，以爲吉徵。明年歲在癸未，堅大敗於壽春，遂亡秦國，是殃在未年也。以秦居西爲金，晉都南爲火，火能鑠金也。嘉尋移嵩高山，姚萇定長安，問嘉："朕應九五不？"嘉曰："畧得之。"萇大怒曰："得當云得，何畧之有？"遂斬之，及二弟子。萇先使人隴右，逢嘉將兩弟子，計已千餘里，正是誅嘉日也。嘉使書與萇，萇令發嘉及二弟子棺，並無尸，各有竹杖一枝。萇尋亡。

陰君傳鮑靚尸解法

鮑靚字太玄，陳留人也。少有密鑒，洞於幽元，沈心冥思，人莫知之。按《洞天記》云："靚及妹並是先身七世祖李湛張濾者，俱杜陵北鄉人，同在渭橋爲客舍居[38]，積行陰德，好道希生，故福逮於靚等，使易世變鍊，改氏更生，合爲天倫，根胄雖異，德廕者同。"靚學明經術緯候，師左元放受《中部法》及《三皇》《五嶽》劾召之要，行之神驗，得[39]能役使鬼神，封山制魔。晉大興元年，靚暫往江東，於蔣山北道見一人，年可十六七許，好顔色。俱行數里，此人徐徐動足，靚奔馬纔及已漸遠[40]。因問曰："相觀行步，似有道者。"此人曰："吾仙人陰長生，太上使到赤城。君有心，故得見我爾。"靚即下馬，拜問寒溫，未及有所陳。陰君曰：此地復十年，當交兵流血。計至蘇峻亂，足十年[41]。君慕道久矣，吾相[42]當得度世爾。仙法老得仙者，尸解爲上。上尸解用刀，下尸解用竹木，皆以神丹染筆，書《太上太玄陰生符》於刀刃左右，須臾便滅所書者，面[43]目死於牀上矣。其真身遁去，勿復還家，家人謂刀是其人也。用竹木如刀之法。陰君乃傳靚此道。又與靚論晉室脩短之期，皆美一爲十，廣十爲百。以表元帝，託云推步所知，不言見陰君所説，是陰君戒其然矣。

折　　象

　　折象字伯式，廣漢人也。少好黃老之業，後師東平先生虞叔雅，亦得道者也。篤尚養生，玄默無言。家世豐財，以爲多藏厚亡無益，散千金以賑貧苦。或諫之，象曰："昔竇子文有言：'我之施物，乃逃禍，非避時也。'"〔44〕知者咸服焉。自刻〔45〕亡日，尸解如蛇蛻而去。

吴　　猛

　　吴猛字世雲，豫章人也。性至孝，小兒時在父母膝下，殊無憍慢色。夜寢在父母邊，未曾離也。夏月多蚊蚉，不摇扇，有同寢人見猛在不患蚊蚉，〔46〕問其故。猛云："恐蚊蚉去我及父母爾。"得道後登廬山，與三弟子越三石梁至一處，高堂多珍玩不可識。弟子乃竊取一物，欲以示世人。還見向經梁化小如指，須臾晝昏。猛知弟子有過失，使送還，方得度。後太尉庾亮迎猛，至武昌便歸，自言籌訖。未至家五十里亡，殯後疑化，弟子開棺無尸。

左　　慈

　　左慈字元放，廬江人也。少明五經，兼通星緯。見漢祚之將盡，天下向亂，乃歎曰："值此衰運，官高者危，財多者死，當世榮華不足貪矣！"乃學道術，尤明六甲，能役使鬼神，坐致行廚。精思於天柱山中，得石室内《九丹金液經》，能變化萬端，不可勝紀。曹公聞，召取關一室中，使人守視斷穀，日與二升水，朞年乃出之，顔色如故。曹公乃欲窺殺之，慈知之，乃求乞骸骨。曹公曰："何忽爾？"慈曰："知君欲殺，故乞去爾。"曹公曰："固無此意，君欲高尚其志，亦當不久相留。"乃爲設飲。慈曰："今將分曠，願乞分盃飲酒。"公曰："善。"是時天寒，温酒酒尚冷。慈解劒以攪酒，須臾劒都盡，如人磨墨之狀。

初曹公問慈求分盃飲酒，謂慈將使公先飲，以餘酒與慈。拔[47]簪以畫盃酒，酒即中斷，其間相去一寸[48]許，慈即飲其半送與公，公不喜，未即為飲。慈乞飲盡之，以杯擲屋棟，盃便懸著棟動搖，似飛鳥之俯仰，若欲落而復不落，舉坐莫不屬目。盃良久乃墮地，諸人乃視盃，已失慈所在。尋還問所常住處。曹公欲殺之，知慈足以免死，乃勑外收慈。慈走入羣羊中，而奄忽失之。後有人見慈住處，乃往白公。公又遣人收之，得慈。慈非不能隱，故令世人知其神爾！於是受執入獄，獄吏欲拷詰，戶中有一慈，戶外有一慈，不知當拷何者？曹公聞而惡，使將軍引出市殺之。須臾有七慈，相似如一。官收得六慈，失一慈。有頃，六慈皆失。於是奏上，乃令閉四市門而索之。或不識慈，問慈何如人？曰：一目眇，著葛巾青單衣。見有此人便收之，正爾視之，一市數萬人，皆眇一目，葛巾青單衣，無非慈者，竟不知所收。曹公令捕得，逐人便斬。後數日見慈，便斬頭斷以白曹公。公大喜，言果左慈頭也。就而視之，一束茆爾。還視其尸，亦失所在。人有從荆州來，見慈在荆州矣。

王　延

王延字子玄，扶風始平人也。九歲從師，西魏大統三年丁巳入道，依貞懿先生陳君寶熾，時年十八，居於樓觀，與真人李順興特相友善。又師華山真人焦曠，共止石室中，餐松飲泉，絕粒幽處。後周武帝欽其高道，遣使訪之。焦君謂曰："世道陵夷，佇師拯援，可應詔出，以弘大法，吾自此逝矣。"延來至都下，久之，請還西嶽，居雲臺觀。周武詔修所居觀宇，以山高無土，運取為勞，延默告玄真，願有靈貺。忽於觀側巖間涌土，取之不竭。又山上無油，延置一甕為貯燈油之器，一夕自滿，累歲然燈，用之不減。既居山頂，杜絕人寰，每有人來，賓客將至，即有二青鳥先來報之。其鳥如烏，常飛左右。延每登仙掌蓮峯，攝衣前行，如履平地，常有猛獸馴衛所止。其三洞玄奧，真經玉書，皆焦君所留，俾後傳於世。周武以沙門邪濫，大革其訛，玄教之中，亦令澄汰。而素重於延，仰其道德，又召至京，探其道要。乃詔雲臺觀精選道士八人，與延共弘玄旨。又勅置通道觀，令延校三洞經圖，緘藏於觀內。延作《珠囊》七卷，凡經傳疏論八千三十卷，奏貯於通道觀藏。由是玄教光興，朝廷以大象紀號。至隋文禪位，置玄都觀，以延爲觀主，又以開皇爲號。六年丙午，詔以寶車迎延於大興殿，帝潔齋請益受《智慧大戒》。于時丹鳳來儀，飛止壇殿。詔以延爲道門威儀，之制自延始也。蘇威楊素皆北面執弟子之禮。仁壽四年告門人曰："吾欲歸止西嶽，但恐帝未悉爾。"是年九月委化於玄都觀，體柔香潔，儼然如生。白鶴羣飛，彩霧徊合，異香之氣，聞於遠近。煬帝初即寶位，聞之尤加歎異，賜物百段，錢二十萬，設三千人齋，送還西嶽。所至之處，奇香異雲，連屬不散。入壙之日，但空棺而已，得解化之妙焉。

王叟

王叟寓居冀氏縣四十餘年，不知其所來，狀貌七十餘矣。常以針割理疾，無不效者。鄉里傳其所用針砭，異於常醫。有患邪疾者，以刃開其喉，取一物如蝘蜓，頭足並具，獨少尾而已。叟曰："此物形狀足，則人必死矣，幸去之速也。"疾即愈。有背轉急痛如束縛者，以刃割其背數寸，去兩腋下筋各截尺餘，其疾遂已。或問針割者，皆不言覺有割之痛，而疾立除矣。如此得効者，歷年不可勝紀。忽謂人曰："余明年夏初將有所適，不可復住矣。"及期無疾而卒，隣里之間，但聞香氣累月。及瘞葬之時，棺輕若無物，皆以爲尸解仙矣。

【校記】

〔1〕"百縱任，即不"，《無上祕要》卷八七《尸解品》引《洞真藏景錄形神經》作"自從任故自"。

〔2〕"法"，上書作"去"。

〔3〕"三年"，上書作"十三年"。

〔4〕"夫修下尸解者，皆不得反望故鄉"，上書及《真誥》卷四《運象篇第四》作"其用他藥得尸解非是靈丸之化者，皆不得反故鄉"。

〔5〕"自"原作"目"，據《四部叢刊》本改。

〔6〕"吒"，上本作"咤"。

〔7〕"萌"，《太一帝君太丹隱書》《大洞玉經》均作"明"。

〔8〕"名"，《上清玉帝七聖玄紀廻天九霄經·高聖六合隱存定簡記仙上法》作"石"。

〔9〕"解形"，上書無。

〔10〕"挺"，上書作"控"。

〔11〕"光"，上書作"容"。

〔12〕"甯封"，本書卷一〇八《列仙傳》作"甯封子"。

〔13〕"有人"，《藝文類聚》卷八十作"有神人"，《搜神記》卷一作"有異人"。

〔14〕"涉"，本書卷一〇九《神仙傳·玉子》作"步涉"。

〔15〕"之"原作"上"，據上書改。

〔16〕"能"，上書作"不能"。

〔17〕"上"，上書作"水上"。

〔18〕"桓良"，《列仙傳·王子喬》作"栢良"。

〔19〕"間"原作"門"，據《四部叢刊》本改。

〔20〕"舉"，《史記·日者列傳》作"居"。

〔21〕"之道"，《真誥》卷十四《稽神樞第四》作"法"。

〔22〕"類"，上書作"品"。

〔23〕"術"，本書卷一一〇《洞仙傳·徐鸞》作"焏"。

〔24〕"如握已成"，本書卷一〇九《神仙傳·王遠》作"之事"。

〔25〕"化"原作"他"，據上書改。

〔26〕"吴"原作"具"，據上書改。

〔27〕"正旦日雨自東北來"，本書卷一〇九《神仙傳·欒巴》作"正旦日

大火，雨自東北來滅之"。

〔28〕"濟窮困，救王惠等族誅，有陰德數十事"，本書卷一一五《墉城集仙錄·趙素臺》"濟"作"常濟"，"誅"作"殊"連下，"事"作"年"。

〔29〕"遁化"二字，上書無。

〔30〕"以"字疑衍。

〔31〕"往蔣山"，本書卷一一〇《洞仙傳·劉憕》作"將往山"。

〔32〕"門"，上書作"閶闔門"。

〔33〕"曾"前，《真誥》卷十三《稽神樞第三》有"魏武帝時"四字。

〔34〕"蘇公"，上書及本書卷一一一《洞仙傳·張玄賓》均作"薊公"。

〔35〕"有有亦無無焉，無無亦有有焉"，本書卷一一一《洞仙傳·張玄賓》作"有有亦無焉，無無亦有焉"。

〔36〕"久在"，《晉書》卷九五本傳作"隱"。

〔37〕"堅"，上書作"剛"。

〔38〕"居"字原無，據本書卷一〇六《鮑靚真人傳》增。

〔39〕"得"字，上書無。

〔40〕"纔及已漸遠"，上書作"不及已漸而遠"。

〔41〕"計至蘇峻亂，足十年"八字，宜作注語。

〔42〕"相"，本書卷一〇六《鮑靚真人傳》作"相見"。

〔43〕"面"，上書作"而"。

〔44〕"昔竇子文有言：我之施物，乃逃禍，非避時也"，《後漢書·方術列傳·折像傳》作"昔鬬子文有言：我乃逃禍，非避富也"。

〔45〕"刻"，上書作"知"。

〔46〕"夏月多蚊䖟，不搖扇，有同寢人見猛在不患蚊䖟"，《晉書·藝術列傳·吳猛傳》作"夏日常手不驅蚊"。

〔47〕"拔"字前疑脫"慈"字。

〔48〕"寸"，《歷世真仙體道通鑑》卷十五《左慈傳》作"分"。

雲笈七籤卷之八十六

尸　解

洞生太帝君鎮生五藏訣[1]

　　太極金華真人以此經文刻於太微帝君紫微宮玄琳[2]玉殿東壁牖上。其文曰："五石[3]異方，津光合形。有終而死，有始而生。萬類反本，千條歸真[4]。氣適浮煙，血奔流精。哀哉兆身，非真不成。何不竭以雲草玄波，徊以卉醴華英，會以五光[5]七白靈蔬，和以白素飛龍。沐浴平旦，正心向東。凝精厲魂，上帝五公。再拜朝靈，鎮固五方。長生天地，出入流通。各安其位，生華五藏。"此文乃上清八會交龍大書，非世之學者可得悟了者也。太素真人顯別書字，受而服之，求其釋注於大極帝君焉。雲草玄波者，黑巨勝脄也，一名玄清[6]；卉醴華英者，蜜也；五光七白靈蔬者，薤菜也；白素飛龍者，白[7]石英也。法當種薤菜，使五月五日不掘拔，唯就鋤壅護治之耳。經涉五年中，乃取作[8]藥，名爲五光七白靈蔬。擇取薤白精肥者十斤，黑巨勝脄一斛五斗，白蜜凝雪者五斗，高山[9]玄巖絶泉石孔之精水三十六斛，白石英精白無有厲碢者五枚，光好[10]於磨石上礦，護使正圓，如雀卵之小小者，好瑩治令如珠狀，勿令有礪石之餘迹。先清齋一百六十日，令齋日訖，於九月九日先築土起基高二尺，作竈屋，屋成作好竈，以竈口向西，屋亦用[11]西戶。當得新大鐵釜安竈上，是[12]九月九日申酉時，向竈口跪東向，内五石子於釜中。於是乃先投一枚於釜中，祝曰："青帝公石，三素元君，太一司命，玄母理魂。固骨鎮肝，守養肝神，肝上生華，使肝永全。"次又投一枚於釜中，祝曰："白帝公石，太一所懇，元父理精，玄母鎮肺。守養肺神，使無朽廢，肺上生華，千萬億歲。"次又投一枚於釜中，祝曰："赤帝公石，帝君同音，玄母理神，桃康鎮心。守養心神，無灰無沈，心上生華，華茂玉林。"次又投一枚於釜中，祝曰："黑帝公石，太一同箄，玄母元父，理液混變。守養腎神，使無壞亂，腎上生華，常得上願。"次又投一枚於釜中，祝曰："黃帝公石，老君同威，太一帝君，理魂鎮脾。守養脾神，使無崩頹，脾上生華，白日上昇。"投石時各閉氣五息，然後乃投石。都畢，起向竈五再拜，又取薤白五斤好者覆於五石之上。畢，內蜜灌薤上。畢，內腴一斛五斗灌蜜上。畢，乃格度腴入釜深淺高下處所也。然後稍入清水，使不滿釜少許止，木蓋游覆釜上。九月十日平旦發火，當以直理之木熇燥好薪，不用蠹蟲及木皮之不淨薪。火煑之，纔令檻[13]劣沸而已，勿使涌溢大沸。當屢發視其下火，當先視腴格處所。若煑水煎竭，輒當益水，所[14]盡三十六斛水而止。又水盡之後更加，煎令減先腴二寸格疇量，以意斟酌視之，都畢成也。寒之於釜中，去下火灰，密蓋其釜上五日，乃徐取五石。平旦向五方各拜，拜畢，跪以此腴雜以東流水，以次服之。餘水及腴，取令送石子入口下喉中，耳聞之。服[15]時亦如初投石於釜中時，一一按祝而服之也。畢，又五再拜[16]，畢。若藥煎既成，而視無復石者，非有他也，直由五精伏散化形[17]，故自流逐於雲腴之中，無所疑也。但當日服五合，以酒飲送，神變反質，各自鎮養五藏之內，更生成五石也。慎不可猛火，火猛石精飛去，滓濁壞爛，雲腴熬臭，不可服御。

又雲腴之味，香甘異美，強骨補精，鎮生五藏，守元凝液長魂魄[18]，真上藥也。以好器盛之，密蓋其上，即日服二合爲始，日以爲常。若腴蜜煎強者，亦可先出服石後加腴，更和腴煎取，令凝如割肪也。人亦有丸服之者，日三十丸，大都丸不如腴服佳也。趣後任人所便[19]，則安於體，體便則無不佳。常能服此腴者，石乃住[20]。若先腴盡，當更合如前。用白石英五兩鎮釜底，一兩[21]輒一投，祝説如法，但不復礦石圓而重服之耳。藥成，出此石沈東流水中不常熇竭之淵。若不欲更合此腴者，亦無損於前五石。此腴名玄水玉液，一名飛龍雲腴，一名鍊五石之華膏。服之十五年，內外洞徹，長生天地，役使鬼神。三年之後，眼可夜視。

真人云：此方愈於鍊八石之餌，全勝於玄水雲母之玉漿。既服此五石，五石入喉，徑寶鎮五藏。一藏中輒有一石以守藏孔，藏孔之上，皆生五色華也。

太陰鍊形

《真誥》曰：若人之死暫適太陰，權過三官者，肉既灰爛，血沈脈散[22]，而猶五藏自生，白骨如玉，七魄營侍[23]，三魂守宅，三元護息[24]，大神內閉。或三十年二十年，隨意而[25]出。當生之時，即更[26]收血育肉，生津結液，復質本胎，成形濯質[27]，乃勝於未死之容也。真人鍊形於太陰，易貌於三官者，此之謂也。太微天帝詠曰："太陰鍊身形，勝服九轉丹。形容端且嚴，面色合靈雲。而能登太極，金闕爲真人[28]。"又云：趙成子死後五六年，樵人入華山中見之，蓋得鍊形於太陰之道矣。

水火蕩鍊尸形

《本行經》云：北方洞陰朔單鬱絶五靈玄老君者，本姓浩字敷明，蓋玄皇[29]之胤，太清之胄。生[30]於元福棄賢世界始青天中，年至十二，性好幽寂，心翫山水，遠於家中，或去十日，時復一還。時天下大荒，人民餓死，一國殆盡。敷明於地鏡山下遇一頃巨勝，身自採取，餉惠窮乏，日得數過，救度垂死數千餘口。隨取隨生，三年不訖。他人往覓，即莫知其處。是時辛苦，形體顦顇，不暇營身，救於百姓，遂致疲頓，死於山下。九天書其功德，金格記其玉名，度其魂神於朱陵之宫。帝遣金翅大鳥常敷兩翼以覆其尸，七百年中形體不灰。至水劫改運，洪災滔天，水捧其尸，漂於無涯〔31〕。水過之後，敷明尸落貝胄耶渠〔32〕初默天鬱單之國北壟玄丘。四十年中，又經山火火行〔33〕，燔燒尸形。尸於火中受煉而起，化生成人，五色之雲覆蓋其上。火尚猛盛，敷明嗽唾成洪雨大水，以滅火勢。敷明雖已得道，轗軻備經，水火艱辛，亦爲理盡。至開明元年，於北壟玄丘改姓黑節諱靈會，元始乃錫靈會洞陰朔單鬱絕五靈玄老君號。

陰陽六甲鍊形質法

正一真人曰：鍊質者何？其狀有三。夫修長生之道，皆須明曉生氣，接續衰厄。每甲子六十日爲一甲，人間有六十甲爲陰甲，天上有六十甲爲陽甲。每十日一甲盡，半夜天上降陽甲十日續陰甲，陰陽不孤，生氣相續，即人無病。若十日一甲盡，半夜陽甲不降，即人病生，爲邪所入。《六壬經》曰：甲己〔34〕之日半夜生，甲子六十日皆盡，周而復始。六十年爲一大期旬，修行正一，朝請生氣，無邪所亂。至六十年即更延請六十年，至一百二十年稍異於前。緣真氣積實，氣與神合，所爲克獲。從一百二十年更延至三甲子一百八十年，直至五六三百年，陰陽三萬六千神，氣集不散，得爲尸解。晝死而暮生，肉身周行五嶽七十四方，一一受事訖，即得白日騰騫，飛行無待，皆正一之道。或有効修正一，功滿成就，先滌玄祖，黑簿除名。露影陽鍊，雖功成道著，先未知道之時，積罪殃結，毁破肌膚，損傷骨脈。成就之後得蟬蛻，留皮換骨，隱跡巖穴，養骨髓，滋皮肉，千日方朝五嶽受事，與前等同功也。或有積纍幽結，代不流善，百邪必集。飲啖貪淫，損傷五藏，暮方曉知勤修正，人雖成就，名入仙民之籍，然質殞尸重，道期將至，質不能佳，即太陰君降體中，五藏六府三百六十陰神侍衛，闇消肌肉露骨，留五藏百神守衛。或經一年二年，或十年，隨先福深淺，方降太醫博士，再肥骨肉，徐徐如舊，反生再起，體如玉人。或世事巖穴，隱養形質，經千日方遊太陰水帝，受事訖得爲水府掾吏，居四海名山爲封柱官。積功成就，遷劾五嶽官吏，即漸徐見真仙之道。王真人曰："此三狀鍊法並在下卷，更不繁述爾。"

修九真中道

《上清九真中經》內訣云：夫人修身中九真之道，身未昇登，翳景示俗，暫入太陰，身經三官，三官不得攝[35]也。則九真召魂，太一守骸，三元護氣，太上攝魂。骨肉不朽，五藏不隕。能死能生，能陰能陽。出虛入無，天地俱生。是道士精[36]靜營形，感致九真之氣應也。三元飛精以盈虛，太一抱尸而反質，微乎深哉！九真名字多，此不具錄之，略鈔出在道例第九《名數品》中。又常存九真神，常所居育，乃在此房，紫明之北。觀生續精，防守玄谷。出入命室，遨遊洞闕。時入中宮，上通太無。太一守魂，寢息幽庭。

化形濯景

《真誥》第七云："受學化形，濯[37]景易氣，十二年氣攝神魂，十五年神束藏魄，三十年棺中骨還附神氣，四十年平復如生人，還遊人間，五十年位補仙官，六十年得居廣寒之臺，百年得入崐瀛[38]之宮。"

地下主者

《太微金簡玉字經》云：尸解地下主者，按《四極真科》，一百四十年乃得補真官，於是始得飛華蓋，駕羣龍，登太極，遊九宮也。

夫至忠至孝之人，既終皆受書爲地下主者。一百四十年乃得受下仙之教，授以大道。從此漸進，得補仙官。又一百四十年，聽一試進民。至孝者能感激於鬼神，使百鳥山獸巡〔39〕其墳埏也。至忠者能公抱直心，精貫白日，或剖藏殺身，以激其君者也。比干今在戎山，李善今在少室，有得此〔40〕變鍊者甚多，略舉二人爲標耳。

夫有上聖之德，既終皆受三官書爲地下主者。一千年乃轉補三官之五帝，或爲東西南北明公以治鬼神。復一千四百年乃得遊行太清，爲九官之中仙也。

夫有蕭邈之才，有絕衆之望，養其浩然，不營榮貴者，既終受三官書爲善爽之鬼。四百年乃得爲地下主者。從此以進，以三百年爲一階。

夫有至廉至貞之才者，既終受書爲三官清爽之鬼。二百八十年乃得爲地下主者。從此以漸，進補仙官，以二百八十年爲一階也。

先世有功在三官，流逮〔41〕後嗣，或易世鍊化，改氏更生者，此七世陰德，根葉相及也。既終當遺脚一骨，以歸三官，餘骨隨身而遷也。男留左骨，女留右骨，皆受書爲地下主者。二百八十年乃得進受地仙之道矣。臨終之日，視其形如生人，尸不強直，足指不青，手皮不皺者，謂之先有德行，自然得尸解者也。

右此五條，皆積行獲仙，不學而得，但階級之難，造道用年歲耳。要自得度名方諸，不復承受於三官之號令矣。

諸有英雄之才，彌羅四海，誅暴整亂，拓平九州，建號帝王，臣妾四海者，既終受書爲三官四輔，或爲五帝上相，或爲四明公賓友，以助治百鬼，綜理死生。此等自奉屬於三官，永無進仙之冀，坐殺伐積惡，害生尤多故也。秦始皇今爲北帝上相，劉季今爲南明公賓友，有其人甚多，略示於標的耳。齊桓公今爲三官都禁郎，主死生之簡錄。晉文公今爲水官司命。其楚嚴公趙簡子之徒數百人，今猶息於三官之府，未見任也。此等名位，自是三官之賓耳，無豫真仙家事矣。

甯先生

《十真記》曰：甯先生者，古之神仙，在黃帝之前，常遊四海之外，崑丘之下。有蘭沙之地，去中都萬里，其沙隨步隨沒，不知淺深，非得道之士，莫能涉之。沙如細塵，風吹成霧，泛泛而起。有石藍之花，輕而堅勁，一枝千花，千年一開，隨風靡靡，名曰青藍花，灼爍可翫。又有魚鼈龍蛇，飛於塵霧中。先[42]生因翫藍花，常遊其地。又食飛魚而死，卧沙百餘年，蹶然而起，形容復故。乃作《遊海詩》曰："青藍灼灼[43]千載舒，百齡暫死食飛魚。"

靈壽光

《神仙傳》第十云：靈壽光者，扶風人也。年七十餘，乃得《朱英丸方》，合而服之，年如二十許。建安元年，已年二百二十歲，後死於江陵胡罔家。殯埋百餘日，人見之在小黃，寄書與罔，罔得書，掘視之，棺中空無所有，釘亦不脱，唯故履存焉。

趙成子

南嶽真[44]人告曰：吾昔有入室弟子仙人趙成子者，初受吾《鎮生五藏上經》，乃案爲之。成子後欲還入太陰，求改貌化形，故自死亡於幽州上谷玄丘[45]中石室之下。死後五六年，有山行者見白骨在室中，露骸冥室。又見腹中五藏自生，不爛如故，五色之華，瑩然於內。彼山行人歎曰："昔聞五藏可養，以至不朽，白骨中[46]生花者，覩其人矣。此子將有道不修行乎？將中道被試不過乎？"因手披之，見五藏中各有一白石子，鎮生五色華如容狀[47]在焉。彼人曰："使汝五藏所以不朽，必以五石生華故也。子已失道，可以相與。"因取而吞之去。復四五年，而成子之尸當生，彼人先服石子以成子當生之旦，而五石皆從口中飛出如蟬狀，隱隱雷聲，五色洞明，徑還死尸之藏。因此成子改形而起，如一宿醉睡之間。其人心懼恍惚[48]，因病日甚，乃至入山尋視死尸所在。到石室前方，見成子偃據洞嘯，面有玉光，而問之曰："子何人哉？"忽見有五老仙公，披錦帶符，手秉羽節，頭建紫冠，言於成子曰："昔盜吞先生五藏寶石者，此人是也。"言畢，彼人面上即生惡癩，噤而失言。比歸達家，癩瘡已匝，一門大小，同時俱死，族亦遂滅矣。

許玉斧

《真誥》第十，許長史第三男名翽[49]字道翔，小名玉斧。幼有珪璋標挺，清秀瑩潔，糠粃塵務。居雷平山下，修業精勤。常願早遊洞室，不欲久停人世，遂詣北洞。以晉[50]太和五年於茅山舊宅，年三十而告終。即居方隅山洞方源舘中，常去來四平方臺，後為上清仙公。

張　魯

《真誥》云：張鎮南在北洞北石壇上燒香禮拜，因伏而不起，遂乃夜解。明旦視形如生，此壇今猶存歷然也。

許道育 女真

許黃民女道育，宋孝建元年甲午歲於堁山亡，世謂之許大娘。臥尸石上，尸壞不殯，常有香氣也。亦出《道學傳》第二卷。

范　豺

范豺字子恭，巴西閬中人也。宋元嘉中，有名香數十斛，細擣羮以作湯，朝用湯自浴，正中湯盡，不復聞聲。侍者入看，見豺還著故時布衣，披帽坐而無復氣。江夏王令殯殮而不下棺蓋，四日尸不臭，送還葬於新亭。豺亡時年四十九，膚貌顏色猶如初。劉凝之爲豺作傳，書置道書部，不傳於世。

喬　順

喬順字仲產，扶風茂陵人也。少好黃老，隱山修道。年七十不肯娶妻，絕交接之道，心不染可欲之地。一旦歸家，自言死日，其時果死，世人以爲知命。既葬之後，有見順於燉煌者。前世傳之，皆以爲昇仙。故《訣錄》曰："仲產知道，遁化神仙，七十不娶，畢命幽山。"

【校記】

〔1〕"洞生太帝君鎮生五藏訣"，本書卷七四《方藥》中無"洞生"二字，《無上祕要》卷八七作"洞真太極帝君填生五藏上經"（下稱《填生五藏上經》），《洞真高上玉帝大洞雌一玉檢五老寶經》作"大洞雌一太極帝君鎮生五藏上經法"（下稱《鎮生五藏上經法》）。

〔2〕"琳"原作"珠"，據《填生五藏上經》《鎮生五藏上經法》改。

〔3〕"石"，上二書作"氣"。

〔4〕"真"，上二書作"冥"。

〔5〕"五光"二字原無，據上二書增。

〔6〕"玄清"，《鎮生五藏上經法》作"玄水清"。

〔7〕"白"字原無，據上書增。

〔8〕"作"原作"佳"，據上書改。

〔9〕"山"字原無，據本書卷七四《太帝君鎮生五藏訣》增。

〔10〕"光好"，《填生五藏上經》作"先好"，《鎮生五藏上經法》作"先"。

〔11〕"用"，本書卷七四《太帝君鎮生五藏訣》作"開"。

〔12〕"是"，上書作"於"。

〔13〕"檻"，上書作"陷"。

〔14〕"所"，上書作"使"。

〔15〕"服"字原無，據上書及《鎮生五藏上經法》增。

〔16〕"再拜"原作"拜再"，據本書卷七四《太帝君鎮生五藏訣》改。

〔17〕"化形"，上書作"隱靈化形"。

〔18〕"守元凝液長魂魄"，上書"元"作"炁"，"魄"作"養魄"。

〔19〕"趣後任人所便"，上書"後"作"復"，"便"下尚有一"便"字連下句。

〔20〕"石乃住"，上書作"乃佳"。

〔21〕"一兩"原作"二兩"，據上書改。

〔22〕"散"後，上書及《真誥》卷四《運象篇第四》均有"者"字。

〔23〕"營侍"原作"榮衛"，據上二書改。

〔24〕"護息"，上二書作"權息"。

〔25〕"而"原作"所"，據上二書改。

〔26〕"更"原作"便"，據上二書改。

〔27〕"生津結液，復質本胎，成形濯質"原作"生津成液，質本胎成，易形濯貌"，據本書卷七四《太帝君鎮生五藏訣》及《填生五藏上經》改。

〔28〕"而能登太極，金闕爲真人"，本書卷七四《太帝君鎮生五藏訣》及《真誥》卷四《運象篇第四》均作"上登太極闕，受書爲真人"。又此二句前，《填生五藏上經》及《鎮生五藏上經法》有"五石會天真，太一保神關"。

〔29〕"玄皇"原作"玄黃"，據本書卷一〇一《五靈玄老君紀》改。

〔30〕"生"原作"先"，據上書改。

〔31〕"洪災滔天，水捧其尸，漂於無涯"，上書作"水泛尸漂於無崖之淵"。

〔32〕"貝胄耶渠"，上書作"貝渭邪源"。

〔33〕"火行"，上書作"盛行"，《上清道寶經》卷一《師資品第二》作"大行"。

〔34〕"己"，疑當作"子"。

〔35〕"攝",《上清太上帝君九真中經》卷上作"犯"。

〔36〕"是道士精",上書作"是以道士清"。

〔37〕"濯"原作"濁",據《真誥》卷十三《稽神樞第三》改。

〔38〕"崐瀛",上書作"昆盈"。

〔39〕"巡"原作"馴",據《真誥》卷十六《闡幽微第二》改。

〔40〕"得此"原作"此得",據上書改。

〔41〕"逮"原作"遠",據上書改。

〔42〕"先"原作"光",據《四部叢刊》本改。

〔43〕"青藍灼灼",《拾遺記·軒轅黃帝》作"青蘂灼爍"。下句"食"作"餌"。

〔44〕"真"原作"夫",據本書卷七四《太帝君鎮生五藏訣》及《無上秘要》卷八七《洞真太極帝君》《塡生五藏上經》改。

〔45〕"玄丘",《塡生五藏上經》作"玄丘山"。

〔46〕"中"前,本書卷七四《太帝君鎮生五藏訣》有"胸"字。

〔47〕"鎮生五色華如容狀"八字,《塡生五藏上經》無,疑係注語。

〔48〕"恍惚"原作"忽",據本書卷七四《太帝君鎮生五藏訣》改。

〔49〕"翩"原作"歲",據《真誥》卷二十《真胄世譜》改。

〔50〕"晉"原作"梁",據上書改。

雲笈七籤卷之八十七

諸真要略

太清神仙眾經要略 武當山隱士南陽翟煒撰

抱朴子初受業於從祖玄，其覽悟超至，包綸身神，以爲奇偉所達也。精曠之流，僉亦歸屬，乃分居浙陽[1]之山。既而患門人學者有徵眾之惑，復追玄於宜都，問曰："夫暑以度徵，人以貌兆。若巫咸之《星經》，度無遺籌；季咸之神占，貌無失揣。列子之三顧，而季咸陋其術；滔天之襄陵，而巫咸空其籍。謂聖人天道，不可得而測之歟？謂二咸之虛詭而妄經術歟？天道聖人，故以遠矣！今之即事，人有求度於洪者眾矣。始進之貌，俛視謹精，沈肅彌篤，若志至而不可加者。及服道暫年，學宗未淹，而毀隨已興，沮徒愁結，蕞爾隱居，二三之眾，貌非一子之類，然而不可得而詳。又何況子長驅世利，馳競生榮，陰機密巧，廣羣術眾，以感其君，而可辨哉！此洪所亂也。亂所寔洪，聖人其無病諸乎？"

玄曰："巫咸之准玄度，季咸之辨血機，並得之於數分，亦聖習之一途，未可以侮而欺也。夫人精神之蒸生，非氣無以兆其形。氣之結形，非性無以成其體。故形長而煩性滋深，年茂而濁欲愈甚也。是以聖人之垂道，清淨以潔精神，除煩以混元一，故能囊括玄和，照明無障。而習潔有詣否，除煩有深淺，致使神裕有遠近，叡能有彼此。陵陽所以善啜霞於朝陽，而不能襲馮夷於濤駕者也。夫學窮盡於數分者，未必通於心明。通於心明者，未必陶於氣表。陶於氣表者，未必至於虛寂之真表也。而責巫氏之闇洪災，季占之迷靈貌，謂聖人之亂處物，不其固矣！夫天地以元氣而著成，聖人以性鍊而陶真。元氣有渾煩，渾煩在剖判之前。剖判然後有象列，象列然後有晷度，晷度在數見之内。洪災生於渾煩之運，故洪災不可以數見審也。性鍊有苞玄，苞玄在蒸生之外。蒸生然後有形色，形色然後有血機，血機在觀揣之内，靈貌生於苞玄之運，故靈貌不可以觀揣得也。是以至人不責鑒於備途，知其神分之有巨細，學鍊之有高卑也。昔者吾嘗學於陶先生，與邯鄲太子王休長延間子甘元淑弘農張伯英青牛子封君達河南卜文先陳留成仲式等，俱受《五氣端玄經》。數子並以學達昇玄，而吾以滯昧濁質，弗通味旨，然所誌略猶可得而言。

夫人稟生之有真僞，神分之有巨細，皆五氣之所流也。是以至人莫不精乎五氣之學，以鑒神分之源；師導者莫不明乎五氣之本，以弘真玄之教；王[2]者莫不通乎五氣之性，以闡天地之和，貫於五氣之用大矣哉！夫五氣者，陰陽之中，五常之氣也。夫人生天地之間，其形骸五藏之氣，一象天地五行四時之賦也。天以五行爲五常，人以五行爲五藏。

天以木府仁，其溫爲春，以主生生之常。溫精上結爲歲星，以照開篤之表。人以木爲肝，其識爲慈，以爲溫恭喜悦之藏。其藏精上形爲口，以任啓泄之司，象天之有春德，以生其吐舒發叙之意也。

天以火府禮，其炎爲夏，以主茂盛之常。明靈上臨爲日，以宣曜明之道。炎精上結爲熒惑之星，以表察司之禁。人以火爲心，其識爲哲，以爲鑒達之藏。其藏精上形爲目，以任光視之司，象天之有夏有日，以生其明勝長大之意也。

天以土府信，其厚爲地，主王季夏，統維四方，以主產施安給之常。厚精上結[3]爲鎮星，以照公靖之表。人以土爲脾，其識爲公正之藏。其藏精上形爲舌，以任審味弘當之司，象天之有土德，以生其受宜辯重之意。

天以金府義，其涼爲秋，以主威裁萬物之常。涼精上結爲太白之星，以照斷肅殺之表。人以金爲肺，其識爲氣威之藏。其藏精上形爲鼻，以任猛决臭馨之司，象天之有秋德，以生其威亮敷簡之意。

天以水府智，其寒爲冬，以主保實澄嚴之常。義靈上臨爲月，以宣晦皇贊玄之道。寒精上結爲辰星，以表法慎之禁。人以水爲腎，其識爲領，以爲禽獸沈驚之藏。其藏精上形爲耳，以主聽採聞鑒之司，象天之有冬有月，以生其謙承納[4]之意。

人之有五藏温涼寒燠，猶天之有四時也；人之有耳目，猶天之有日月也；人之有精神，猶天之有太帝也。精神居乎心脾之中，肺肝之間，猶太帝處四守之内也。精神以膽爲御坐，猶太帝之居紫微宫也。以心爲御庭，猶太帝以太微爲御庭也。以脾爲内室，猶太帝以軒轅爲内舍也。以肝爲咸池，以肺爲天河，以腎爲司闕，猶太帝之有四守也。紫微執計而先左，故精神據膽而守肝，是以人生莫不以温恭慈喜爲先治也。精神以氣爲乘輿，以行爲五識，猶太帝以運爲術，行以周乎天也。

夫氣之在人，亮清而爲嚴。氣激濁而爲咶，聲摇延而爲音。咶放舒而爲呼，音平辯而爲言。呼怒鼓而爲詈。言深爲語，語深爲談，談深爲論，論深爲議，議深爲駡，駡深爲詈，詈深爲謗，謗深爲誹，誹深爲讟。

氣整沖至，精神篤之爲志；氣循准常，精神守之爲性；氣會機指，精神適之爲情；氣密隱模，精神運之爲意；氣合裏遇，精神澄之爲懷；氣因事結，精神係之爲憂；氣美偶觸，精神降之爲勇；氣聳馳御，精神崇之爲願；氣仁垂注，精神鍾之爲念。念深爲矜，矜深爲憗，憗深爲慈，慈深爲悲，悲深爲啼，啼深爲號，皆肝府之氣起也。

夫肝者，精神首運之路也。故嬰兒之生，墜藉而先啼，肝氣激也。未知偶識於人，寤寐怡然而獨笑，肝氣浮也。未知有摇於人，摳支躁然而獨摇，肝氣煩也。多恐驚而無當捍之威，善直一而無繁頑之欲，皆精神未及周御於肺脾心腎四藏之氣也。

夫魂魄者，精神所首，左枕爲魂；精神所體，右據爲魄。故肝藏魂，魂動爲恐；肺藏魄，魄動爲懼。魂震爲驚，魄震爲怖。故嬰兒之所以多恐驚者，精神之所在肝也。及其長有怯勇者，膽虛爲怯，膽實爲勇。膽附乎肝生而怯，膽附乎肺生而勇。剛捍而生，膽附乎肺；柔澤而生，膽附乎肝。人怯，積習禦捍，變而成勇者，膽氣漸而增也。人怯，醉酒恚亂，奮而成勇者，膽氣脹而滿也。醉而喜怒，悲呼交錯，不至其常者，五藏之氣浮而亂也。

精神御氣于肝，氣清而爲溫恭玆仁深念之遠，其體恭而安，其視治而正。氣浮而爲喜適感會之悅。氣煩而爲戲歡笑劇之極。氣激而爲啼號哀泣之至。由是有樂極則悲，悲極則樂，亦復爲憂恐怵惕愧愸之時，皆肝府之氣激動之中，因事周環懼憂之所生也。

精神御氣于脾，氣清而爲公正弘暢吟詠閑遠之思，其貌則和而舒，其視則平而亮。氣浮而爲輕委於物不慮之誤。氣煩而爲寬慢驕縱豪誕忽忘之失。氣激而爲矜擾怨恚嫌恨忿懟距[5]塞之違。

精神御氣于心，氣清而爲鑒達周物之敏，其容是有決速之精。氣浮而爲虛華矜妄輕談齟齬詆訶是非之論。氣煩而爲躭愛美著奢華矜誕尅好勝人之傲，其視則高而眇，其與人對則以貌忽人，有蕭然無偶之狀，舉動不自勝守。氣激而爲脫輕飆躁之烈。

精神御氣于肺，氣清而爲貌威色尊不可狎之顏。氣浮而爲輕冶貌列高深失准，有不常之色。氣煩而爲凌侮莫顧之畜。氣激而爲勃怒振勇驚急之害。

精神御氣于腎，氣清而爲謙儉約謹之節。氣浮而爲妄欲諱匿悔惱之弊。氣煩而爲貪悋嗜欲聚歛無厭之鄙。氣激而爲衝忌陰邪謀逆之毒。

夫人之生，氣未嘗不煩。煩者，氣積之大恒也。遇靜則清氣有生，遇動則浮氣益起，遇發則煩氣益盛，遇觸則激氣益迅。氣有流謝，故氣煩則怠，怠必弊，弊而多過者觸，觸而激，激必竭，竭則衰，衰則精神散矣！散則絕，絕則形體朽矣！竭遇驕極，風厲入之，則暴卒而僵。衰極氣盡，則老斃而終，此人生之所以死也。

溫恭慈喜之變，變而爲諂，柔而爲曲，恭而爲媚，其俯仰之謹色，色則虛而俛措，俛措則婉而卑，其容貌有不安之候。公正之變，變而自專。無憚翹陸肆固之驕，其措則好訐人之行，以爲己正之驗也。貌威之變，變而爲侮忽凌誕之慢，妲嫉矜害，其道掩善，其目則嵎而冗，其色則顏而懍，其與言則不稱，憂人之徵也。鑒達之變，變而爲巧佞機詭讒毀之姦，其言則易而若真，其宣則浮而振亮，其目睛候，膝則搖易而竊速，有不治守之動。其操則不能久居重定也。謙儉之變，變而爲密毒陰違之武，亦爲殘虐僭逆之奸。其視則下而鬱，其直則巧而嚴，其意則曠而戾，其與居則有憤噫遽奮之効也。是五變之俗，皆化利之所由也。是以聖人之和天地，達民有五氣之變，故不以意利而化之也。

夫上好逸豫，愛民有由恭阿順之巧，厚之以利，則民競諂柔色順之媚以求之。故邪僞化惑之俗興，而木行篤直之氣失矣！失積則咎氣有餘縮之差，世犯歲星之忌，災則有溫毒之疫；民負司命之禁，殃則有項痛煩殰奪壽促命之死。咎氣流注蒸產，而相生爲諂諛遺孽之燼。

上好寬委，愛民有徑執偏專之守，厚之以利，則民競肆固矜誇之見以求之。故狠軼忿戾化亂之俗興，而土行公利之氣失矣。失積則地有舒泄穢結亂積風雷反震動之故，世犯鎭星之忌，災則有悸氣蒸毒之疫，民負司危之禁〔6〕。咎氣流注蒸產，而相生爲驕逸恣惰遺孽之燼。

上好煩品〔7〕，愛民有降若風邁之貌，厚之以利，則民競魁岸豪傑爭第妄進之奸以求之。故相凌踐蔑忽禍化流亡之俗興，而金行信質之氣失矣。失積則時有雪霜愆節之侵，世犯太白之忌，災則有氣痛之疫；民負司契之禁，殃則有癃竭氣斷及兵凶震殺奪壽促命之死。咎氣流注蒸產，而相生爲侮慢相仇遺孽之燼。

上好慧敏，愛民有文辨彩豔之巧，厚之以利，則民競機飾浮詭流尚之僞以求之。故佞爲俺聽化闇之俗興，而火行哲明之氣失矣。失積則日有病無光勃蝕之促，世犯熒惑之忌，災則有暑毒之疫；民負司順之禁，殃則有鬼魅忤痛心悶殰絕慌惱，及狂逆妄圖不道之覬，奪壽促命之死。咎氣流注蒸產，而相生爲奢華佞害闚覦遺孽之燼。

上好嚴厲，愛民有敢斷尅決之巧，厚之以利，則民競懷毒逞其害烈之能以求之。故空患陰圖禍背化逆之俗興，而水行義守之氣失矣。失積則月有黶虧魄傷遲速不常之度，世犯辰星之忌，災則有陰毒之疫；民負司錄之禁，殃則有殘痼滯瘵暴僵，及盜賊獄戮奪壽迫促殘命之死。咎氣流注蒸產，而相生為凶淫禁虐遺孽之燼。化失五常之氣，世運五常之災，民沈五促之燼，皆榮辱爭奪恥怨仇侮嫉妬之所生也。

夫民之生性莫非氣煩，氣煩則嗜欲生焉。原夫嗜欲之本，勢不踰乎口實五味，體充衣暖，男女偶適之間而已矣。五德之後，無故以珍食華服，重嬪嬙之選，利害炫耀，長而茂之，為無厭之盛也。於是乎利害生榮辱，榮辱生喜怒，喜怒生是非，是非生賞罰。賞罰者，化末之季穢者也；聽訟者，天下之禍弊者也。賞罰聽訟，非所以斷嗜欲之茂也。古先之為者，蓋自尊其勢而為之者也。

夫嗜欲之茂，好利而惡害，喜榮而忿辱。夫其常性為五燼之源，豈有厭乎極已哉！故其嚮榮也，靡知足其喜；故其觸辱也，莫知已其忿。當其所爭也，奮劍振銳，冒嚴陷凶，不違矢刃之屠，不顧性命之沒，父子兄弟不暇相格，故胡可以介介乎是非繩墨而欲以裁之哉？胡可以未來乎賞罰之准令而能以遏之哉？亂民五清之氣，成民五燼之殃，皆由王者使五燼之士，治五燼之民，不自知已有五燼之固，其知拯民有五燼之難乎？祇相激戾而生其孽怨，此不達之咎也。故雖昧旦不忘，徒苦心而無成；星言夙駕，徒勞役而無濟。夫道德之運世也，不眩民以煩利，則民無所馳其奸求；不促民以煩辱，則民無所忿其恥怨。姦求恥怨弗行則嗜欲自簡，嗜欲自簡則民俗定一，民俗定一則太平淳樸，雍和淑豫之深至矣。太平之民不自知在太平之世，所以雍和淑豫然也，惡識夫榮辱爭奪恥怨仇侮嫉妬之措哉！

若夫崑崙[8]之南，而西北東北諸域之俗，不傳此東南赤縣之名教遺策，而其民弗知有甲兵攻伐之亂，而其世弗知有相暴殺逆之禍，精保性常而大仙大賢慈淨之神出焉。由茲言之，何瑣瑣乎庸爾准令故事之有乎！夫燼士之執政也，勢傍典刑，隆崇矜據，明其權柄，識其寒暑，欲以擅秉而懲違忤，富貴而制蒼生，弗覺夫鄙哉！流末參差，人情轉易，已滑其在始立意之頑，而成其固弊仇衆潰逆之敗也。積代相習，豈悟之哉！是以爐士不可以任之者也。爲其將，則禍大矣！任之道學清淨之衆，則道學喪矣！任之王者朝廷之列，則王者亡矣！覩其血機，觀其舉候，豈離乎五變之氣乎？聖人之麤教耳！易可以審，何亂之有哉？惜乎而固，奚其甚哉！是以至人之所以潛棲山谷者，豈好爲遁世之名乎？蓋不欲以五爐之俗，滑其五清之氣也！五爐之俗，莫不以聲勢相傾，而亂其清氣者也。觸其契色，逆其聲音，欲無忿憾潰中之氣者難矣！事有蹇違，以己求人，欲無卑側媚悅之巧者希矣！遇有勢居，人求於己，欲無驕凌豪御之張者鮮矣！此三者，皆五爐殃氣有生之常也。與之糅俗，望無亂清氣，其可得乎？是以道士不可得與其雜處而狎之者也。

　　《九靈上實經》云：「夫五情者，陰陽五府之神氣形於人者也。」故學仙者必隱靖山林，潔修五清，欲清淨而精至，以會真玄神應。是以溫恭慈悅之氣藏於肝，木府之所賦也，司命所守也。其治肝潔，常以正月十日齋，治少陽，令人肝氣生。至二月八日，定少陽，應春風。至三月六日，治陽明，定春風。至于四月四日，於甘泉東流水之北岸，東面向朝陽之地，晨早沐浴蘭湯，使身意清淨，香火向日，禮祈無上正真大道太真太寶内、内及左太禁上師之神上宫左諸司，頓首稽首三百數，然後靖跪，以手捧心，至誠定息，靜念木府之真靈，闐〔9〕無他思。其禁不得有求於世利，妄爲不柔之溫，妄爲不誠之恭，妄爲不實之慈，妄爲不衷之悅。其修潔攝息有定，則肝氣真而無虛，春溫不睦之眚，不能得侵其實氣。體節休和，幹力強利，首無暴痛之疾。司命之神奉之，青龍護之，青氣繞之，青液調之，東嶽之精隨之，山谷之神衛之。若獨處林嶺，則百獸依仁，有自馴之驗；狼虎歸慈，有息猛之徵。其修潔有積，則青帝之芝及黑玉之芝見於所行止之前，得而服之昇仙，三千歲而息贏。其潔深大至著極於木府，則神弟〔10〕視崐崙之東少陽之域慈淨之仙。其神變能爲洪海之溢潤，能爲天地之倒易，能爲瓊宫玉字滿乎天地之見，木府少陽之神性也。

　　哲明敏見之氣藏於心，火府之所賦也，司慎之所守也。其治心潔，則常以四月四日齋，定陽明，受夏氣。至五月一日應陽調氣，至于六月二十七日，常以日中沐浴蘭湯，使身意清淨，香火南面向日，禮祈無上正真大道太真太寶內、內及太陽太覺之神上宮都司，頓首稽首三百數，然後靖跪捧心，至誠定息，靜念火府之真靈，闃無他思。其禁不得有規於世利，妄爲不道之哲，妄爲不順之明，妄爲不真之敏，妄爲不正之見。其修潔攝息有定，則心氣真而無煩，夏暑不睦之眚，不能得侵其實氣。其意明澄朗慧，用道微妙，鑒徹真性，目無昧睡之疾。司慎之神奉之，赤龍護之，赤氣繞之，赤液調之，南嶽之精隨之，山谷之神衞之，則鴻鶴鸞凰之鳥應而歸之。其修潔有積，則赤帝之芝及青玉之芝見於所行止之前，得而服之昇仙，九千歲而息羸。其潔深大至著極於火府，則神弟視崐崘之南太陽之域太覺之仙。其神變能爲項佩日曜，能爲光照四海而震搖諸域，能爲飛騰所詣無礙之至，火府太陽之神性也。

公正弘重之氣藏於脾，土府之所賦也。尸蟲之所守也。其治脾潔，則常以六月二十七日齋，定太陽，受秋氣。至于七月二十七日昳時沐浴蘭湯，使身意清淨，香火向日，禮祈無上正真大道太真太寶內、內及上宮太均之神宮內諸司，頓首稽首三百數，然後靖跪捧心，至誠定息，靜念土府之真靈，闃無他思。其禁不得交擾於世事，妄爲求名不體之公，妄爲矯圖不淳之正，妄爲縱惉昏忘之弘，妄爲專固不泰之重。其修潔攝息有定，則脾氣真而無怠，衷豫安靜，而無憒蕩塞悶體沈不收腫疽之病，季暑不睦之眚，不能侵其實氣。志意益沖，而無厭免之痾；舌味藥物，而無不進之滋。蠱尸之神奉之，黃龍護之，黃氣繞之，黃液調之，中嶽之精隨之，四方羣臣衞之，萬鬼歸之。其修潔有積，則黃帝之芝及赤玉之芝見於所行止之前，得而服之昇仙，二萬歲而息羸。其潔深大至著極於土府，則神弟視崐崘之頂太和之仙。其神貴常寂，不貴變動之見，土府大均之神性也。

尊嚴威儀之氣藏於肺，金府之所賦也，司契之所守也。其治肺潔，常以七月二十七日齋，治人利氣，至八月三日，定少陰，令人受生氣。至九月二十七日，治厥陰，令人受剛氣。常以日晡沐浴蘭湯，使身意清淨，香火向日，禮祈無上正真大道太真太寶內、內及右太禁收土之神宮右諸司，頓首稽首三百數，然後靖跪捧心，至誠定息，靜念金府之真靈，闃無他思。其禁不得有御於世趣，妄爲驕逸抗戾之尊，妄爲懷害之嚴，妄爲侮忽之威，妄爲淫飾之儀。其修潔攝息有定，則肺氣真而無倦，秋冷不睦之眚，不能得侵其實氣。則喘引和亮，胸中無竭寒斷氣之毒。司契之神奉之，白龍護之，白氣繞之，白液調之，西嶽之精隨之，山澤之神衞之，津梁之精侍之，虎狼依之，爲之驅用。修潔有積則白帝之芝及黃玉之芝見所行止之前，得而服之昇仙，七千歲而息嬴。其潔深大至著極於金府，則神弟視崐崘之西少成之域成道之仙。其神變能爲偃月之照，能爲行水而足不濡，行地若水而地不堅，能爲身上身下漂出水火之變，金府少陰成道之神性也。城陽郤孟節疏注尊嚴威儀之義曰："不狎褻黷爲尊，色正儼然爲嚴，神肅澄恪爲威，舉動徐詳爲儀。"

謙儉妙密之氣藏於腎，水府之所賦也，司錄之所守也。其治腎潔，則常以十月十八日齋，治厥陰，受冬氣。至十一月十五日，治太陰，定五藏氣。至十二月十三日，通太陽，受腎氣。至于正月十日，皆以夜半沐浴蘭湯，使身意清淨，北面向陰，香火禮祈無上正真大道太真太寶内、內及沉澄當作瀣字。太陰之神宮後諸司，頓首稽首三百數，然後靖跪捧心，至誠定息，靜念水府之真靈，闃無他思。其禁不得有馳於世務，妄爲傾邪之謙，妄[11]爲失其常守及貪欲無厭之儉，妄爲傾毒陰匿謂人不覺之妙，妄爲潛謀奸私之密。其修潔攝息有定，則腎氣真而無損，冬寒不睦之眚[12]，不能得侵其實炁。則行步勁速。進退堅強，腰竅玉房及膀胱股脛無疼滯之疾。其修潔有積，則司錄之神奉之，黑龍護之，黑氣繞之，黑液調之，北嶽之精隨之，太陰之神衞之，靈葵歸之，其居水濱則蛟龍魚鼈依之。其修潔有積，則黑帝之芝及白玉之芝見所行止之前，得而服之昇仙，一萬歲而息嬴。其潔深大至著極於水府，則神弟視崐崘之北玄都之域太豫玉膏之仙。其神變能爲晦天之變，能爲他方遠膳之饋，能以大爲小，以小爲大，以有爲無，以無爲有之變，水府沉瀣之神性也。

凡學道不能精立至潔於所行，則五府之神未嘉祐之，而以服氣及進服藥物藥精餌朮丹石之小法，多爲所敗矣。設小有効，不踰五百年之力耳！其術多退溺而無成也。夫殖至潔之氣於五府，其精不泯，及蒸人道，莫不於九元之清而生之者也，莫不常爲仙爲神爲聖矣。其齋法沐浴清淨，所以常於正月十日、二月八日、三月六日、四月四日、五月一日、六月十七日、七月二十七日、八月三日、九月二十日、十月十八日、十一月十五日、十二月十三日者，以道氣數之，此日皆天帝遊東井之日也。是以行道輒當於此日更起新意，爲沐浴清淨之始，倍加謹敬之篤也。其服氣法，攝五情之息，漸能有定，然後常以二月三日、九日、十八日、二十七日，若甲寅、乙巳、丁巳、甲子、丁卯、王相成滿日，於山林隱靖之處，近東流水醴泉向陽之地，地氣陽而調也。沐浴蘭湯，以丹書玉房爲田字方一寸。玉房在臍下三寸。精念玉房，令氣致於丹田。去鼻中毛，正偃臥，兩足相去五寸，兩臂去身各五寸，合目握固如嬰兒之拳。是用蒲蒻爲枕，高可三寸，若臂中有病可高五寸，若病在臍下可去枕。既服氣，不復得食生菜及生果硬物。服氣時，食日減一口，十日後可不食。二三日腹中或涓涓若飢，選好肥乾棗上朮煎，微得食之，一日一夜不過此。不念食者，勿有進噉。其飲水，一日一夜可五升而已。其太一醪醴，亦可一日一夜五升，勿絕。口中常含棗核者，令人受氣且生津液故也。如此則臂中上下氣脹，腸胃致令得空虛，空虛則和氣通焉。五神宗而助之，則昇仙矣。《孔子家語》云："食氣者神明而壽，食穀者智慧而夭[13]，不食者不死而神，雜食者百疾妖邪之所鍾焉。"是以食愈少者心愈開，而延年益壽；食愈多者心愈塞，而年愈奪也。

瞿煒《釋周傳論》云："悠悠九天，茫茫萬寓，氣之所蒸，產之所煩。品物叢生，迭相大小，擾擾營營，爲利害所纏。有生之爲乎！其猶塵粉之一毫，颭浮於洿池之內。有國之所域，其猶芥石之一片，孤寓於大衍之中。是以莊周稱四海之於天下，猶礨[14]空之在大澤；有國之於四海，猶稊米之在大倉。其中一世之是非，芥石之利害，焉足以經於曠然之念哉！是以至人之所以輕天下細萬物也。豈措心於矯亢之觀乎？直以世利無以干其胷懷，榮華無以褻其顧盼，將在子靖氣潔精，其貴存真而已矣！"

【校記】

〔1〕"淅陽"，疑當作"浙陽"。
〔2〕"王"原作"壬"，據《四部叢刊》本、《道藏輯要》本改。
〔3〕"結"原作"給"，據《四部輯要》本改。
〔4〕"謙承納"三字，疑有脫字。
〔5〕"距"原作"跙"，據《四部叢刊》本、《道藏輯要》本改。
〔6〕"禁"後，疑脫"殃則有……"句。
〔7〕"品"，《道藏輯要》本作"瑣"。
〔8〕"崐墟"，上本作"崐崘"。
〔9〕"閲"原作"聞"，據字義改。下同。
〔10〕"弟"，《道藏輯要》本作"睇"，下同。
〔11〕"妄"原作"要"，據上本改。
〔12〕"眚"原作"青"，據《四部叢刊》本及上本改。
〔13〕"夭"，《漢魏叢書》本《大戴禮記·易本命》及《二十二子》本《孔子家語》均作"巧"。
〔14〕"礨"原作"壘"，據《莊子·秋水篇》改。

雲笈七籤卷之八十八

仙籍旨訣

道生旨 谷神子裴鉶述

鍾陵郡之西山，有洪崖壇焉。壇側有棲真子楊君，知余有道，詣予請述道生之宗旨。余曰："子不聽《西昇經》云：'人徒知天地萬物，而不知生之所由。'[1]又曰：'吾與天地分一氣而治，自守根本，非効衆人。'是知修道之士，若不知生之所由，道之根本，則茫茫然罔測道之來矣！欲求長生，先修所生之本。子能曉耶？"楊生曰："未悟。"予告曰："欲曉則速具誓戒。"楊君再拜具詞曰："某才器瑣微，行能幽晦。將葷血爲滋味，以艷容爲歡娛。罪根既深，神彩益濁。豈三魂之寧謐？被五賊之戰爭。以恍惚而暢懷，極其喜樂；俄悼亡而感物，過甚悲傷。振蕩命門，壞墮元氣。虛羸漸逼，豈異尸居？枯槁欲來，何難骨立？鹽梅銷鑠，寒暑煎熬。既非金石之身，須示風霜之鬢。大患擬作，微軀豈安？實爲聾瞽之徒，豈覺幽玄之理？步步就死，兀兀不知。人間或有道高河上，術入壺中。霓服羽衣，一遊而縮其地脈；珠幢玉節，一舉而登其天門。變瓦礫於金丹，改容儀於玉液。造化由己，修行在心。魚縱涸而重波，骨雖枯而再肉。伏以小子螻蟻之命，纖芥之軀，昏濁無知，敗亡有日。忽神鑿其竅，天啓其心，善達玄關，志求道要。慕真仙而汲汲，如飢渴中腸；陋浮世之悠悠，若煙埃滿眼。欲冀希夷之質，長含槖籥之間。擺去塵機，冥搜真朴。推無形於恍惚，見有物而萌芽。至此時則萬象空搖，寸誠不撓，敢匍匐懇請，誓戒深詞。存歸太上之清壇，靖想虛皇之寶座。仙童握節，侍女焚香。既得事之證明，豈將心而猶豫？疑悞冰泮，端倪濬流。荷重德而便頂丘山，感深恩而已銘肝膈。若非人妄泄，得士不傳，則觸景罪殃，動足受禍。指陳白日，契約丹誠，無任驚魂泣血之至。"

予即告之曰：子既誠懇如是，予當語子生生所由。人之根本者，男精女血既凝有道，自然而生爲水一點，今膀胱之水是其餘也。水中有氣，鬱鬱然未有所著。歘然感天地純陽真精之華入於氣，而相依憑，氣遂養之，是謂之神。神之甚微，雖得水氣養之澆溉，懼氣強而見迫。若水之澆溉，物之甲拆，又不可以浸之，浸之則其甲即死矣。仍於水中，純陽真精之華生爲二腎也。二者以應陰陽之數，遂隔水擎捧其神與氣，乃得炁與腎神之靈。是謂氣爲母，神爲子。道幹既育，萬物成體。子母既長，不可同處，須放其子之造化成其窟宅，然母亦安矣。神又須物引而雜其母，乃借水之兩點氣如腎之數，神以陽光守而凝之。然又慮水之盛，兼五行不足，無以成物，而假土來尅其水。慮土尅其水盡，又假木來尅其土。慮木尅其土盡，又假金來尅其木。慮金尅其木盡，又假火來尅其金。火若尅其金盡，即內以水救之。是謂轉相生轉相制，成物是謂人之眼。眼者與天地合體，五行足矣。所以眼當中黑，水也；次黃，土也；次青，木也；次白，金也；次赤，火也，其事明也。五色既成，陽神乃寄光於其上，是謂神光焉。眼之位屬肝者，緣光明如日，日出東方，肝在東方而屬木，故肝藏得而管之。《黃庭經》云："肝神龍煙字含明。"注云："日出東方[2]，故曰含明。"神者純陽也。勢長飛動，如天之日月而轉動也。其眼漸上昇，須照燭其外，爲神之樞機，而神則合居其內，而主其中。神專眄其眼，漸漸不覺已離其母。若眼者，只要引神而離其母，後居外與神相應，不可附其眼，則依前不成造化矣。

其氣母雖離其子，終須養其子成長安穩，若中途而廢，則彼此不能安矣。即須假木來生火，是爲心焉。使心而盛其神，心之内空方寸，乃受神而居。其神曰靈也，故謂心爲靈臺。神是陽也，心爲火焉，故神得而居其内，蓋水流濕、火就燥之義。道書曰，心爲神之都是也。所以心靈於諸藏者，緣神之故，非心獨能靈焉！若無神之在内，則與諸藏何異？但緣心屬陽之故，勢多飛動，因兹便乃不得停爾！目但確然而定其神，則心亦不動矣。蓋須修道習熟，不然者，大難不搖動其心耳。其次肝肺脾六府五體九竅毛髮之類，皆神得而造化焉！蓋取眼之規則耳，即眼爲五藏之苗也。如此三九二百七十日，則應陽之數極，人之體備具矣。

然神自離其母後，更不復到本來凝結之處。蓋人漸被五味沈之而不清泠，神雖同用，炁雖同行，終不解却相養却相成，但相反爾！今以子母相離本者，蓋緣未有窟宅，諸體尚闕，所以事須相離而各造化。及其彼此安穩，更不相吊省，豈有子母得爲順序哉！今言心爲氣馬，但意到則氣到。今人或偶使氣到諸處，則不解到根本從來相合處耳。修道之士，不可不留意焉。脾去腎近者，若眼中黑，與赤遠矣。足可明之其神雖都於心，亦寄位于精中，養其體，潤其性，保其骨髓，使其堅强，人之壽考，神亦得久安於人體中矣！凡人臨危險而毛髮寒竪者，是神恐傷其窟宅爾。若人之暴横而死者，元氣猶强而未弱，還元返本不得，或爲匿鬼而憑陵於人。蓋元神不病，器用不銷耗使其然也。則《春秋》云"匹夫匹婦强死，魂魄憑依於人"[3]是焉。於强死中，其神或漸耗未盡，却被炁盛將去爲人，則分明記得前生事也。則鮑靚記井、羊祜識環之類，大約記得前生事者也。童子暴横而死，精氣未散使其然爾。所言精者積津氣而成，若動搖而也，則神不安，爲滑而決泄，減耗神之用也。精之既竭，神亦耗盡，微微然漸與初來相類。然心氣既壯，水氣又盛，人體堅强，五味薄鑠，則氣與神不相當。既而無戀，求住不得，欻然而去歸空，却成舊時真精之英華，附之于天，所言泄性不滅是也。則《禮記》云："骨肉化爲土，魂氣歸于天。"[4]元神如主，千神如臣，元神既去，千神無主，國之空耳。所以謂心爲帝王，水氣既無陽氣管攝，亦便散也。二物既去，則人體傾去謂死，即無所知也。舉世人皆爲好道修道，不知道是何物而修耶？凡人好酒，必知是麯米所作；凡人好色，必知是西施洛浦；凡人好財，必知是金玉寶貨耳。且押韻從"東"字起首，至于"法"字[5]數萬，皆著切脚，人盡能辨認之。唯至"道"一字，則懵然不會。或云虚無自然，修心行善，竟不能知其旨也。既不知之，則向何門而修哉？殊不知：道，水也，在人身曰氣也。所以云道生一，蓋水藏也。一陰一陽謂之道，蓋水火也。一陽既去，一陰亦散，是不成道也，人須死矣。夫天地生於道，蓋浮世界耳。是謂道去則人死，水乾則魚終。所以陰氣爲母者，是内陰之根本，非外陰邪之氣也。所説陽神者，是純陽之精英，是元神也，非五藏諸體之神也。元神能生其三魂七魄及諸體之神爾！

《黄庭經》云："腎神玄冥字育嬰。"注曰："腎精爲子，故曰育嬰。"二腎之中，男爲精門，女爲子宫。精門既開，腎氣亦泄，不獨内陽而散，内陰亦竭。所以腎爲陰之都，心爲陽之都。凡生化先從陰而入陽，是萬物從濕而生也。蓋精亦從腎中而出，其子亦從腎中而成，是不離腎藏耳。大約心之元神俱借其體而共治之，三魂亦助成爾。但專爲害者，乃七魄三尸句[6]外陰邪之氣而賊身，往往神氣多不敵，則人死矣。人死則三尸七魄暢焉！夫元神，君也；尸魄之類亦臣耳，若狡蠹之臣亂其國而迫其君也。若修養其氣壯其神，則七魄三尸終不能勝，壽自長生耳。夫不疾暴死者，蓋脈偶然蹶澁，不到一藏，其藏既弱，遂爲五行遞相尅，至于火盡陽脈絶，則神去人自死矣。蓋脈蹶澁不行而阻之，亦中有傷敗使其然也。昔扁鵲治虢太子病云，所謂尸蹶也。以陽脈下墜，陰脈上爭，會閉氣而不達[7]，上有絶陽之脈，下有破陰之經，絶陽之氣色氣管於脈[8]，故形濁[9]如死狀。夫陽入支蘭藏蹶者生，陰入支蘭藏蹶者死[10]，此數事者，皆五藏之中時時暴作者也[11]。良工取之，拙者疑殆。信有之矣！

於戲！目營萬象，心虚異端，神被牽驅，身無管攝，則室家無主，國邑傾頹，固其宜矣！主人不修舍宇而外經營，則舍宇日有危壞矣！夫人若知神之所主，子母運行，則修身了達之門可見矣！若無所主，但任呼吸喉中，主通理藏腑，消化穀氣而已。終不能還陰返陽，填補血腦。

又衆人之呼吸與真人之呼吸殊矣！《南華真經》云："衆人之息以喉，真人之息以踵。"注云："從根本中來。"又云："其息深深。"此其義也，豈容易哉！若但信其自呼吸，未有得道哉！夫一呼一吸不得神宰，則不全其呼吸耳。真人曰："若神能御氣，則鼻不失息。"斯言至矣！又能咽其津，以意送之至氣海中，則直灌其靈根矣！吁！今之人不會神與體彼此是非邪？人能筭盡萬物，而不能筭其神與體，何感而相成？但記三歲之後事，而三歲已前昧無所知也。若到筭歸其盡處，即自見神與體元氣配合之根由，則了然無二物。知神與真氣同體假名，則一存一想，歸其真矣！此所謂深根固蒂。

夫復氣者，復於本生之處。如《周易·復卦》䷗云：一陽生五陰之下。若還丹之義，非伏與服也，其義明矣！天爲受氣之始，氣是有形之根。氣不得形，無因而立；形不得氣，無因而成。二物相資，乃能混合。聖人知外用之無益，所以還元返本，握固胎息，洞明於內，調理於中，取合元和之大朴，不死之福庭。夫神和則可以照徹於五藏，氣和則可以使用於四肢。《道經》云："三月內視，注一心，守一神[12]，則神光化生，纏綿五藏。"凡人勞神役役，無一息駐於形中，而希長生，不亦遠乎！若能胎息道成，精氣有主，則使男子莖中無壅精，婦人臍下不結嬰。萬化之用，莫先乎氣；至人之用，莫妙乎神。虛無之中有物謂之神，窈冥之中有精謂之氣。吁！其神與氣，來既恍惚，去無朕兆。其來也則難，其去也甚易，是以聖人悲痛而惜之。於戲！世人何容易而驅其氣也。不知形者不可與言氣，不知炁者不可與言神，知神者則資道矣。

《易》曰："精炁爲物，游魂爲變。"變易不節，人不長生。所以王母有金璫玉珮之道，軒轅行內視返本之術，不可不信之。吁！萬物有終，而天地長久。人民有死，真人長生，乃俱陰陽交感之氣矣。人能守其陰陽，陰陽亦能守人矣。天地不死，而人自死，化腐於其間哉！夫崩墻毀堞，土能填之。老木衰果，以枝接之。破車漏船，木能補之。折鼎穿釜，鐵能固之。人遇衰老，返神活之。皆上仙成敗之言，不可不知也。夫陽丹可以上昇，陰丹可以輕舉。陽丹即大還之丹，陰丹即是內修返本之理。黃帝問道於廣成子，廣成子曰："無勞爾形，無搖爾精，少思寡欲，可得長生[13]。"夫道之最要，以精爲根，以炁爲蒂。經云："䵧養靈根[14]不復枯。"夫含真之道，禦養之術，訣之在口，不傳之於牋翰也。但能寂然不動，感而遂通，泯滅萬慮，久久習熟，用晦而明，必得道矣。

養生辨疑訣 栖真子施肩吾[15]述

一炁無方，與時消息，萬物生死，共氣盛衰。處自然之間，而皆不知所以然而然。其所稟習，在覆載之下。有形者先須知其本，知其本則末無不通；修道者先須正其源，正其源則流無不應。若棄其本而外求，背其源以邪究，雖躡[16]盡百家、學窮諸子，徒廣虛論之功，終無攝養之効。得者觀之，實爲自誤[17]耳！今歷觀世間，好道之流，不可勝數。雖知恬淡以自守，全不知恬淡之中有妙用矣；雖知虛無以爲理，全不知虛無之中而無不爲矣。若不知虛無恬淡妙用之理，徒委志於寂默之間，妄作於形神之外，是謂無益之用，非攝生之鴻漸也。且神由形住，形以神留，神苟外遷，形亦難保。抑又服餌草木金石以固其形，而不知草木金石之性，不究四時順逆之儀[18]，久而服之，反傷和氣，遠不出中年之內，疾害俱生。使夫輕薄之流，皆謂繫風捕影不可得也。翻以學者爲不肖，以真隱爲詭道，不亦傷哉！或人以此事而譏余曰："吾聞學道可致長生，吾自童年至于暮齒，見學道之人已千數矣。服氣絕粒者、驅役考召者、清淨無欲者、修仙鍊行者，如斯之流，未有聞其不死者也。身殁幽壤之下，徒以尸解爲名。推此而論之，蓋得者猶靈骨耳！非可學而得之。"余聞斯論，不覺心憨然于內，神恍惚于外，沈吟之間，乃太息而應之曰："觀子向來所說，實亦鄙之甚矣！迷之尤矣！今世人學凡間之事，猶有成與不成，豈況妙本玄深，昏昏默默，胡可造次而得之？且大道無親，感之即應，苟云靈骨，無乃踈乎！然夫服氣絕粒者，道家之所尚，人苟得之，皆有不食輕舉之効。便自言腸胃無滓，立致雲霓，形體獲輕，坐希鸞鶴。採餌者復以毛女爲憑，呼吸者又引靈龜作證，曾不知真炁暗減，胎精內枯，猶執滯理於松筠，守迷端於翰墨，良可嗟矣！寧不怪乎？至於驅役考召之流，蓋是道中之法事，研討至精，窮其真誥，誠爲身外之虛名，妄矣[19]！且元和之氣，非時長而有之，未有此形，天地之間已有之矣。《經》曰："先天地生。"[20]即元氣矣。此身有者，父母交合，施其元氣。元氣者，真精矣。何以明之？精留於身則身生，精施於人則生人，移此精氣，結彼元氣，彼既成於形，此則受損耳。《內景經》云："長生至慎房中急。"此在乎妙用之道，元氣結之爲精矣。身中之精，元氣之本，能使氣一沂精，移之上元，下元之中，又採新氣，旬日還爲精矣。如彼釜熟其物，則出之更添新者，迴還無窮，天地不足爲久壽矣！上元充滿，百節自實，老者反丁，丁者反嬰。斯得上元，下元我能，經略運度，寬猛是則。審修我宮，神仙必得，不修我宮，死之必尅。人在氣如魚在水，沈浮東西，莫不由己。修鍊經時，百節盡暢，炅若陽春，久乃自知。若有不通及疾病之處，注意中元發火以焚之，乃自通，通則愈矣。心爲絳宮，絳宮者，赤色猶火也。存心炎火亘乎一身，非特爲氣道流通，抑亦銷其邪也。凡欲行氣之前，但焚之一度。經曰："廣成子積火焚五毒。"五毒，五味矣。五穀五味不焚之，必能壅遏氣道。焚之或久，令人煩熱，存之纔通，即須行氣。行氣之法，但泯思慮，任神廬微微，元氣自然遍體。夫炁者，百節毛孔皆自有之，能以意行之，是賢臣化百姓矣。何以明炁之在身，但以一丈之竹通其節，以扃[21]一頭，口向中吹之，氣忽然達於筒中，自有元氣相撐而出。人身中亦猶此筒，思慮既絕，元氣遍身。遍身之後，兀然而定。其取定之術，具載《下元篇》中，審而行之，萬不失一矣。

下元歌

契真之道飄飄易，動不動中如有寄。那知有無可超忽，去住玄機此其義。

此篇調《下元之訣》。契真之要甚不難，人自強難。飄飄，猶閑暇矣。此閑暇其身，澄心絕想，三元俱通，仙則近矣。動不動者，玄珠矣。謂存下元之中，作一珠可彈丸許大，焰焰然如動又不動。動中寄者，注意於下丹田之中有炁海，使炁細細於海遶珠四合，炁入足，動中寄有其珍珠矣。中元注下元之珠，元炁乃定，定則外炁不入，內氣不出，兀然與天地同和，命無涯矣。天地自傾，我長自然矣。黃帝於赤水求玄珠，赤水則赤血矣。如玄珠在於氣中，求此珠，珠得必生，故使罔象，則無思無慮冥然之後，乃自得此珠矣。欲知超忽飛昇之道，切在去機。機去身存，機住身死。無機胷中，純白自處，得失之要，此其義矣。

後　　序

　　沖和子云：余少學道，長乃尤益。天下名山，靡不尋覽。躋危躡險，敢憚乎勞！意有殊觀，不遠千里。乙未歲，步青城之燕谷，幽邃百里，松蘿上蔽于天。偶逐樵人，步入石窟。窟內有真人，云姓李氏，不知何許人也。垂髮過腰，姿容冰雪。余再拜之，怡怡如矣！良久問從何而來？余因述誠素，願處机履之傍，天幸見錄。俄經四十三載，忽授《三元之術》。如《訣》修之，俾晝作夜。一紀之後，往往自飛。玄之又玄，難於數載。受之者可三十年一傳[22]，傳非其人，災罰可見。行此道者，五辛陳臭並宜損之，損之在漸，不宜頓矣。一年之後，氣道充實，自不食矣。其大要在乎泯機，機絕則炁不召而至，不謀而成。躬自行之，一一神效。今爲注解，庶無後迷。高尚之徒，幸祕斯訣矣。

【校記】

〔1〕"人徒知天地萬物，而不知生之所由"，宋徽宗御注《西昇經》下《皆有章第三十四》作"人能圖知天地萬物，而不自知其所由生"。

〔2〕"方"後，本書卷十一《上清黃庭內景經・心神章第八》有"木生火"三字。

〔3〕"魂魄憑依於人",《左傳・昭公七年》作"其魂魄猶能馮依於人以爲淫厲"。

〔4〕"骨肉化爲土,魂氣歸于天",《禮記・郊特牲》作"魂氣歸于天,形魄歸于地",《禮記・檀弓下》作"骨肉歸復于土,命也。若魂氣則無不之也"。

〔5〕"從東字起首,至于法字",按清周兆基輯《佩文詩韻釋要》起於上平聲"一東",迄於入聲"十七洽",疑"法"爲"洽"之誤。

〔6〕"句",《四部叢刊》本作"向"。

〔7〕"會閉氣而不達",《史記・扁鵲倉公列傳》作"會氣閉而不通"。

〔8〕"絕陽之氣色氣管於脈",上書作"破陰絕陽,色廢脈亂"。

〔9〕"濁",上書作"静"。

〔10〕"夫陽入支蘭藏蹶者生,陰入支蘭藏蹶者死",上書作"夫以陽入陰支蘭藏者生,以陰入陽支蘭藏者死"。

〔11〕"皆五藏之中時時暴作者也",上書作"皆五藏蟄中之時暴作也"。

〔12〕"注一心,守一神",《胎息精微論・内真妙用訣》作"注心一神"。

〔13〕"少思寡欲,可得長生",《莊子・在宥篇》作"乃可以長生"。

〔14〕"根"原作"柯",據本書卷十二《上清黄庭内景經・隱藏章第三十五》改。

〔15〕"施肩吾"原脱"肩"字,據《四部叢刊》本及《道藏輯要》本補。

〔16〕"蹋",《道藏》本《養生辨疑訣》作"獵"。

〔17〕"誤"原作"悟",據上書改。

〔18〕"儀",上書作"宜"。

〔19〕"妄矣",上書作"妄作人間之孟浪",且其下尚有二百餘字,與本書此下之千餘字異。據本卷末《後序》中沖和子云:"俄經四十三載,忽授《三元之術》,如訣修之。"疑此下千餘字乃《道藏》闕經《三元真一訣》之後半,本書脱其前半及《養生辨疑訣》之後半。

〔20〕"先天地生"原作"先天地而生",據《道德經》改。

〔21〕"扃"原作"肩",據文義改。

〔22〕"年一傳"原作"一年傳",據《道藏輯要》本改。

雲笈七籤卷之八十九

諸真語論

經　　告

安妃[1]告曰："衝風繁激，將不能伐君之正性。絕飆勃鬱，焉能廻己之清淳？爾乃空沖[2]自吟，虛心待神，營攝百絕，棲澄至真。當使憂累靡干於玄宅，哀念莫撓於絳津。"

太上曰："高才英秀，惟酒是躭，麴蘗[3]薰心，性情顛倒。破壞十善，興隆十惡，四達既荒，六通亦塞。"

天尊曰："一切衆生，久習顛倒。心想雜亂，隨逐諸塵。捨一取一，無暫休止。猶如猿猴，遊於林澤，跳躑奔趨，不可禁止。是諸凡夫，心性亦爾。遊五欲林，在六根澤，縱逸騰躍，不可拘制。"

又曰："人情難制，猶如風中豎幡，飄飄不止。或思作僞，以邀名譽。"

《定志經》云："人既受[4]納有形，形染六情。六情一染，動之弊穢。惑於所有，昧於所無[5]。世務因緣，以此[6]而發，招引罪垢，歷世彌積。輪廻於三界，漂浪而忘返；流轉於五道，長淪而弗悟。嬰痾抱痛，不能自和[7]。馳神惶悸，惟罪是履。"

太上曰："天之道利而不害，聖人之道爲而不爭。故與時爭之者昌，與人爭之者亡。是以有兵甲而無所陳之，以其不爭。夫不祥者人之所不爭，垢辱者人之所不欲，能受人所不欲則足矣，得人所不爭則寧矣[8]。"

《妙真經》曰："視過其目明不居，聽過其耳精泄漏，愛過其心神出去，常於欲事汲汲憵，爲利動者惕惕懼[9]。結連黨友以自助者，非真也。"

又曰："罪莫大於淫，禍莫大於貪，咎莫大於僭，此三者，禍之車也。小則亡身，大則殘家。"

道言："吉凶禍福，窈冥中來。其災禍也，非富貴者請而可避；其榮盛也，非貧賤者欲而可得。蓋修福則善應，爲惡則禍來。"

天尊曰："氣不可極，數難可窮。死而復生，幽而復明。天地運轉，如車之輪。人之不滅，如影隨形，故難終也。"

《妙林經》曰："夫有爲生死，衆生漂浪，如虛中雲，如空中色，如谷中響，如水中月，如鑑中象，如熱中炎，如電中火，如聾中聽，如盲中視，如啞中言，如二頭鶴，如三足雞，如龜中毛，如兔中角。如是無明，貪著愛見。生死之本，亦復如是。畢[10]竟皆空，不可論說。譬如燈滅，不可尋求。生死本空，亦復如是。如大猛火，如四毒蚘，不可親近。生死之法，亦復如是。"

天尊告聖行真士曰："若復有人，於諸法中，生有見心，捨於穢土，求三清樂，捨衆生身，求真道相，欲斷煩惱，而入無爲；求離諸見，乃得寂滅；如是等相，我說此人名大邪見。譬如[11]愚人，畏於大地，而欲走避。所至之處，不離大地。衆生亦爾[12]，畏生死身，疾捨三界，有心猒離。所得之身，不離生死。如是衆生，未能見法，求真道相，深實可哀。真道相者，名爲不作，無起無滅，非有非無，非常非斷[13]，非大非小，非色非心，能體此相[14]，名爲修習真道正行。"

又告聖行真士曰："世間衆生，無明重暗[15]，真道在身，莫能覩見。譬如愚人，東西馳走，求覓空色，而不能知，即色是空。一切世間，亦復如是。心性馳走，欲求真道，不知身心，即是真道。"

"又[16]寶瑞降之[17]，有千善則後代神真，有二千善則爲聖真仙將吏，有三千善則爲聖真仙曹掾，有四千善則爲天下師聖真仙主統，有五千善則爲聖真仙魁師,有六千善則爲聖真仙卿大夫,有七千善則爲聖真仙公王,有八千善則爲聖真仙皇帝,有九千善則爲元始五帝君,有萬善則爲太上玉皇帝。"元君曰:"萬善之基。亦在三業。十善相生,至于萬善。行善益筭,行惡奪筭。賞善罰惡,各有職司。報應之理,毫分無失。長生之本,惟善爲基也。""專[18]精養神,不爲物雜,謂之清;反神服氣,安而不動,謂之静。制[19]念以定志,修身以安神,寶氣以存精。思慮兼忘,冥想內視,則身神並一。身神並一,則近真矣。"

道曰:"凡人遇我以禍者,我當以福往。是故福氣常至此,害之氣重徙還在於彼,此學[20]道者之行也。"

徐來勒問曰:"何謂兼忘?"高玄真人曰:"一切凡夫,從煙熅之際起愚癡,染著諸有,雖積功勤,不能無滯。故使備定,除其有滯。有滯雖淨,猶滯於空。空有雙淨,故曰兼忘,是故名初入正觀之相。"

《盟威經》云:"道無不在,在師爲師,在經爲經,不離中也。"

《寶玄經》云:"裁制偏邪,同歸中正,能返流末,還至本源,源即道也。道無形狀,假言象以爲津。既言沖用,用實無物。"

《三皇經》曰:"天下無常,豈有堅固者?故急當猷遠之,求索自然,以脱身耳。"又曰:"萬物無有常,成者不久完。三光無明冥[21],天地常昭然。"

《黃老玄示經》曰:"道者不可以言傳,欲使學者述書以相授,然可得聞也。夫善述事者必通其言,善言詞者必通其意,其意若通,道可得也。夫天地之初,知其無朕也。入於虛無者,知其有實也。故云:其以成法其初,始終也。是以聖人見有書,即知其本無書也。聞其言,即知其出無言也。見書知言,聞言知意,知意即知道也,知道即知其可以書傳也[22]。故真人以神聽,聽可尊也;聖人以身教,教可珍也。"

太上告王母曰:"夫人受天地之氣生,氣之來也謂之精,精之媾也謂之靈,靈之變化[23]之謂神,神之化也之謂魂,隨魂往來之謂識,隨魂出入之謂魄,主管精魄之謂心,心有所從之謂情,情有所屬之謂意,意有所措之謂志,志有所憶之謂思,思而遠慕之謂慮,慮而用事之謂智。智者，盡此諸見者也。夫性者靜也，氣者動也，動靜如一，內外和順，非至人安能措心於此哉！術藏於內，隨務應變；法設於外，適時御民。民用其道而不知其數者，術也；懸教設令以示民者，法也。氣變萬物而不見其象[24]，術化萬民而不見其形，故天以氣爲靈，王以術爲神。"

《四等智慧觀身經》云："夫道者，要在行合冥科，積善內足，然後始涉大道之境界。若自[25]不能，皆爲徒勞於風塵耳！無益生命之脩短也。道在我，不由彼，惟慈、惟愛、惟善、惟忍，能行此四等，乃與道爲隣耳。"

《老君戒經》云："惡人者，胎於醨薄之精，形於豺狗之類。魂微魄盛，尸毒滿腹。人面蟲心，體性狼敵[26]。嫉妒蛆蠣，常懷陰賊。壞成作敗，言則嗷嗷[27]。自遇如玉，遇人如土。陽推鬼黠，不計殃咎。昔有一人，不念居業，專行偷盜，入大臣家，此人夜作狗形，既到其家，值其大建功德。吾時見此偷徒[28]作狗形，吾即叱之，令長作狗，使常御巨石還此大臣家，積以爲山。"

《盟威經》云："淫犯內外，逼掠非偶，翻覆陰陽，公私戚屬，烝通姦狡，異類妖交。"

《本行經》云："昔有國王元慶，放心於愛欲之門。值劫運終，寄胎於洪氏之胞。上天以其先身好色，故轉爲女子，遂其先好也。"

《太平經》云："何謂爲多言？然一言而致大凶，是爲上多言人也；一言而致辱，是爲中多言人也；一言而見窮，是爲下多言人也。夫古今聖賢也，出[29]文辭滿天地之間，尚苦其少有不及者，故災害不絕。後生賢聖復重言之，天下以爲法，不敢猒其言也。故言而除害者，常苦其少。是以善言無多，惡言無少。故古之聖人將言也，皆思之聖心，出而成經，置爲人法。愚者出言，爲身災害，還以自傷。"

《真誥》曰："夫百思纏胷，寒熱破神，營此官務，當此風塵，口言吉凶之會，身扉得失之門。衆憂若是，萬慮若此，雖有真心，固不爲[30]篤。抱道不行，握寶不用，而自然望頭不白者，亦希聞也。""在官無事，夷真内鍊，紛錯不穢其聰明，爭競不交於心膂者，此道士之在官也[31]。"

《太清中經》云："慎無賣吾以求寶也，慎無傳吾非其人也，慎無閉吾絶其學也。傳吾學者昌，閉塞吾學者，雖獨行之，必遇天殃。傳吾道者，當法則天地、江河淮海。法則天地者，何等不生？何等不成？法則江河淮海者，何水不流？何川不行？"

《西昇經》云："欲者，凶害之根也；無[32]者，天地之元也。莫知其根，莫識其元，是故聖人去欲入無[33]，以輔其身。"

《洞神誡身保命篇》云："黃帝曰：'聖人保命之最，莫上於身心。利害身心，豈過於善惡？善惡所起，本於心。心法不住，攀緣是用。所緣者名曰境界，能緣者名之曰心。故萬品所起，莫過於心。萌於心者，名曰行業。行業所操，名曰善惡。故縱欲爲惡，息貪爲善。善者能爲濟俗出塵之益，惡者必作敗德染穢之資。故聖人知無形而用者心也，形不自運者身也。然心不託於身，則不能顯班借[34]用；身不藉於心[35]，則亡滅不起。故身心體異而理符，致用萬善而趨一，故能表裏爲用，動靜相持。身無獨往，爲心所使。心法不淨，惟欲攀緣。身量無涯，納行不息。故心爲凡聖之根，身爲苦樂之聚。聖人知患生於心，愆必由己，是以清心除患，潔志消愆。凡俗之流，其即不然。肆情縱欲，不知欲出於心，侮慢矜奢，不知慢生於己。情[36]騁愚暴，不顧其身。故以禍難所階，由之不識；危亡自此，日用不知，故聖達愍愚而垂教也。'"

【校記】

〔1〕"妃"原作"非"，據本書卷九二《衆真語錄》改。

〔2〕"空沖"，上書作"空中"。

〔3〕"蘖"原作"蘗"，據文義改。

〔4〕"受"，《洞玄靈寶智慧定志通微經》作"授"。

〔5〕"惑於所有，昧於所無"，上書"有"作"見"，"無"作"著"。

〔6〕"此"，上書作"次"。

〔7〕"嬰痾抱痛，不能自和"，上書及本書卷九二《衆真語録》作"嬰抱痛毒，不能自知"。

〔8〕"得人所不爭則寧矣"八字原無，據本書卷九二《衆真語録》增。

〔9〕"常於欲事汲汲憬，爲利動者惕惕懼"，上書作"牽過於利動惕懼"。

〔10〕"畢"原作"必"，據《大乘妙林經》卷上《觀真相品第二》改。

〔11〕"如"字原無，據《大乘妙林經》卷上《辯邪正品第三》增。又上書"譬"上有"憎慢之人"四字連上。

〔12〕"爾"原作"耳"，據上書改。

〔13〕"非常非斷"，上書作"非長非短"。

〔14〕"能體此相"原作"體如此"，據上書改。

〔15〕"無明重暗"，上書作"無明障重"。

〔16〕"又"字後，本書卷九二《衆真語録》多一千零三字。

〔17〕"寶瑞降之"，上書作"有百善則寶瑞降之"。

〔18〕"專"字前，上書有"又曰"，另起一行。

〔19〕"制"原作"忘"，據上書改。

〔20〕"學"字原無，據上書增。

〔21〕"成者不久完。三光無明冥"，原作"成者皆不久完。三光永明"，據宋徽宗御注《西昇經·聖人之辭章》改。

〔22〕"可以書傳也"，本書卷九二《衆真語録》作"可以口言，不可以書傳也"。

〔23〕"化"，上書作"也"。

〔24〕"氣變萬物而不見其象"原無"氣"字、"不"字，據上書增。

〔25〕"自"原作"目"，據上書改。

〔26〕"狼敵"，上書作"狼狼"。

〔27〕"嗷嗷"，上書作"嗷喊"。

〔28〕"徒"，上書作"往"。

〔29〕"出"，上書作"出言"。

〔30〕"不爲"，《真誥》卷二《運象篇第二》互乙。

〔31〕"爭競不交於心胸者，此道士之在官也"，原無"者"字、"士"字，據本書卷九二《衆真語録》增。

〔32〕"無"原作"氣"，據上書及宋徽宗御注《西昇經·爲道章第十八》改。

〔33〕"去欲入無"原作"欲入氣"，據本書卷九二《衆真語録》及宋徽宗御注《西昇经·爲道章第十八》改。

〔34〕"借"，本書卷九二《衆真語録》作"備"。

〔35〕"心"原作"民"，據上書改。

〔36〕"情"，上書作"惟"。

雲笈七籤卷之九十

七部語要

連珠 凡六十五首

神靜而心和，心和而形全。神躁則心蕩，心蕩則形傷。將全其形，先在理神。故恬和養神，則自安於內；清虛棲心，則不誘於外也。

七竅者，精神之戶牖也。志氣者，五藏之使候也。耳目誘於聲色，鼻口悅於芳味，肌體之於安適，其情一也，則精神馳騖而不守。志氣縻於趣捨，則五藏滔蕩而不安。嗜慾連綿於外，心腑壅塞於內，曼衍於荒淫之波，留連於是非之境，而不敗德傷生者，蓋亦寡矣。

人之稟氣，必有情性。性之所感者，情也。情之所安者，慾也。情出於性，而情違性。慾由於情，而慾害情。情之傷性，性[1]之妨情，猶煙冰之與水火也。煙生於火，而煙鬱火。冰生於水，而冰遏水。故煙微而火盛，冰泮而水通。性貞則情銷，情熾則性滅。夫明者刳情以遣累，約慾以守貞，食足以充虛接氣，衣足以蓋形禦[2]寒，美麗之華不以滑性，哀樂之感不以亂神，處於止足之泉，立於無害之岸，此全性之道也。

海蚌未剖，則明珠不顯；崑竹未斷，則鳳音不彰；情性[3]未鍊，則神明不發。譬諸金木，金性包水，木性藏火，故鍊金則水出，鑽木而火生。人能務學，鑽鍊其性，則才慧發矣。

吳竿質勁，非筈羽而不美；越劍性利，非淬礪而不銛；人性懷慧，非積學而不成。人不涉學，猶心之聾盲。不知遠近祈明師以放心術，性之蔽也。

奕秋，通國之善弈也。當弈之思，有吹笙過者，乍而聽之，則弈敗矣。非奕道暴敗，情有暫闇，笙滑之也。隸首，天下之善筭也。有鳴鴻過者，彎弧掇之，將發未發之間，問以三五，則不知也。非三五難筭，意有暴昧，鴻亂之也。奕秋之奕，隸首之筭，窮微盡數，非有差也。然而心在笙鴻，而奕敗筭撓者，是心不專一，遊情外務也。

瞽無目而耳亦[4]可以察，專於聽也；鱉無耳而目亦[5]可以聞，專於視也。瞽鱉之微，而聽察聰明審者，用心一也。

善者，行之不可斯須離，可離非善也。人之須善，猶首之須冠，足之待履。首不加冠，是越類也；行不躡履，是夷民也。今處顯而修善，在隱而爲非，是清旦冠履而昏夜倮跣也。

蘧瑗不以昏行變節，顏回不以夜浴改容，句踐拘於石室，君臣之禮不替；冀缺耕於坰野，夫婦之敬不虧。斯皆慎乎隱微，枕善而居。不以視之不見而移其心，聽之不聞而變其情，故居室如見賓，入虛如有人。

昧暗之事，未有幽而不顯；昏惑而行，未有隱而不彰。修操於明，行勃於幽，以爲人不知也。若人不知，則鬼神知之。鬼神已知之，而云不知，是盜鍾掩耳之智也。

若身常居善，則內無憂慮，外無畏懼。獨立不慚影，獨寢不媿衾。上可以接神明，下可以固人倫。德被幽明，慶祥臻集。

仁愛附人，堅於金石。金石可銷，而仁愛不離。則太王居邠，而人隨之也。

水性宜冷，而有華陽溫泉，猶曰水冷，冷者多也。火性宜熱，而有蕭丘寒燄，猶曰火熱，熱者多也。迅風揚波，高下相臨；山隆谷窪，差以尋常，較而望之，猶曰水平，舉大體也。

智者作法，愚者制焉。賢者更禮，不肖者拘焉。拘禮之人，不足以言事；制法之士，不足以論理。若握一世之法，以傳百世之人，猶以一衣擬寒暑，一藥治瘵[6]瘦也。若載一時之禮，以誹無窮之俗，是刻舟而求劍，守株而待兔。故制法者爲理之所由，而非所以爲治也。拘禮者成化之所宗，而非所以成化也。成化之宗，在於隨時。爲治之本，在於因世。未有不因世而欲治，不隨時而成化也。

言以譯理，理爲言本。名以訂實，實爲名源。有理無言，則理不可明。有實無名，則實不可辯。理由言明，而言非理也。實由名辯，而名非實也。故明者論言以尋理，不遺理而著言；執名以責實，不棄實而存名。是乃言理兼通，名實俱正。

靈氣謂之神，休氣謂之鬼，煩氣謂之蟲豸[7]，雜氣謂之禽獸，姦氣謂之精邪。氣之濁者愚癡凶虐，氣之剛者高嚴壯健，氣之柔者仁慈敦篤。所以君子行正氣，小人行邪氣。

萬善之要者，道德孝慈功能也；萬惡之要者，反道背德凶逆賊殺也。若乃強然之善者，天亦福之，自然之善者，即可知也；若乃強然之惡者，天亦禍之，自然之惡者，即可知也。但有爲小善者，勿爲無福；爲小惡者，勿爲無禍。小善者，如九層之臺起於累土，千里之行起於足下，爲一善以至於萬善，一一而皆有福應，既萬善功滿，乃爲九天大帝；爲小惡者，如積小以成大，從微至著，爲一惡以至於萬惡，一一而皆有禍應，既萬惡業滿，乃爲薜荔獄囚衆，永無原放之期也。

形者氣之聚也，氣虛則形羸；神者精之成也，精虛則神悴。形者人也，爲萬物之最靈；神者生也，是天地之大德。最靈者是萬物之首，大德者爲天地之宗。萬物以停育爲先，天地以清淨是務。故君子養其形而愛其神，敬其身而重其生。莫不稟於自然，從於自在，不過勞其形，不妄役其神。

形者生之具，神者生之本。形不得神，不能自生；神不得形，不能自成。形神更相生，更相成。形神合同，可以長久。形者神之舍也，神之主也。主人安靜，神即居之；主人躁動，神即去之。神之無形，難以自固；形之無神，難以自駐。若是形神相親，則表裏俱濟。

夫人只知養形，不知養神。不知愛神，只知愛身。殊不知形者，載神之車也。神去即人死，車敗則馬奔，自然之至理也。

若乃養其身，愛其神，自合於至真。除其好，去其躁，自合於大道。則有神有餘而形不足者，亦有形有餘而神不足者。神有餘者貴也，形有餘者賤也。假如石韞玉而山輝，水有珠而川媚，乃知形有神而遂靈，神有靈而乃聖。是以庖犧、女媧、神農、夏后，虵身人面，牛頭虎足，雖非有人之狀，而有大聖之德也。

陰陽粹靈，胎化而成，乃成乃生，乃性乃情。所以性者陽也，情者陰也；性者靜也，情者動也。性有愚智，情有利欲[8]。性者，仁義禮智信也；情者，喜怒哀懼好惡慾也。

夫清淨恬和，人之性也。恩寵愛惡，人之情也。凡人不能愛其性，不能惡其情，不知濁亂躁競多傷其性，悲哀離別多傷其情。故聖人云：順物者物亦順之，逆物者物亦逆之。不失物之性情，乃自然性情之道者也。

理好憎之情，則愛弗近也；和喜怒之性，則怨弗犯也。故喜怒亂氣，嗜慾傷性。性之相近，習以之遠。如水性欲清，泥沙污之；人性欲平，嗜慾害之。與性相害，不可兩立。一起一廢，不可俱興，故聖人損慾而從其性也。性同者相善，情同者相成。扶其情者害其神，爲其賢者困其性，若是無其能者，無所求也。無其能者，唯聖人耳。

夫生死之道，弘之在人。生死常也，確乎在天。但稟以自然，則生死之道，無可而無不可也。或未生而已死，或已死而重生；或不可以生而生，或不可以死而死；或可以死而不死，或可以生而不生；或有生而不如無生，或惜死而所以致死。是以致死之地則生，致生之地則死。或爲知而不可以死，或爲時而不可以生。或云勞我以生，生者好物也，不可惡其生；或云休我以死，死者惡物也，不可好其死。凡人心非不好其生，不能全其生；非不惡其死，不能遠其死。

草木反者，帶甲而生；鳥獸馴者，守節而死。經冬之草，覆而不死；在廩之粟，積而不生。一溉之苗，死必在後；有蠹之木，死必在前。卵生者輕清，生必在前；胎生者重濁，生必在後。草生在英，木生在心，及草木之死也，乃英心而無異；鳥生乃在天，獸生乃在地，及鳥獸之死也，乃天地以同歸。

晴空之中有蠓蚋者，因雨而生，見陽而死；朽壤之上有菌芝者，生於朝，死於夜。則知生者死之根，死者生之根。

天之道利而不害，聖人之道爲而不爭。故與時爭者昌，與人爭者亡。是以雖有甲兵，無所陳之者，以其不爭也。

夫不祥者人所不爭，垢辱者人所不欲。能受人所不欲者則足矣，得人之所不爭者則寧矣。制生殺者天也，順性命者人也。非逆天者勿殺也，非逆人者勿伐也。故王法當殺而不殺，縱天賊；當活而不活，殺天德。爲政如是，使後世攸長。

君子之立身，以玄德爲父，以神明爲母，清淨爲師，太和爲友。爲虎爲龍，與天地同終；爲玄爲默，與道窮極。非時不動，非和不言。圖難爲易，治之於根本，絶之於末也。

爲善者自賞，造惡者自刑。故不爭無不勝，不言無不應者也。

尚爭貴武，威勢流行，名蓋天下，殘委忠信，伐紀滅理，與善爲怨，與鬼爲仇，與惡爲友，飲食重味，多積珍寶。此爲揚禍之人，危亡之大數，故名在青雲之上，身居黄泉之下矣。

執〔9〕道德之要，固存亡之機。無爲事主，無爲事師。寂若無人，至於無爲。定安危之始，明去就之理，是可全身，去危離咎，終不危〔10〕殆也。

口舌者，禍患之宮，危亡之府；語言者，大命之所屬，刑禍之所部也。言出患入，言失身亡。故聖人當言而懼，發言而憂，常如臨危履冰，以大居小，以富居貧，處盛卑之谷，遊大賤之淵，微爲之本，寡爲之根，恐懼爲之宅，憂畏爲之門。

福者禍之先，利者害之源，治者亂之本，存者亡之根。上德之君，質而不文，不視不聽，而抱其玄。無心無意，若未生焉，執〔11〕守虛無，而因自然。原道德之意，揆天地之情。禍莫大於死，福莫大於生。是以有名之名，喪我之橐；無名之名，養我之宅。有貨之貨，喪我之賊；無貨之貨，養我之福。

罪莫大於淫，禍莫大於貪，咎莫大於僭，此三者禍之車，小則危身，大則殘家。

天下有富貴者三：貴莫大於無罪，樂莫大於無憂，富莫大於知足。知足之爲足，天道之祿；不知足之爲止，害乃及己。

五色重而天下爽，珠玉貴而天下勞，幣帛通而天下傾。是故五色者陷目之錐，五音者塞耳之錐，五味者截舌之斧。

言者萬神之機關，非言無以序形，非言無以暢聲，非言無以序真，非言無以化人。言者矖玄覿之像，非言何以序人？言聲而相須，形響而共俱。

大德者受天下之大惡，大仁者受天下之大辱。能受天下之大惡，故能食天下之尊祿；能受天下之大辱，故能爲天下之獨貴。奔想飛馳，迅於遊鳥；荒動滯固，紿疑"紿"作"急"。若兩絞。膠附素踈，壞之若流。慾風速發，色火亦然。嬰發猛虎，惡光莫當。慾之氣移，不滑其族。放散無常，隼目染著。累色至玄，亦不有足。釣魚不餌，網而不繒，戈而不繳，鍼而不煞。雖爲柯鋒，而心不施。有道者處之，有德者居之。虎兕措爪，而無所慮；鬼神同羣，而無所懼；玃鳥鸚鴿，不相畏恐；狸犬兔鼠，不相避忤。故君子自處，不羣不黨，不曜不動，不利不害，常守靜不移，故成君子也。

任重唯重，其重必累；居藏不藏，其藏必涌；好淫與淫，其淫唯昏；好帛與帛，終亡乃止。凌謀不生，攝亦俱然。故攝心者若仰中著，止意者若以盜凌，晝夜怀怀，憂道不行。是以道人憂道不憂貧，憂行不憂身。

處惡不壞[12]，居穢不塵；在弱不諍，臨亭不望。期[13]謂志業之行，可獨修之道者。是故不行而知，不取而取，故曰取。

其味甘焉，和而謂養；其藥善焉，衆和乃醫；其疾徒焉，先後乃所；其佃作焉，日足獲矣。故累足成步，著備成德。接下舉高，敷德以正。截他不修，勤於三道。三道訖備，通天達道。是故太初降於太始，太始降於太素。崇正匠者，其萬備也。鍾鼓鳴乎，非手不聲。水中有像，非質不映。川谷有神，不呼不返。朴中有器，非匠不崇。子有長質，非功不苗。故道加一切[14]。從氣滿太虛，隨前降對，有之以有，無之以無。道德圓入，不拘一切。衆生假明而見其物，假聲以聽其音。非謂聽見之所能，因前而有之。故道人修於假明之明，習於假聲之聲，故能聽見而不可彰；體於未言之言，知於未聲之聲，故辯言而可極。是故真人所爲處異，所造者返。何以故？蓋知天道無親，唯與善人。

養蠶貴葉，功乃就之；養神貴道，真乃可登。貴本尚末，上下通達。敬根重枝，天道可爲。存母得子，可保終始。珍道保身，大道可因。守默不移，故能廣載。執直不曲，故能道長。本法無也，質真若渝，抱一化元，存元以通其道，守本以致其子。故善道者吉，審己者達，察過者泰，忖短者思齊賢哲，貪高進，務先活。是以真人常以守一遜過，攘而無臂，動而不搖，高而不貴，故能常貴。

飾兵者不祥之器，嚴觀者無厭之至。假使戰勝，何益乎命？是以有道者貴於廉，無道者貴於貪。國貪則民病，好兵則民殘。民殘者，無道之極也。

去不修之道，故能長生。絕自聖之力，故能無極。祛外來之知，故能發大慧之慧。任自然之德，故能合大德之德。是以進可進之進，去可發之發，以斯之業，故能果耳。

質真者德，著德者真，積行者達，和氣者聖。不行而知，不見而明，故曰他心力也。是以道人行於不足，故能有足。處下不讓，故能成高。夫欲興太山之功，要須寬居，乃得成高。爲太極之道，要須廣德，乃能達道。故真人自卑下細，以致標遠。

金處鑛礫，性同內殊。兩人同名，形性心別。狼戱貪侶，所求趣異。故安危心殊，所類各別。

水之無味，萬用崇之。土之無氣，廣載生物。故無味爲味，無氣爲氣，故成氣味。處下居德，能爲不失。

累絲至疋，累土至山，累業至聖，累靈至真。故萬里之涉，累足乃達；雲海中漂，明行自悅。敦朴易匠，是盈是顯。沖而不厭，和而不嗄。正道易興，而人反是。

氣盈於内，彌耀於外。周流表裏，津及百節。六甲錯形，流灌丹元。敷道廣成，無極太康。少而不老，昏而不耄。或先於人，或遊太極。無形無色，非品而利。成之不居，故能大成。

伴豖而爲羣，徒遊天下；伴羔而爲黨，交行野路。去留無趣，生死無在。愚惡侶行，通於天聖。無隱無伏，皆至神明。故真人治身，不淫不弊，絶荒閉原，鍊神守一，赤子安寧，保國常道也。

禾穭邪外，非種同茂，青苗共逸，無可分別。銀鍮鑞錫，同室而藏，遣不識任意之流，無可分別，唯有審顧之士，乃可了耳。是以真人審匠投身而無有悞，顧比學士而師事之。何以故？非其審者，冰湯同爨[15]，莫有全之。審己擇交，而無漏敗。

其日莫宵，長明不殆；其月莫虧，長登景曜。刦運到滅，墮會而没。是以道人託而不久，功而不處，自容自受，正氣不離。

道成四生，廣育萬物。性入萬類，因人成器。明行者器，貪餌者絶。是以道生一，德生二，人生三。故天生萬物，以人爲貴。人能知貴，可以成器。若不知貴，雜生其精。識斯理者，大通無極。

夫真人者，不爲而功高，不拔而德集。聲而不答，動而不搖。五彩加形不以曜其目，五甘入口不以爽其味。故心流速於飛電，馳想急於風雲。是故折心不在嚴刑，絶味不在五甘。故去而不爲，天道階津矣。

萬嶮之途，因路而達。珠羅之服，因針而成。故學道君子，非路而同趣，異居而同心。是以道不同不相爲謀，非其同行之路殊，而心見異故，以非同之同也。

石利傷腰，鐵利傷身，寶利傷命，心利傷性。夫惟傷者善或競兹，異厲必申。故割利去傷，道必附將；舉下取中，氣必充養。無階之期，大願果常。積在元氣，而布和大康。無英公子，善舉朱場。由除煩結，累心道梁。會我無邊，是乃無傷。

真人散玉華以却穢，金仙洋日精以拂塵，八素虛映以讚靈，三元命仙以運冥。明氣九廻，神精八纏。若能夷遐心於牀室，思神顏於自然，招靈景之幽華，榮朽老以長存。

【校記】
〔1〕"性"，按上文疑當作"慾"。
〔2〕"禦"，本書卷九一《九守·守簡第五》作"蔽"。
〔3〕"情性"，《道藏輯要》本互乙。
〔4〕"亦"原作"不"，據上本改。
〔5〕"亦"原作"不"，據上本改。
〔6〕"瘵"，上本作"瘵"，《四部叢刊》本作"瘵"，按字義宜作"瘵"。
〔7〕"豸"原作"冢"，據上二本改。
〔8〕"性有愚智，情有利欲"，本書卷九二《衆真語錄》引《保聖纂要》作"情有利欲，性有仁和"。
〔9〕"執"原作"執"，據《四部叢刊》本改。
〔10〕"危"原作"起"，據上本及《道藏輯要》本改。
〔11〕"執"原作"執"，據《四部叢刊》本改。
〔12〕"壞"，《道藏輯要》本作"壞"。
〔13〕"期"，疑爲"斯"字之譌。
〔14〕"切"後空二格，疑脫二字。
〔15〕"爨"原作"爨"，據文義改。

雲笈七籤卷之九十一

七部名數要記

九守凡九篇

守和第一

老君曰：天地未形，窅窅冥冥。渾而爲一，自然清澄。凝濁爲地，清微爲天。離爲四時，分爲陰陽。精氣爲人，煩氣[1]爲蟲。剛柔相成，萬物乃生。精神本乎天，骨骸根乎地。精神入其門，骨骸反其根，我尚何存？故聖人法天順地，不拘於俗，不誘於人。以天爲父，以地爲母，陰陽爲綱，四時爲紀。天靜以清，地定以寧，萬物失者死，順者生[2]。故靜寞者，神明之宅也；虛無者，道之所居也。夫精神所受於天也，而骨骸所稟於地也。故曰：一生二，二生三，三生萬物。萬物負陰而抱陽，沖氣以爲和，故貴在守和。

守神第二

老君曰：人之受天地變化而生也，一月而膏，二月而胞，三月而胚，四月而胎，五月而筋，六月而骨，七月而成，八月而動，九月而躁，十月而生。形骸以成，五藏乃形。肺主鼻，腎主耳，心主舌，肝主眼[3]，外爲表，中爲裏。頭之圓以法天，足之方以象地。天有四時五行九星三百六十日，人有四支五藏九竅三百六十節。天有風雨寒暑，而人有興居喜怒。膽爲雲，肺爲氣，脾爲風，腎爲電，肝爲雷，以與天地相比類，而人之心爲主。耳目者，日月也；血氣者，風雨也。日月失其行，薄蝕無光；風雨非其時，毀折生災，五星失其度，郡受其殃。天地之道，至閎且大，尚猶節其章光，愛其神明。人之耳目，何能久勞而不息？人之精神，何能馳騁而不乏？是故聖人內守而不失[4]。

守氣第三

夫血氣者，人之華也；五藏者，人之精也。血氣專乎內而不越外，則胸腹充而嗜欲寡，嗜欲寡即耳目精而視聽明。五藏能屬於心而無離，即氣意勝而行不僻，精神盛而氣不散，以聽無不聞，以視無不見，以爲無不成，患禍無由入，邪氣不能襲。故所求多者所得少，所見大者所知小。夫孔竅者，精神之戶牖也；氣意者，五藏之使候也。故耳目淫於聲色，則五藏搖動而不定，血氣淫蕩而不休，精神馳騁而不守，禍福之至，雖如丘山，無由識之矣。故聖人受而弗越，誠使其耳目清明玄達無所誘慕。氣意虛無和靜而少嗜慾，五藏便利，精神內守，形骸不越，既觀乎往世之外，來事之內，禍福之間，何足見也？故其出彌遠者，其知彌少，以言精神之不可使外淫也。故五色亂目使目不明，五音入耳使耳不聰，五味亂口使口厲爽，趨舍滑心使性飛颺，故嗜欲使人之氣衰殺，好憎使人之心勞倦，疾至即志氣日耗也。夫人所以不能終其天年者，以其生生之謂[5]也。夫唯無以生爲者，即所以長得生也。天地運而相通，萬物總而爲一，能知一即無一之不知也，不能知一即無一之能知也。吾處天下亦爲一物，而物二[6]物也，物之與物何以相物？欲生不可事也，憎死不可辭也，賤之不可憎也，貴之不可喜也，自其資而寧之弗敢極也，敢極即失至樂矣。

老君曰：所謂聖人者，因時而安其位，當世而樂其業。夫哀樂者，德之邪也；好憎者，心之累也；喜怒者，道之過也。故其生也天行，其死也物化。靜即與陰合德，動即與陽同波。故心者，形之主也；神者，心之寶也。形勞而不休即曆，精用而不已即竭，是故聖人尊之弗敢越。

以無應有，必究其理；以虛受實，必窮其節。恬愉虛靜，以終其命。無所踈，無所親，抱德養和，以順於天。與道爲際，與德爲隣，不爲福始，不爲禍先，死生無變於己，故曰至人[7]。即神以求，無不得也；即神以爲，無不成也。

守仁第四

老君曰：輕天下即神無累，細萬物即心不惑，齊死生即意不懾，同變化即明不眩。夫至人倚不立之柱，行無關之塗，稟不端[8]之府，學不死之師，無往而不遂，無至而不通，屈伸俯仰，抱命而行，宛轉禍福，利害不足以患心。夫爲義者，可迫以仁而不可劫以兵，可止以義而不可懸以利，君子義死不可以富貴留。故爲仁義者，不可以死亡恐也，況於無爲者乎！無爲即無累，無累之人以天下爲量。夫上觀至人之論，源道德之意，以考世俗之行，乃足薄也。

守簡[9]第五

老君曰：尊勢厚利，人之所貪也，比之身即賤。故聖人食足以充虛接氣，衣足以蓋形蔽寒，適情辭餘，不貪多積[10]。清目不視，靜耳不聽，閉口不言，委心不慮。棄聰明，反泰一[11]，休精神，去知故，無好無憎，是爲大通。除穢去累，莫若未始出其宗，何爲而不成？故知養生之和者，即不可懸以利；通乎外内之府[12]者，不可誘以勢。無外之外至大，無内之内至貴，能知大貴，何往而不遂也？

守易第六

老君曰：古之道者，理情性，治心術，養以和，持以適。樂道而忘賤，安德而忘貧。性有弗欲而不拘，心有弗樂而不有。無益於情者不以累德，不便於性者不以滑和。縱身肆意度制，可以爲天下儀。量腹而食，度形而衣，容身而遊，適情而行。餘天下而弗有，委萬物而弗利，豈爲貴賤貧富失其性命哉！若然，可謂能體道矣。

守清第七

老君曰：人所受形[13]於天者，耳目之於聲色也，口鼻之於芳臭也，肌膚之於寒溫也，其情一也。或以死，或以生，或爲君子，或爲小人，其所以爲制者異也。神者知之源也，神清即知明；知者心之府也，知公即心平。人莫鑒於流水，而鑒於澄水者，以其清且淨也。故神清意平，乃能制物之情，故用者必假之於弗用也。夫鑒明者，塵垢弗汙染也；神清者，嗜欲弗躭著也。故心有所至，神既然之[14]，反之於虛，即消爍滅息矣！此聖人之遊也。故治天下者，必達性命之情而後可已。

老君曰：夫所謂聖人者，適情而已。量腹而食，度形而衣，節乎己而貪汙之心無由生。故能有天下者，必無以天下爲者也；能有名譽者，必不以趨行求者也。誠達乎性命之情，仁義自付。若夫神無所奄，心無所載，通同修達，澹然無事。勢利不能誘也，聲色不能淫也，辯者不能說也，知者不能動也，勇者不能恐也，此乃真人之道也。夫生生者不死[15]，化物[16]者不化。不達乎此，雖知統天地，明照日月，辯解連環，澤[17]潤金石，猶無益於天下，故聖人不失所守。

老君曰：靜漠恬淡，所以養生也；和愉虛無，所以處德也。外不亂內，即性得其宜；靜不動和，即得[18]安其位。養生以安[19]世，抱德以終年，可謂能體道矣。若然者，血脈無欝堘[20]，五藏無積氣，禍福弗能撓滑，毀譽弗能塵累，非有其世，孰能濟焉？有其人不待時[21]，身猶不能脫，又況無道乎！夫目察秋毫之末者，耳不聞雷霆之聲；耳調玉石[22]之音者，目不見太山之峻。故小有所志者，必大有所忘。今萬物之來，擢拔吾性，偆苦吾情，精若泉源[23]，雖欲勿衰，其可得耶？今盆水清之終日，不能見塵曖[24]；濁之不過一撓，即不能見方圓之象。精神難清而易濁，猶盆水也。

老君曰：上聖法天，其次尚賢，其下任臣。任臣者，危亡之道也，尚賢者，疑惑之源也；法天者，治天地之道，虛靜爲主，虛無不受，靜無不待，知虛靜之道，乃能終始。故聖人以靜爲治，以動爲亂。故曰：勿惑勿攖[25]，萬物將自清；勿驚勿駭，萬物將自理。謂之天道。

守盈第八

老君曰：天子公侯，以天下一國爲家，以萬物爲稽。懷天下之有，萬物之多，即氣實而志驕。大者用兵侵伐，小者居傲淩下，用心奢廣，譬猶飄風暴雨，不可長久。是以聖人以道損之，執一無爲，不損[26]沖氣。見小守柔，退而無爲，法於江海。江海弗爲，百川自歸，故能成其大；聖人弗強，萬兆自歸，故能成其王。爲天下牝，故能不死。人自愛，故能成其貴。萬乘之勢，以萬物爲功名，權任至重，不可以自輕，自輕則功名不成。天之道，大以小成，多以少生[27]，故聖人以道蒞天下。柔弱微妙者，見小也；儉嗇損缺者，見少也。見小故能成其大，見少故能成其美也。天之道，抑高舉下，損有餘奉不足。江海處地之不足，故天下歸之奉之。聖人卑謙清淨辭讓者，見下也；虛心無爲者，見不足也。見下者故能致其高，見不足者故能成其賢。跂者不立，矜者不長。強梁者死，滿溢者亡。飄風驟雨不終日，小谷不能須臾盈。飄風驟雨行強梁之氣，故不能久而滅；小谷處強梁之地，故不得不奪。是以聖人執雌牝，去此奢泰，不敢行強梁之氣。執雌牝，故能立其雄；不敢奢泰，故能長久也。

老君曰：天道極即盈[28]，盈即損，日月是也。故聖人保沖氣不敢自滿，日進以牝，功德不衰，天道自然也。人之情性皆好高而惡下，好得而惡亡，好利而惡病，好尊而惡卑賤[29]。衆人爲之故弗能成，執之故弗能得。是以聖人法天，弗爲而成，不執即得，與人同情而異道，故能長久。故三皇五帝有戒之器，命曰侑卮。其沖即正，其盈即覆。夫物盛即衰，日中則移，月滿則虧，樂終而悲。是故聰明俊智守以愚，多聞博辯守以儉[30]，武勇驍力守以畏，貴富廣大守以狹[31]，德施天下守以讓，此五者，先王之所以守天下也。"服[32]此道者不欲盈。夫唯不盈，是以[33]能弊不新成。"

守弱第九

老君曰：聖人與陰俱閉，與陽俱開，能至於無樂也，即無不樂也，即[34]至樂極矣。是以内樂外不樂，以樂内者也，故有以自樂也，即至[35]貴乎天下。所以然者，因天下而爲天下也。天下之要，不在於彼，而在於我；不在於人，而在於身，身得即萬物備矣。故達於心術之論者，即嗜欲好憎外矣。是故無所喜，無所怒，無所樂，無所苦，萬物玄同，無非無是。故士有一定之論，女有不易之行。不待勢而尊，不須財而富，不須力而強。不利財貨，不貪勢名。不以貴爲安，不以賤爲危。形神氣志，各居其宜。夫形者，生之舍也；氣者，生之元也；神者，生之制也。一失其位，即二者傷矣。故以神爲主者，形從而利；以形爲制者，神從而害。貪驕多欲之人，冥[36]乎勢利，誘慕乎名位，幾以過人之智立[37]高於世，即精神日耗以遠。久淫而不還，形閉口距，即無由入矣，是以時有盲妄之患。夫精神氣志者，靜而日充以壯，躁而日耗以老。是故聖人持養其神。和弱其氣，平夷其形，而與道沈浮。如此，則萬物之化無不偶也，百事之變無不應也。

老君曰：所謂真人者，性合乎道者也。故有若無，實若虛，治其内，不知其外，明白入素[38]，無爲而復樸。體性抱神，以遊天地之間。芒然彷徉塵埃之外，逍遙無事之業。機械知巧，弗載於心；審於無假，不與物遷。見事之化，而守其宗。心意專於内，通遠歸於一[39]，居不知所爲，行不知所之。弗學而知，弗視而見，弗爲而成，弗治而辨。感而應，迫而動，不得已而用。如光之不耀，如景之不炎[40]。以道爲循，有待而然，廓然而虛，清静而無爲。以死生爲一化，以萬異爲一方[41]。有精而弗使，有神而弗行。守大渾之樸，立至精之中。其寢不夢，其知不萌，其動無形，其静無體。存而若亡，生而若死，出入無間，役使鬼神，所以能假乎道者也[42]。使神陽達而不失於充[43]，日夜無陰[44]而與物爲春，即是合而生時於心者也。故形有靡而神未嘗化，以不化應化，千變萬轉[45]，而未始有極。化者復歸於無形者也，不化者與天地俱生者也。故生者未嘗其生，化者未嘗其化〔46〕。此真人之遊也，純粹素樸之道矣。

十三虛無

老君曰：生從十三：虛、無、清、静、微、寡、柔、弱、卑、損〔47〕、時、和、嗇。

一曰遺形忘體，恬〔48〕然若無，謂之虛；

二曰損心棄意，廢偽去欲，謂之無；

三曰專精積神，不與物雜，謂之清；

四曰反神服氣，安而不動，謂之静；

五曰深居閑處，功名不顯，謂之微；

六曰去妻離子，獨與道遊，謂之寡；

七曰呼吸中和，滑澤〔49〕細微，謂之柔；

八曰緩形從體，以奉百事，謂之弱；

九曰憎惡尊榮，安貧樂辱，謂之卑；

十曰遁盈逃滿，衣食麤疎，謂之損；

十一曰静作〔50〕隨陽，應變却邪，謂之時；

十二曰不飢不渴，不寒不暑〔51〕，不喜不怒，不哀不樂，不疾不遲，謂之和；

十三曰愛視愛聽，愛言愛慮，堅固不費，精神内守，謂之嗇。

七　　報

真人曰：負陰抱陽，因緣各異。捨死得生，果報不同。爲善善至，爲惡惡來。如影隨形，毫分無謬。善惡多端，福報難數。大而言之，其標有七：

一者先身施功布德，救度一切。今身所行，與先不異。必得化生福堂，超過八難。受人之慶，天報自然。

二者先身好學，志合神仙，崇奉玄科，敬信靈文，念善改惡，立行入真。今身所行，與先不異。得接帝皇，名書紫簡，上昇玉晨。

三者先身樂道，不憚苦寒，隨師執役，唯勞為先，飢渴務效，不生怨言。今身所行，與先不異。得策飛耕，遊宴五嶽，乘虛落烟。

四者先身貞潔，不淫不姦，不貪不慾，見色無歡，心如死灰，執固道源。今身所行，與先不異。得報靈人，超度三塗，五苦不經。

五者先身施善，願天普隆，同得昇度，去離八難，衆身不過，己身不安，割己之服，以拯窮寒，捐[52]糧飼鳥，遺物空山。今身所行，與先不異。四司稱善，感徹玉皇，書名紫簡，禮補上仙。

六者先身忠孝，恭奉尊親，崇敬勝己，宗禮師君，腹目相和，如同一身，心無嫉妬，口無輕言，內外齊并，動止合真。今身所行，與先不異。得受靈人，不經三塗，超過八難，善善相注，福福相資[53]。

七者生世不良，懷惡抱姦。攻伐師尊，訾毀聖文。不崇靈章，疑二天真。外形浮好，假求華榮。口是心非，行負道源。竊盜經書，不盟而宣，泄露祕訣，流放非真。今身所行，與先不異。違科犯忌，身入罪源。七祖橫罹，責及窮魂。身死負掠，食火踐山。三塗五苦，萬劫不原。楚撻幽夜，痛切其身。夫欲修學，熟尋此文。改惡行善，速登神仙。

七　傷

真人曰：學貴六合，宜慎《七傷》。

第一之傷：帶真行偽，淫色喪神，魂液泄漏，精光枯乾。氣散魄零，骨空形振，神泣窮府，上聞天關。真仙遠逝，則與凡塵結因，土府同符，豈復得仙？

第二之傷：外形在道，皮好念真，而心抱陰賊，凶惡內臻。願人破敗，嫉賢妬能[54]，口美心逆，面歡內嗔。形論得失，妄造罪原，毀慢同學，攻伐師友[55]。三官所記，標爲惡門，仙眞高逝，邪魔攻身。走作形景，飛散體神，故令枉橫，極其惡源。考滿形灰，滅己九泉，圖[56]有玄名，豈保自然？

第三之傷：飲酒洞醉，損氣喪靈，五府攻潰，萬神振驚。魂魄飛散，內外朽零，本室空索，赤子悲鳴。眞仙高逝，邪魔入形。如此之學，徒損精誠。雖有玄記，空失玉名。神昇上宮，身灰幽冥。恍惚求延，年焉久停[57]？

第四之傷：行不敬物，責人宗匠，心忿口形，罵詈無常[58]。嗔喜失節，性乖不恆[59]，氣激神散，內眞飛揚。魄離魂游，九孔塵埃，五府奔喪，皆由性之不純，行之不祥。眞仙高逝，外痾入形，如此之學，將欲何蒙？雖有玄圖，不免斯殃，望仙日悠，地里[60]日長。

第五之傷：或玄圖表見，得受寶經；或運遇靈師，啓授神文。而不依科盟，形泄天眞，未經九年，投刺名山，使青宮有錄，金闕結篇，便傳於人，流散世間。輕眞泄寶，考結己身，圖[61]有玄名，反累七玄。仙道高逝，身死幽泉，長充鬼責，萬劫不原。

第六之傷：身履殟穢，靈關失光，五神飛散，赤子騫揚。邪魔來攻，內外交喪，如此之學，望成反傷。眞仙高逝，空景獨行[62]，淪於溷濁，仙胡可冀[63]？

第七之傷：啖食六畜之肉，殺害足口之美，髻氣充於藏府，伐生形於非己，眞氣擾於靈門，遊神駭於赤子，魂魄游於宮宅，濁滯纏於口齒，仙眞高登於玉清，己身沈頓於地里。圖有玄名帝簡，亦不免於不死[64]。

高聖帝君曰："爲學之本，當以《七傷》爲急。既得瞻昕洞門，披覿玉篇，不犯《七傷》之禁，將坐待靈降，白日昇晨。如外勤存學，內不遣於《七傷》者，此將望成而反敗，期生而反亡，希吉而反凶，求飛而反沉。靈仙遊於高清，五神散於八荒，赤子號泣於中宅，遊魂悲鳴於玄宮[65]。故仙相有成敗，上學有《七傷》，篤尚之士，熟精其眞。諸有神挺應圖，瓊胎紫虛，名題東華，得見《七傷》檢文。自無此神挺，靈篇不可得妄披，寶文不可得而看。得見此文，皆玄質合仙，九年修得，克得飛行玄虛，上昇玉清也。"

【校記】

〔1〕"煩氣"，北圖善本《道藏》徐靈府注《通玄真經》作"粗氣"。
〔2〕"失者死，順者生"，上書作"逆之者死，順之者生"。
〔3〕"眼"後，上書有"膽主口"，《黃帝內經素問補註釋文》卷五《陰陽應象大論篇》有"脾主口"。
〔4〕"內守而不失"，徐靈府注《通玄真經》作"守內而不失外"。
〔5〕"謂"，上書作"厚"。
〔6〕"二"，上書作"亦"。
〔7〕"至人"，上書作"至神"。
〔8〕"端"，上書作"竭"。
〔9〕"守簡"，《四部叢刊》本、《道藏輯要》本並作"守節"。
〔10〕"不貪多積"，徐靈府注《通玄真經》作"不貪得，不多積"。
〔11〕"泰一"，上書作"太素"。
〔12〕"府"，上書作"符"。
〔13〕"形"，上書作"氣"。
〔14〕"神既然之"，上書作"則神慨然在之"。
〔15〕"死"，上書作"生"。
〔16〕"物"，上書作"化"。
〔17〕"澤"，上書作"辭"。
〔18〕"得"，上書作"德"。
〔19〕"安"，上書作"經"。
〔20〕"墐"，上書作"滯"。
〔21〕"有其人不待時"，上書作"有其才人不遇其時"。
〔22〕"玉石"，上書作"金石"。
〔23〕"倦苦吾情，精若泉源"，上書作"攫取吾精，若泉源也"。

〔24〕"不能見塵曖"，上書作"乃能見眉睫"。

〔25〕"勿惑勿攖"，上書作"勿撓勿纓"。

〔26〕"不損"原作"以損"，據上書改。

〔27〕"天之道，大以小成，多以少生"，上書作"夫道，大以小成，多以少爲主"。

〔28〕"極即盈"，上書作"極則反"。

〔29〕"好尊而惡卑賤"，上書作"好尊而惡卑，好貴而惡賤"。

〔30〕"儉"，《淮南子·道應訓》作"陋"。

〔31〕"狹"，上書作"儉"。

〔32〕"服"，《老子·道經》作"保"。

〔33〕"是以"，上書作"故"。

〔34〕"即"字前，徐靈府注《通玄真經》有"無不樂"三字。

〔35〕"至"，上書作"有自志"。

〔36〕"冥"，上書作"顛冥"。

〔37〕"立"，上書作"位"。

〔38〕"不知其外，明白入素"，上書作"不治其外，明白太素"。

〔39〕"通遠歸於一"，上書作"通達禍福於一"。

〔40〕"如光之不耀，如景之不炎"，上書作"如光之耀，如景之效"。

〔41〕"以死生爲一化，以萬異爲一方"，上書"死"作"千"，"方"作"宗"。

〔42〕"所以能假乎道者也"，上書作"精神之所能假于道者也"。

〔43〕"使神陽達而不失於充"，上書作"使精神暢達而不失於元"。

〔44〕"陰"，上書作"隙"。

〔45〕"千變萬轉"原作"千變萬化，千變萬轉"，據上書删。

〔46〕"故生者未嘗其生，化者未嘗其化"，上書作"故生者未嘗生，其所生者即生；化者未嘗化，其所化者即化"。

〔47〕"損"原作"頓"，據《四部叢刊》本及《道藏輯要》本改。

〔48〕"恬"，《無上祕要》卷六五《虛靖品》作"泊"。

〔49〕"滑澤"，上書作"滑淖"。

〔50〕"静作"，上書作"動作"。

〔51〕"不飢不渴，不寒不暑"，上書作"不飢不寒"。

〔52〕"捐"，《洞真太上八道命籍經》下《七報》作"損"。

〔53〕"資"，上書作"因"，且後有"如此之報，道豈負人"。

〔54〕"嫉賢妬能"，《洞真太上八道命籍經》下《七傷》及《上清玉帝七聖玄紀廻天九霄經·七傷》均作"嫉能妬賢"。

〔55〕"攻伐師友"，上二書分别作"攻伐師根""攻訐宗根"。

〔56〕"圖"，《上清玉帝七聖玄紀廻天九霄經·七傷》作"徒"，"滅己九泉"作"魂沈九泉"。

〔57〕"恍惚求延，年焉久停"，上書"恍惚"作"以此"，《洞真太上八道命籍經》下《七傷》作"恍惚延年，焉得久停"。

〔58〕"行不敬物，責人宗匠，心忿口形，罵詈無常"，"敬"原作"引"，"忿"原作"忽"，據上書改。《上清玉帝七聖玄紀廻天九霄經·七傷》作"行不弘潔，責人宗敬，心忿口罵，好爲鬭競"。

〔59〕"性乖不恒"，上二書分别作"意性乖常""性不安定"。

〔60〕"地里"，上二書分别作"地理""地獄"。

〔61〕"圖"，上二書作"徒"。下同。

〔62〕"空景獨行"，原無"行"字，據上二書增。"空景"，上二書後者作"尸軀"。

〔63〕"冀"，上二書分别作"蒙""成"。

〔64〕"不死"，上二書分别作"必死""形死"。

〔65〕"宫"，上二書作"空"。

雲笈七籤卷之九十二

仙籍語論要記

衆真語錄

安妃告曰："衝風繁激，將不能伐君之正性。絕飆勃鬱，焉能廻己之清淳？爾乃空中[1]自吟，虛心待神，營攝百絕，栖澄至真。當使憂累靡干於玄宅，哀念莫撓於絳津。"

太上曰："高才英秀，惟酒是躭，麴糵薰心，性情顛倒。破壞十善，興隆十惡，四達既荒，六通亦塞。"

天尊曰："一切衆生，久習顛倒，心想雜亂，隨逐諸塵，捨一取一，無暫休止。猶如猿猴，遊於林澤，跳躑奔趨，不可禁止。是諸凡夫，心性亦爾。遊五欲林，在六根澤，縱逸騰躍，不可拘制。"

又曰："人情難制，猶如風中豎幡，飄飄不止。或思作僞，以邀名譽。"

《定志經》云："人既受[2]納有形，形染六情，六情一染，動之弊穢。惑於所有，昧於所無[3]。世[4]務因緣，以此[5]而發，招引罪垢，歷世彌積。輪廻於三界，漂浪而忘反；流轉於五道，長淪而弗悟。嬰抱痛毒，不能自知。馳神惶悸，惟罪是履。

太上曰："天之道利而不害，聖人之道爲而不爭。故與時爭之者昌，與人爭之者亡。是以有[6]兵甲而無所陳之，以其不爭。夫不祥者人之所不爭，垢辱者人之所不欲，能受人所不欲則足矣，得人所不爭則寧矣。"

《妙真經》曰："視過其目明不居，聽過其耳精泄漏，愛過其心神出去，牽過於利動惕懼[7]。結連黨友以自助者，此非真也。"

又曰："罪莫大於淫，禍莫大於貪，咎莫大於僭，此三者，禍之車也。小則亡身，大則殘家。"

道言："吉凶禍福，窈冥[8]中來。其災禍也，非富貴者請而可避；其榮盛也，非貧賤者欲而可得。蓋修福則善應，爲惡則禍來。"

天尊曰："氣不可極，數難可窮。死而復生，幽而復明。天地運轉，如車之輪。人之不滅，如影隨形，故難終也。"

《妙林經》天尊曰："夫有爲生死，衆生漂浪，如虛中雲，如空中色，如谷中響，如水中月，如鑑中象，如熱中炎，如電中火，如聾中聽，如盲中視，如啞中言，如二頭鶴，如三足雞，如龜中毛，如兔中角。如是無明，貪著愛見。生死之本，亦復如是。畢[9]竟皆空，不可論說。譬如燈滅，不可尋求。生死本空，亦復如是。如大猛火，如四毒虺，不可親近。生死之法，亦復如是。"

天尊告聖行真士曰："若復有人，於諸法中，生有見心，捨於穢土，求三清樂；捨衆生身，求真道相，欲斷煩惱，而入無爲；求離[10]諸見，乃得寂滅；如是等相，我說此人名大邪見。譬如愚人，畏於大地，而欲走避。所至之處，不離大地。衆生亦爾[11]，畏生死身，疾捨三界，有心猒離。所得之身，不離生死。如是衆生，未能見法，求真道相，深實可哀。真道相者，名爲不作，無起無滅，非有非無，非常非斷[12]，非大非小，非色非心，能體如此[13]，名爲修習真道正行。"

又告聖行真士曰："世間衆生，無明重暗[14]，真道在身，莫能覩見。譬如[15]愚人，東西馳走，求覓空色，而不能知，即色是空。一切世間，亦復如是。心性馳走，欲求真道，不知身心，即是真道。又如愚人，但見竹木，而不知火，捨木求火，四散奔走[16]。一切世間，亦復如是。捨身求道，不知道在身中爾。又如愚人，捨形求影，默聲求響，而不知形是影根，聲爲響本。以是當知，世間邪見，煩惱熾盛，猶荊棘林，如蒺藜園，不可親近。我今宣示汝等，令知將來三清不離煩惱，令知大道不在他方。但觀身心，修習正道，自然解脫。"

天尊告遍通真士曰："一切眾生，心法如生。云何一切眾生，心法如生？一切眾生，本有生邪？若有生者，生從何有？一切眾生，本無生邪？若無生者，見有生身。汝眾今見身有耶？見身無耶？"遍通答言："我等今眾，見身是無。何以故？前色滅已[17]，後色生故。"天尊曰："心法亦爾，非有非無，念念生滅。前心滅故，不爲後因；後心生故，不爲前果。是故我言：一切眾生，心法如生。"遍通又問曰："一切眾生，心法如生。生法見生，生法如心，心可見耶？"天尊答曰："心法可見，欲見心法，還如見生。生無方所，欲見心法，亦無方所。"遍通又問："心法如生，俱無方所，云何安慰，令得安樂？"天尊答言："身可安耶？"遍通曰："身法念念，不可安慰。"天尊曰："心法亦然，不可安慰。"遍通又問："既不可安，云何向言，安慰其心，令得樂耶？"天尊答曰："爲見有身，故令安慰。既安慰已，知心非有，亦復非無[18]，名得真心，故得安樂。"

《保聖纂要》曰："情者魂之使，性者魄之吏。情生於陰以起造，性生於陽以治理。陽仁陰貪，故情有利欲，性有仁和。精多則魂魄强，氣少則情性弱。情性爲嗜慾亂之，由素絲染於五色也。"

又曰："人之情性爲利欲之所敗，如冰雪之曝日，草木之沾霜，皆不移時而消壞矣。冰雪以不消爲體，而盛暑移其真；草木以不凋爲質，而大寒奪其性；人有久視之命，而嗜欲滅其壽。若能導引盡理，則長生罔極。"

又曰："神者魂也，降之於天；鬼者魄也，經之於地。是以神能服氣，形能食味。氣清則神爽，形勞則魄濁。服氣者綿綿而不死，身飛於天；食味者混混而殂，形歸於地。理之自然也。"

《仙經》曰："有者因無而生，形者須神而立，故有爲無之宮，形乃神之宅。莫不全宅以安主，修身以養神。若氣散歸空，遊魂爲變。火之於燭，燭靡則火不居；水之於堤，堤壞則水不存。魂勞神散，氣竭命終矣。"

又曰："人常失道，非道失人；人常去生，非生去人。養神者慎勿失道，爲道者慎勿失生。道與生相守，神與氣相保，形神俱久矣。"

聖母元君曰："功術之祕者，惟符、藥與氣也[19]。符者，三光之靈文，天真之信也；藥者，五行之華英，地之精液也[20]；氣者，陰陽之和粹[21]，萬物之靈爽也。此三者，致道之機要，求仙之所寶也。"

又曰："凡人有一千惡者後代妖逆，二千惡者爲奴厮，三千惡者六疾孤窮，四千惡者惡病流徙，五千惡者爲五獄鬼，六千惡者爲二十八獄囚，七千惡者爲諸方地獄徒，八千惡者墮寒冰獄，九千惡者入無邊底獄，一萬惡者墮薜荔獄。萬惡之基，起於三業，一一相生，以至于萬惡。墮薜荔獄者，永無原期，渺渺終天，無由濟拔，得不痛哉！夫人覺有一惡，急宜改，而不犯者，去道近矣。若爲魔邪所干者，當洗心責己，悔過自修，即可反惡爲善矣！人有一善則心定神定，有十善則氣力强壯，有百善則寶瑞降之，有千善則後代神真，有二千善則爲聖真仙將吏，有三千善則爲聖真仙曹掾，有四千善則爲天下師聖真仙主統，有五千善則爲聖真仙魁師，有六千善則爲聖真仙卿大夫，有七千善則爲聖真仙公王，有八千善則爲聖真仙皇帝，有九千善則爲元始五帝君，有萬善則爲太上玉皇帝。"元君曰："萬善之基，亦在三業。十善相生，至于萬善。行善益筭，行惡奪筭。賞善罰惡，各有職司。報應之理，毫分不失。長生之本，惟善爲基也。"又曰："專精養神，不爲物雜，謂之清；反神服氣，安而不動，謂之靜。制念以定志，靜身以安神，保氣以存精[22]。思慮兼忘，冥想内視，則身神並一。身神並一，則近真矣。"

道曰："凡人遇我以禍者，我當以福往。是故福之氣常至此，害之氣重徙還在於彼，此學道者之行也。"

徐來勒問曰："何謂兼忘？"高玄真人曰："一切凡夫，從氣氤氳際而起愚癡[23]，染著諸有，雖積功勤，不能無滯。故使備定，除其有滯。有滯雖淨，猶滯於空。空有雙淨，故曰兼忘，是故名初入正觀之相。"

《明威經》云："道無不在，在師爲師，在經爲經，不離中矣。"

《寶玄經》云："裁制偏邪，同歸中正，能返流末[24]，還至本源，源即道也。道無形狀，假言象以爲津。既言沖用，用實物還。"

《三皇經》曰："天下無常，豈有堅固者？故急當猒遠之，求索自然，以脫身耳。"又曰："萬物無有常，成者不久完。三光無明冥，天地常昭然[25]。"

《黃老玄示經》曰："道者不可以言傳，欲使學者述書以相授，然可得聞也。夫善述事者必通其言，善言詞者必通其意，其意若通，道可得也。夫天地之初，知其無朕也。入於虛無者，知其有實也。故云：其以成法其初，始終也。是以聖人見有書，即知本無書也。聞其言，即知其本無言也。見書知言，聞言知意，知意即知道也。知道即知其可以口言，不可以書傳也[26]。故真人以神聽，聽可尊也；聖人以身教，教可珍也。"

太上告王母曰："夫人受天地之氣生，氣之來也謂之精，精之搆也謂之靈，靈之變也之謂神，神之化也之謂魂，隨魂往來之謂識，隨魂出入之謂魄，主管精魄之謂心，心有所從之謂情，情有所屬之謂意，意有所指[27]之謂志，志有所憶之謂思，思而遠慕之謂慮，慮而用事之謂智。智者，盡此諸見者也。夫性者靜也，氣者動也，動靜一如[28]，內外和順，非至人安能措心於此哉！術藏於內，隨務應變；法設於外，適時御民。民用其道而不知其數者，術也；懸教設令以示民者，法也。氣變萬物而不見其象，術化萬民而不見其形，故天以氣爲靈，王以術爲神。"

《四等智慧觀身經》云："夫道者，要在行合冥科，積善內足，然後始涉大道之境界。若自不能爾，皆爲徒勞於風塵耳！無益生命之脩短也。道在我，不由彼，惟慈、惟愛、惟善、惟忍，能行此四等，乃與道爲鄰耳。"

《老君戒經》云："惡人者胎於醨薄之精，形於芻狗之類。魂微魄盛，尸毒滿腹[29]，人面蟲心，體性狼狠。嫉妬蛆蠣，常懷陰賊。懷成作敗，言則嗷啾[30]。自遇如玉，遇人如土。陽推鬼點，不計殃咎。昔有一人，不念居業，專行偷盜，入大臣家，此人夜作狗形。既到其家，值其大建[31]功德。吾時見此偷往作狗形，吾即叱之，令長作狗，使常銜巨石還此大臣家，積以爲山。"

《明威經》云："淫犯内外，逼掠非偶，翻覆陰陽，公私戚屬，相通奸狡，異類袄交。"

《本行經》云："昔有國王元慶，放心於愛欲之門。值劫運終，寄胎於洪氏之胞。上天以其先身好色，故轉爲女子，遂其先好也。"

《太平經》云："何謂爲多言？然一言而致大凶，是爲上多言人也；一言而致辱，是爲中多言人也；一言而見窮，是爲下多言人也。夫古今聖賢也，出言文辭滿天地之間，尚苦其少有不及者，故災害不絶。後生賢聖復重言之，天下以爲法，不敢厭其言也。故言而除害者，常苦其少。是以善言無多，惡言無少。故古之聖人將言也，皆思之聖心，出而成經，置爲人法。愚者出言，爲身災害，還以自傷。"

《真誥》曰："夫百思纏胸，寒熱破神，營此官務，當此風塵，口言吉凶之會，身扉[32]得失之門，衆憂若是，萬慮若此，雖有真心，固不爲篤[33]。抱道不行，握寶不用，而自然望頭不白者，亦稀聞也。""在官無事，夷真内鍊，紛錯不穢其聰明，爭競不交於心胸者，此道士之在官也。"

《太清中經》云："慎無賣吾以求寶也，慎無傳吾非其人也，慎無閉吾絶其學也。傳吾學者昌，閉塞吾學者，雖獨行之，必遇天殃。傳吾道者，當法則天地、江河淮海。法則天地者，何等不生？何等不成？法則江河淮海者，何水不流？何川不行？"

《西昇經》云："欲者，凶害之根也；無者，天地之元也。莫知其根，莫識其元，是故聖人去欲入無，以輔其身。"

《洞神誡身保命篇》云："黃帝曰：'聖人保命之最，莫尚於身心。利害身心，豈過於善惡？善惡所起，本於心。心法不住，攀緣是用。所緣者名曰境界。能緣者名曰之[34]心。故萬品所起，萬過於心。萌於心者，名曰行業。行業所操，名曰善惡。故縱欲爲惡，息貪爲善。善者能爲濟俗出塵之益，惡者必作敗德染穢之資。故聖人知無形而用者心也，形不自運者身也。然心不託[35]於身，則不能顯班備用；身不藉於心，則亡滅不起。故身心體異而理符，致用萬善而趣一，故能表裏爲用，動靜相持。身無獨往，爲心所使。心法不靜，惟欲攀緣。身量無涯，納行不息。故心爲凡聖之根，身爲苦樂之聚。聖人知患生於心，愆必由己，是以清心除患，潔志消愆。凡俗之流，其即不然。肆情縱欲，不知欲出於心；侮慢矜奢，不知慢生於己。惟騁愚暴，不顧其身。故以禍難所階，由之不識；危亡自此，日用不知，故聖達愍愚而垂教也。'"

【校記】

〔1〕"中"，本書卷八九《諸真語論·經告》作"沖"。
〔2〕"受"，《洞玄靈寶智慧定志通微經》作"授"。
〔3〕"惑於所有，昧於所無"，上書"有"作"見"，"無"作"著"。
〔4〕"世"原作"因"，據上書改。
〔5〕"以此"，上書作"以次"。
〔6〕"亡。是以有"原作"凶。是以"，據本書卷八九《諸真語論·經告》增改。
〔7〕"牽過於利動惕懼"，上書作"常於欲事汲汲懅，爲利動者惕惕懼"。
〔8〕"窈冥"原作"窈寞"，據上書改。
〔9〕"畢"原作"必"，據《大乘妙林經》卷上《觀真相品第二》改。
〔10〕"離"原作"利"，據《大乘妙林經》卷上《辯邪正品第三》改。
〔11〕"爾"原作"耳"，據上書改。
〔12〕"非常非斷"，上書作"非長非短"。
〔13〕"能體如此"，上書作"能體此相"。
〔14〕"重暗"，上書作"障重"。
〔15〕"譬如"原作"譬及"，據上書及本書卷八九《諸真語論·經告》改。
〔16〕"四散奔走"，《大乘妙林經》卷上《辯邪正品第三》作"而不知火已在木中"。

〔17〕"已",《大乘妙林經》卷上《觀身品第四》作"故"。

〔18〕"無"後,上書有"非有非無"四字。

〔19〕"功術之祕者,惟符、藥與氣也",《墉城集仙錄》卷一《聖母元君傳》無"功"字,《混元聖紀》卷二及《先天玄妙玉女太上聖母資傳仙道》均作"術之祕者,符與炁、藥而已"。

〔20〕"五行之華英,地之精液也"原作"五行之英,華池之精液也",據上三書改。

〔21〕"粹"字原無,據上三書增。

〔22〕"制念以定志,静身以安神,保氣以存精",本書卷八九《諸真語論·經告》"制"作"忘","静"作"修","保"作"寶"。"保"宜作"寶"(見本書卷三八《太上洞玄靈寶消魔寶真安志智慧本願大戒上品經》)。

〔23〕"從氣氤氳際而起愚癡",本書卷八九《諸真語論》作"從煙熅之際起愚癡"。

〔24〕"能返流末"原作"能返本流末",據上書删。

〔25〕"成者不久完。三光無明冥,天地常昭然","不"前原有"皆"字,"昭"原作"照",且無"無"字,據《西昇經·聖人之辭章》增改。

〔26〕"知道即知其可以口言,不可以書傳也",本書卷八九《諸真語論·經告》作"知道即知其可以書傳也"。

〔27〕"指",上書作"措",《靈樞·本神》作"存"。

〔28〕"一如",本書卷八九《諸真語論·經告》作"如一"。

〔29〕"滿腹"原作"腹滿",據上書改。

〔30〕"噭嘅",上書作"噭噭"。

〔31〕"建"字原無,據上書增。

〔32〕"扉"原作"扇",據上書改。

〔33〕"固不爲篤",《真誥》卷二《運象篇第二》作"固爲不篤"。

〔34〕"名曰之"宜作"名之曰"。

〔35〕"託"原作"記",據本書卷八九《諸真語論·經告》改。

雲笈七籤卷之九十三

仙籍理論要記

神仙可學論

《洪範》："嚮用五福，其一曰壽。"延命至於期頤，皇天猶以爲景福之最，況神仙度世，永無窮乎！然則長生大慶，無等倫以儔擬，當代之人忽而不尚，何哉？嘗試論之，中智已下逮于庶民，與飛走蛸翹同其自生自死，昧識所不及，聞道則相與笑之。中智已上爲名教所檢，區區於三綱五常不暇，聞道而若存若亡。能挺然竦身，而不使常情汩沒，專以修鍊爲務者，千萬人中或一人而已。又行之者密，得之者隱，故舉俗罕爲其方。悲夫！昔桑矯問於涓子曰："自古有死，復云有仙，如之何？"涓子曰："兩有耳。"夫言兩有者，爲理無不存。理無不存，則神仙可學也。嵇公言：神仙"特受異氣，稟之自然，非[1]積學所能致。"此未必盡其端矣。有不因修學而致者，稟受異氣也；有必待學而後成者，功業充也；有學而不得者，初勤中惰，誠不終也。三者各有其旨，不可以一貫推之。人生天地之中，殊於衆類明矣。感則應，激則通。所以耿恭援刀，平陸泉湧；李廣發矢，伏石飲羽。精誠在於斯須，擊猶土石，應若影響，況丹懇久著，真君豈不爲之潛運乎？潛運則不死之階立致矣。孰爲真君？則太上也。爲神明宗極，獨在於窅冥之先，高居紫微之上，陰隲兆庶。《詩》稱"上帝臨汝"，《書》曰天監[2]孔明，福善禍淫，不差毫末。而迷悟之子，焉測其源？日用不知，背本向末。

故遠於仙道者有七焉，近於仙道亦有七焉。

　　當世之士，未能窺妙門，洞幽賾。雷同以泯滅爲真實，生成爲假幻。但所取者性，所爲[3]者形，甘之死地，乃爲常理。殊不知乾坤爲《易》之韞[4]，乾坤毀則無以見《易》，形氣者爲性之府，形氣敗則性無所存。性無所存，於我何有？遠於仙道一也。

　　其次謂仙必有限，竟歸淪墜之弊。彼昏於智察，則信誣謂。詎知塊然之有，起自寥然之無。積虛而生神，神用而孕氣，氣凝而漸著，累著而成形。形立神居，乃爲人矣。故任其流遁則死，反其宗源則仙。所以招真以鍊形，形清則合於氣。含道以鍊氣，氣清則合於神。體與道冥，謂之得道。道固無極，仙豈有窮乎？舉世大迷，終於不悟，遠於仙道二也。

　　其次强以存亡爲一體，謬以前識爲悟真，形骸以敗散爲期，營魄以更生爲用。乃厭見有之質，惟謀將來之身。安知入造化之洪鑪，任陰陽之鼓鑄？遊魂遷革，別守他器，神歸異族，識昧先形。猶鳥化爲魚，魚化爲鳥，各從所適，兩不相通。形變尚莫之知，何況死而再造？誠可哀者，而人不哀，遠於仙道三也。

　　其次以軒冕爲得意，功名爲不朽，悅色躭聲，豐衣厚味，自謂封植爲長策，貽後昆爲遠圖。焉知盛必衰，高必危，得必喪，成必虧。守此用爲深固，置清虛於度外。肯以恬智交養中和，率性通真爲意乎？遠於仙道四也。

　　其次强盛之時爲情愛所役，斑白之後有希生之心，雖修學始萌，而傷殘未補。靡斷積習之性，空務皮膚之好。竊慕道之名，乖契真之實。不除死籍，未載玄籙，歲月荏苒，大期奄至。及將殂謝，而怨咎神明，遠於仙道五也。

　　其次聞大丹可以羽化，服食可以延齡，遂汲汲於鑪火，孜孜於草木，財屢空於八石，藥難効於三關。不知金液待訣於靈人，芝英必資於道氣。莫究其本，務之於末，竟無所就。謂古人欺我，遠於仙道六也。

　　其次身棲道流，心溺塵境，動違科禁，静無修習。外招清淨之譽，内蓄姦回之謀。人乃可欺，神不可謁，遠於仙道七也。

若乃性躭玄虛，情寡嗜好。不知榮華之可貴，非強力以自高；不見淫僻之可欲，非閑邪以自正[5]。體至仁，含至靜。超跡塵滓，棲真物表，想道結襟，以無爲爲事，近於仙道一也。

其次希高敦古，忼意尚行。知榮華爲浮寄，忽之而不顧；知聲色能伐性，捐之而不取。剪陰賊，樹陰德，懲忿欲，齊毀譽，處林嶺，修清真，近於仙道二也。

其次身居祿位之場，心遊道德之鄉。奉上以忠，臨下以義。於己薄，於人厚，仁慈恭和，弘施博愛。外混囂濁，內含澄清，潛行密修，好生惡死，近於仙道三也。

其次蕭灑蓽門，樂貧甘賤。抱經濟之器，泛若無；洞古今之學，曠若虛。爵之不從，祿之不受，確乎以方外爲尚，恬乎以攝生爲務，近於仙道四也。

其次稟明穎之姿，懷秀拔之節，奮忘機之旅，當銳巧之師，所攻無敵，一戰而勝。然後靜以安身，和以保神，精以致真，近於仙道五也。

其次追悔既往，洗心自新。雖失之於壯齒，冀收之於晚節。以功補過，過落而功全；以正易邪，邪忘而正在。轥軻不能移其操，諠譁不能亂其情。唯精惟微，積以誠著，近於仙道六也。

其次至忠至孝，至貞至廉。案《真誥》之言，不待修學而自得。比干剖心而不死，惠風溺水而復生，伯夷叔齊，曾參孝己，人見其沒，道之使存。如此之流，咸入仙格，謂之隱景潛化，死而不亡[6]。此例自然，近於仙道七也。

放彼七遠，取此七近，謂之拔陷區，出溺塗，碎禍車，登福輿，始可與涉神仙之津矣。於是識元命之所在，知正氣之所由。虛凝澹泊怡其性，吐故納新和其神。高虛保定之，良藥匡補之，使表裹兼濟，形神俱超。雖未昇騰，吾必謂之揮翼於丹霄之上矣！夫道無爲無形，有情有性。故曰：人能思道，道亦思人。道不負人，人負於道。淵哉言乎！世情謂道體玄虛，則貴無而賤有；人資器質，則取有而遺無。庸知有自無而生，無因有而明，有無混同，然後爲至。故空寂玄寥，大道無象之象也；兩儀三辰，大道有象之象也。若但以虛極爲妙，不應以吐納元氣，流陰陽，生天地，運日月也。故有以無爲用，無以有爲資，是以覆載長存，真聖不滅。故爲生者，天地之大德也。所以見宇宙之廣，萬物之殷，爲吾存也。若煙散灰滅，何異於天傾地淪？彼徒昭昭，非我所有。故曰：死者，天人之荼毒。孰能黜彼荼毒，拂衣絕塵，獨與道隣？道豈遠乎？將斯至矣！

夫至虛韞妙，待感而靈。猶金石含響，待擊而鳴。故豁方寸以契虛，虛則靜；憑至靜以積感，感則通。通則宇宙泰定，天光發明，形性相資，未始有極。且人之稟形，模範天地。五藏六府，百關四肢，皆神明所居，各有主守。存之則有，廢之則無。有則生，無則死，故去其死，取其生。若乃諷《太帝之金書》，研《洞真之玉章》，集帝一於絳宮，列三元於紫房，吸二曜之華景，登七元之靈綱，道備功全，則不必琅玕大還而高舉矣。此皆自凡而爲仙，自仙而爲真，真與道合，謂之神人。神人能存能亡，能晦能光。出化機之表，入太漠之鄉。無心而朗鑒，無翼而翱翔。嬉明霞之館，宴羽景之堂。歡齊浩劫而無疆，壽同太虛而不可量。此道布在金簡，安可輕宣其密奧哉！好學之士，宜啓玉檢，以探其祕焉。又儒墨所宗，忠孝慈愛；仙家所尚，則慶及王侯，福薦祖考，祚流子孫。其三者孰爲大？於戲，古初不得而詳，羲軒已來，廣成、赤松、令威、安期之徒，何代不有？遠則載於竹帛，近則接於見聞。古今得者，皎皎如彼。神仙可學，炳炳如此。凡百君子，胡不勉之哉！

道性論

天尊告善才言："善男子，我説[7]海空修習因者，即是道性。道性之性[8]，無生無滅。無生滅故，即是海空。海空之空，無因無果。無因果故，以破煩惱。以是因緣，名爲修習。"善才又言："如是所説，道性之性，無生無滅。衆生道性，爲悉共有，爲各各有？若共有者[9]，一人得入海空藏時，一切衆生亦應俱入。譬如怨讎，或千或百，若一人和，百千亦和[10]；一人相怨，百千亦怨[11]。道性亦爾，一人得時，一切亦得[12]。衆生道性，不一不二，究竟平等，猶如虛空，一切衆生，同共有之。"天尊告曰："善男子，深山有寶，名曰上勝，人若取之，則成富有。衆生道性，亦復如是。"善才又言："如是[13]所説，上勝寶者，是一是多？若是[14]一者，一人得已，則應有盡。山空寶盡，云何而言，一切衆生修持淨戒得入一乘海空智藏？若是多者，云何而言，是海空者非一切法？衆生道性亦如是耶？"天尊答曰："善男子，譬如一路，或大或小，一切衆生，悉於中行，無障礙故。道性衆生，亦復如是。善男子，譬如寶珠，唯有一門，雖有人多，經遊出入，曾無逼迮[15]，亦無人能破壞寶珠而賫持去。道性衆生，亦復如是。善男子，譬如橋梁，隨諸行人，或重或輕，以是橋梁，無有增減。衆生道性，亦復如是。""又譬如鹽味，置於諸物，乃至水中，皆悉鹹物[16]。物不名鹽，鹽不名物，乃至水中，亦復如是。名字雖變，鹽性不失，徧五味中[17]，皆悉鹹味[18]。若有飲水，鹽味甚逼，實不見鹽於水中。衆生道性，亦復如是。維遍五道，長短異身，而道性常一不異。"

三相論

《海空智藏經》云："三相者，所謂有相、無相、非有非無相[19]。若照此相，則得入於智慧之源。夫觀三相，舛越不同。自有衆生，從有相觀，入至無相；自有衆生，從無相觀，入至有相；自有衆生，神意定然[20]，非彼二相，而得觀見有無之相。善男子，若有衆生，作空[21]學人，常運其心，從有觀無，而樹意言：我見萬物，今雖現有，必歸於無，當知一切，盡是虛無，非有實事。無湛然慧，無觀空慧，無應感[22]慧，當知此人，是爲斷見。雖似智慧，而乖其宗。善男子，若復有人，常運其心，從無觀有，而樹意言：即此世中，皆從無生，向本無此，而今有之，有何緣生，必因於無。是知無中，皆悉有有。以有有故，一切無無。當知此人，是爲狹見。雖似[23]智慧，而失其宗。善男子，若復有人，常運其心，從非有非無中觀於有無，而樹意言：即世衆生，悉皆非有，亦復非無。所以爾者，若言有者，則終歸無；若言無者，今見則有。若必爾者，則爲不定。不定業故，不得出生，人天果報，當知六道，形有則有，形滅則無。若作此觀，是謂或見，非謂智慧。如此三見，失智慧本。善男子，若復有人，觀於三者，作如此心，曰：'我觀一切無，即是寂寥，不能生物，豁然不動，不能感應。'善男子，譬如大山，善能興雲，雲能生雨，如此等例[24]，從有出有，決定當知，無不出無[25]。又復觀於即有形質[26]，即此形質，是有象[27]有，離此形質，無處名有。又復觀於非有非無，善男子，譬如風聲，聲響遍徹，如此等例，風質非無，質不可得。若言實有，又非礙著，響亦如是，應知此例，非有非無。若有學人作此觀者，亦皆失於智慧之本。

　　善男子，復有人觀於三相，作四種意，妙無、妙有、麤無、麤有。明此四意，自然能見非有非無。何謂妙無？即是道性。以何因緣，道性之理，自爲妙無？以淵寂故，以應感故。若以住於淵寂之地，觀於諸有，則見無相；若以住於感應之地，觀於諸有，則見有相。善男子，若言道性，命[28]爲無有，中有應感；若言道性，令[29]爲有者，而實寂泊。以是當知，道性之有，非世間有；道性之無，是謂妙無。何等因緣，觀於妙有？即是應感，法身之端，嚴茂發起，超絶三有。雖有其質，不同凡有。以是因緣，謂爲妙有。善男子，以何因緣，觀於麤無？麤無即無，無感無應，空處寂漠，豁然而已，謂爲麤無。善男子，以何因緣，觀於麤有？若麤有者，即是質礙。以礙著故，謂爲麤有。善男子，若能善知，遍此四意，分別體相，當知此人，已得知非有非無。以何因緣，而得知之？即尋道性義理得之。若有學人，習觀三相，了此四意，則爲入於智慧寶城，遊智慧室，坐智慧床，餐智慧食，是得智慧機相之本。"

真相論

曜明真人稽首問天尊曰："不審世間真相，爲一相耶？爲異相耶[30]？"天尊告言："曜明真士，今當問子，子之所見，爲法見耶？爲相見耶[31]？"曜明答曰："世間真相，有法見耶？有相見耶？"天尊答曰[32]："真相世間，本無差別，衆生所見，未能通達。但觀其相，未能見法，是故分別。世間真相，其相不同。今以慧眼，觀世間相，即相是真。能了真相，名爲見法。以是之故，不壞世間，而得真相。"曜明又曰："不壞世間，而得真相，未審世間，何以爲相[33]？而言不壞，即是真相。"天尊曰："世間相者，即是無明，貪著愛見，瞋恚愚癡等諸煩惱，是世間相。""若人能知，煩惱性空，本無貪愛，無明永靜，無法可斷。以是當知，不斷煩惱，而得真相。無相無斷無得，無明無法無斷，無得名斷煩惱，無斷名得真相[34]。以是當知，不斷煩惱，而得真相。""如向所說，是有二種：一者相見，二者法見。法見之人，言得真相；相見之人，言得煩惱。以是當知，法見之人，常得妙本，故得真相；相見之人，常觀麤迹，故得煩惱。若人能知煩惱性空，未曾有法，從迹觀本，名得法見。"

陰陽五行論

陰潛陽內，陽伏陰中。陰得陽蒸，故能上昇；陽得陰制，故能下降。陽蒸陰以息氣，陰凝陽以澄精。日月昇降，乾坤交泰，而萬化成焉。陰陽自少至老，而分爲五行。少陽成木，老陽成火；少陰成金，老陰成水。參而和之，而成夫婦。火性炎蒸，木性勁直，金性堅剛，水性潤滋，土性和柔。故木以發之，火以化之，水以滋之，土以和之，金以勁之，故得品物成焉。五勝者，皆以生我爲利，尅彼爲用，利用相乘，故有成敗。經云："五行相尅[35]，萬物悉可全。"云動靜者，終始之道；聚散者，化生之門也。陽其動乎！陰其處乎！動以生之，靜以息之。淳陽不生，淳陰不成。陰陽更用，晝夜相資。晝日行陽，夜月行陰，陽養於陰，陰發於陽，而明生焉。陽和氣者，發於春，王於夏，收於秋，藏於冬。九地之下反有陽，九天之上反有陰。故十一月卦辭云："《復》其見[36]天地之心乎！"陽在下也。陽伏地內，潛静之時，故見天心。其在人也，腎藏於陽，腦潛於陰。及其老也，和氣不足，陰陽將散，則陽上昇，陰下降，故腦熱而腎冷。腎無陽氣，則脚無力；腦無陰氣，則眼目不明。故陰陽不交，萬物不成。純陽亢極，則日月無光，草木以之焦枯；純陰滯畜，則霖雨淫霪，水淹以之漂蕩。故陰陽相磨，天地相盪，震而爲雷，擊而爲電，鼓而爲風，結而爲雹，蒸而爲雲霧，液而爲雨露，凝而爲霜雪。和氣爲民人，偏氣爲禽獸，雜氣爲草木，煩氣爲蟲魚。

【校記】

〔1〕"非"原作"若"，據《宗玄先生文集》卷中《神仙可學論》及《文選》卷五三嵇叔夜《養生論》改。

〔2〕"天監"，《尚書·湯誥》作"天道"。

〔3〕"爲"，《宗玄先生文集》卷中《神仙可學論》作"遺"。

〔4〕"韞"，上書作"蘊"，《易·繫辭》上作"縕"。

〔5〕"正"，《宗玄先生文集》卷中《神仙可學論》作"貞"。

〔6〕"亡"原作"忘"，據上書改。

〔7〕"説"原作"欲"，據《太上一乘海空智藏經》（下稱《海空智藏經》）卷二《哀歎品》改。

〔8〕"之性"二字原無，據上書增。

〔9〕"爲各各有？若共有者"原作"各各有之。若共者"，據上書改。

〔10〕"若一人和，百千亦和"原作"若一人可和千百，則千百亦和"，據上書删改。

〔11〕"百千亦怨"四字原無，據上書增。

〔12〕"一人得時，一切亦得"原作"一人時和一切"，據上書改。

〔13〕"是"字原無，據上書增。

〔14〕"是"字原無，據上書增。

〔15〕"迬"原作"怎"，據上書改。

〔16〕"皆悉鹹物"，上書作"皆悉有鹹"。

〔17〕"鹽性不失，徧五味中"原作"性不失，徧五味之中"，據上書改。

〔18〕"皆悉鹹味"，上書作"皆悉有鹹"。

〔19〕"有相、無相、非有非無相"原作"有相、非有相、非無相"，據《海空智藏經》卷一《序品》改。

〔20〕"定然"，上書作"挺然"。

〔21〕"空"原作"人"，據上書改。

〔22〕"感"原作"用"，據上書改。

〔23〕"似"原作"以"，據上書改。

〔24〕"雲能生雨，如此等例"，原無"雲能""例"三字，據上書增。

〔25〕"無不出無"原作"無無不出"，據上書改。

〔26〕"又復觀於即有形質"，上書作"又復觀有，即著形質"。

〔27〕"象"，上書作"實"。

〔28〕"命"，上書作"全"。

〔29〕"令"，上書作"全"。

〔30〕"爲異相耶"四字原無，據《大乘妙林經》卷上《觀真相品》第二增。

〔31〕"爲相見耶"四字原無，據上書增。

〔32〕"天尊答曰"原作"天尊答曰告言"，據上書刪。

〔33〕"何以爲相"，上書作"以何爲相"。

〔34〕"無相無斷無得"至"無斷名得真相"，上書作"真相無相，無相無得；無明無法，無法無斷。無斷無得名斷煩惱，無得無斷名得真相"。

〔35〕"五行相尅"，宋徽宗御注《西昇經》卷中《聖人之辭章第十一》作"五行不相尅"。

〔36〕"其見"原作"見其"，據《道藏輯要》本及《易·復》改。

雲笈七籤卷之九十四

仙籍語論要記

坐忘論 并序凡七篇

夫人之所貴者，生也。生之所貴者，道也。人之有道，如魚之有水。涸轍之魚，猶希升[1]水。弱喪之俗，無心[2]造道。惡生死之苦，愛生死之業。重道德之名，輕道德之行。喜色味爲得志，鄙恬素爲窮辱。竭難得之貨，市來生之福，縱易染之情，喪今身之道。自云智巧，如夢如迷。生來死去，循環萬劫。審惟倒置，何甚如之[3]！故《妙真經》云："人常失道，非道失人；人常去生，非生去人[4]。故養生者慎勿失道，爲道者慎勿失生。使道與生相守，生與道相保，二者不相離，然後乃長久。"言長久者，得道之質也。經云："生者，天之大德也，地之大樂也，人之大福也。道人致之，非命禄也。"又《西昇經》云："我命在我，不屬於天。"[5]由此言之，修短在己，得非天與，失非人奪。捫心苦晚，時不少留。所恨朝菌之年，已過知命；歸道之要，猶未精通。爲惜寸陰，速如景燭。勉尋經旨，事簡理直，其事易行，與心病[6]相應者，約著安心坐忘之法[7]，略成七條，修道階次，兼其《樞翼》，以編叙之[8]。

信　　敬[9]

夫信者道之根，敬者德之蒂。根深則道可長，蒂固則德可茂。然則璧耀連城之彩，卞和致刖[10]；言開保國之効，伍子從誅。斯乃形器著而心緒迷，理事萌而情思忽。況至道超於色味，真性隔於可欲，而能聞希微以懸信，聽罔象而不惑者哉！如人有聞坐忘之法[11]，信是修道之要，敬仰尊重，決定無疑者，加之勤行，得道必矣。故莊周云："墮肢體，黜聰明，離形去智，同於大通，是謂坐忘。"夫坐忘者，何所不忘哉！內不覺其一身，外不知乎宇宙，與道冥一，萬慮皆遺，故《莊子》云"同於大通"。此則言淺而意深，惑者聞而不信，懷寶求寶，其如之何？故經云："信不足，有不信。"[12]謂信道之心不足者，乃有不信之禍及之，何道之可望乎？

斷　　緣

斷緣者，謂斷有爲俗事之緣也。棄事則形不勞，無爲則心自安，恬簡日就，塵累日薄，跡彌遠俗，心彌近道，至神至聖，孰不由此乎？故《經》云："塞其兌，閉其門，終身不勤。"或顯德露能，來[13]人保己；或遺問慶弔，以事往還；或假修隱逸，情希昇進；或酒食邀致，以望後恩。斯乃巧蘊機心，以干時利，既非順道，深妨正業。凡此之類，皆應絕之。故《經》云："開其兌，濟其事，終身不救。"我但不唱，彼自不和。彼雖有唱，我不和之。舊緣漸斷，新緣莫結。醴交勢合，自致日疎，無事安閒，方可修道。故《莊子》云："不將不迎。"爲無交俗之情故也。又云："無爲名尸，無爲謀府，無爲事任，無爲知主。"若事有不可廢者，不得已而行之，勿遂生愛繫心爲業。

收　　心

夫心者，一身之主，百神之師。靜則生慧，動則成昏。欣迷幻境之中，唯言寔是；甘宴有爲之內，誰悟虛非？心識顛癡，良由所託之地。且卜鄰而居，猶從改操；擇交而友，尚能致益。況身離生死之境，心居至道之中，安不捨彼乎？能不得此乎？所以學道之初，要須安坐，收心離境，住無所有，不著一物，自入虛無，心乃合道。故經云：至道之中，寂無所有[14]，神用無方，心體亦然。源其心體，以道爲本。但爲心神被染，蒙蔽漸深，流浪日久，遂與道隔。今若能淨除心垢，開釋神本，名曰修道。無復流浪，與道冥合，安在道中，名曰歸根。守根不離，名曰靜定。靜定日久，病消命復。復而又續，自得知常。知則無所不明，常則永無變滅。出離生死，寔由於此。是故法道安心，貴無所著。故《經》云："夫物芸芸，各歸其根，歸根曰靜，靜曰[15]復命。復命曰常，知常曰明。"若執心住空，還是有所，非謂無所。凡住有所，則自令人心勞氣發[16]，既不合理，又反成疾。但心不著物，又得不動，此是真定正基。用此爲定，心氣調和，久益輕爽。以此爲驗，則邪正可知。若心起皆滅，不簡是非，永斷知覺，入於盲定。若任心所起，一無收制，則與凡人元來不別。若唯斷善惡，心無指歸，肆意浮遊，待自定者，徒自誤耳。若遍行諸事，言心無染者，於言甚美，於行甚非，真學之流，特宜戒此。今則息亂而不滅照，守靜而不著空，行之有常，自得真見。如有時事或法有要疑者[17]，且任思量，令事得濟，所疑復悟，此亦生慧正根。事訖則止，實莫多思，多思則以知害恬[18]，爲子傷本。雖騁一時之俊，終虧萬代之業。若煩邪亂想，隨覺則除。若聞毀譽之名，善惡等事，皆即撥去，莫將心受。若心受之即心滿，心滿則道無所居。所有聞見，如不聞見，則是非美惡不入於心。心不受外，名曰虛心；心不逐外，名曰安心。心安而虛，則道自來止[19]。故經云："人能虛心[20]無爲，非欲於道，道自歸之。"內心既無所著，外行亦無所爲。非靜非穢，故毀譽無從生；非智非愚，故利害無由至。實則順中爲常，權可與時消息，苟免諸累，是其智也。若非時非事，役思強爲者，自云不著，終非真覺。何邪？心法如眼也。纖毫入眼，眼則不安；小事關心，心必動亂。既有動病，難入定門。是故修道之要，急在除病。病若不除，終不得定。又如良田，荊棘未誅，雖下種子，嘉苗不成。愛見思慮，是心荊棘，若不除剪，定慧不生。或身居富貴，或學備經史，言則慈儉，行乃貪殘。辯足以飾非，勢足以威物，得則名己，過必尤人。

此病最深，雖學無益。所以然者，爲自是故。然此心由來依境，未慣獨立，乍無所託，難以自安。縱得蹔安，還復散亂。隨起隨制，務令不動，久久調熟，自得安閑。無問晝夜，行立坐卧，及應事之時，常須作意安之。若心得定，但須安養，莫有惱觸。少得定分，則堪自樂。漸漸馴狎，唯覺清遠。平生所重，已嫌弊漏[21]，況因定生慧，深達真假乎！牛馬，家畜也，放縱不收，猶自生鯁，不受駕御；鷹鸇，野鳥也，被人繫絆，終日在手，自然調熟。況心之放逸，縱任不收，唯益麤疎，何能觀妙？故《經》云：“雖有拱璧以先駟馬，不如坐進此道。”夫法之妙[22]者，其在能行，不在能言。行之則此言爲當，不行則此言爲妄。又時人所學，貴難賤易。若深論法，惟廣[23]説虛無，思慮所不達[24]，行用所無階[25]者，則歎不可思議，而下風盡禮。如其信言不美，指事陳情，聞則心解，言則可行者，此實不可思議，而人不信[26]。故《經》云：“吾言甚易知，甚易行。天下莫能知，莫能行。”“夫唯無知，是以不我知”[27]也。或有言火不熱，燈不照闇，稱爲妙義。夫火以熱爲用，燈以照[28]爲功。今則盛言火不熱，未嘗一時廢火；空言燈不照闇，必須終夜然燈。言行相違，理實無取。此只破相之言，而人反以爲深元之妙。雖則惠子之宏辯，莊生以爲不堪。膚受之流，誰能科[29]簡？至學之士，庶不留心。或曰：“夫爲大道者，在物而心不染，處動而神不亂，無事而不爲，無時而不寂。今猶避事而取静，離動而之[30]定。勞於控制，乃有動静二心；滯於住守，是成取捨兩病。不覺其所執，仍自謂道之階要，何其謬耶！”述[31]曰：“總物而稱大，通[32]物之謂道，在物而不染，處事而不亂，真爲大矣！實爲妙矣！然謂吾子之鑒有所未明。何則？徒見貝錦之輝煥，未曉始抽於素絲；纔聞鳴鶴之沖天，詎識先資於穀食？蔽日之榦，起於毫末；神凝之聖，積習而成。今徒學語其聖德，而不知聖之所以德。可謂‘見卵[33]而求時夜，見彈而求鴞炙。’何其造次哉！故《經》云：‘玄德深矣！遠矣！與物反矣！然後乃至大順。’”

簡　事

　　夫人之生也，必營於事物。事物稱萬，不獨委於一人。巢林一枝，鳥見遺於叢葦[34]；飲河滿腹，獸不悋於洪波。外求諸物，內明諸己。知生之有分，不務分之所無，識事之有當，不任非當之事[35]。事非當則傷於智力，務過分則斃於形神。身且不安，何情及道？是以修道之人，要須斷簡事物，知其閑要，較量輕重，識其去取。非要非重，皆應絕之。猶人食有酒肉，衣有羅綺，身有名位，財有金玉。此並情欲之餘好，非益生之良藥。衆皆徇之，自致亡敗。靜而思之，何迷之甚！故莊子云：「達生之情者，不務生之所無以爲[36]。」生之所無以爲者，分[37]外物也。蔬食弊衣，足延性命，豈待酒食羅綺然後爲生哉！是故於生無[38]要用者，並須去之，於生雖用，有餘者亦須捨之。財有害氣，積則傷人，雖少猶累，而況多乎！今以隨侯之珠，彈千仞之雀，人猶笑之。況棄道德，忽性命，而從非要以自促伐者乎！夫以名位比於道德，則名位假而賤，道德真而貴。能知貴賤，應須去取。不以名害身，不以位易道。故莊子云：「行名失己，非士也。」[39]《西昇經》云：「抱元守一，過[40]度神仙，子未能守，但坐榮官。」若不簡擇，觸事皆爲，則身勞智昏，修道事闕。若處事安閑，在物無累者，自屬證成之人。若實未成，而言無累者，誠自誑耳。

真　觀

　　夫觀者，智士之先鑒，能人之善察。究儻來之禍福，詳動靜之吉凶。得見機前，因之造適。深祈衛定，功務全生[41]。自始之末，行無遺累。理不違此，故[42]謂之真觀。然則一餐一寢，居爲損益之源；一言一行，堪成禍福之本。雖則巧持其末，不如拙戒其本。觀本知末，又非躁競之情。是故收心簡事，日損有爲。體靜心閑，方能觀見真理。故《經》云：「常無欲，以觀其妙。」然於修道之身，必資衣食。事有不可廢，物有不可棄者，當須虛襟而受之，明目而當之，勿以爲妨，心生煩躁。若見事爲事而煩躁者[43]，心病已動，何名安心？夫人事衣食者，我之船舫也[44]。我欲渡海，事資船舫。渡海若訖，理自不留。何因未渡，先欲廢船？衣食虛幻，實不足營。爲欲[45]出離虛幻，故求衣食。雖有營求之事，莫生得失之心。則有事無事，心常安泰。與物同求，而不同貪；與物同得，而不同積。不貪故無憂，不積故無失。跡每同人，心常異俗。此實行之宗要，可力爲之。前雖斷簡，病有難除者，且依法觀之。若色病重者，當觀染色都由想耳。想若不生，終無色事。若知色想外空，色心內妄，妄心空想，誰爲色主？經云：“色者，全是想耳！”想悉是空，何有色耶？又思祅妍美色，甚於狐魅。狐魅惑人，令人厭患。身雖致死，不入惡道，爲厭患故，永離邪淫。祅艷惑人，令人愛著，乃至身死，留戀彌深。爲邪念故，死墮地獄，永失人道，福路長乖[46]。故經云：“今世發心爲夫妻，死後不得俱生人道。”所以者何？爲邪念故。又觀色若定是美，何故魚見深入，鳥見高飛，仙人以爲穢濁，賢士喻之刀斧？一生之命，七日不食，便至於死。百年無色，翻免夭傷。故知色者，非身心之切要，適爲性命之讎賊，何乃繫戀[47]，自取銷毀？若見他人爲惡，心生嫌惡者，猶如見人自殺，己身引項，承取他刃，以自害命。他自爲惡，不遣我[48]當，何故引取他惡，以爲己病？又見爲惡者若可嫌，見爲善者亦須惡。夫何故？同障道故。若苦貧者，則審觀之，誰與我貧？天地平等，覆載無私，我今貧苦，非天地也。父母生子，欲令富貴，我今貧賤，非由父母。人及鬼神，自救無暇，何能有力，將貧與我？進退尋察，無所從來，乃知我業也，乃知天命也。業由我造，命由天賦。業命之有，猶影響之逐形聲，既不可逃，又不可怨。唯有智者，因而善之，樂天知命，不覺貧之可苦[49]。故《莊子》云：“業入而不舍[50]。”爲自業故，貧病來入，不可舍止。經云：“天地不能改其操，陰陽不能廻其業。”由此言之，故知真命非假物也，有何怨焉？又如勇士逢賊，無所畏懼，揮劍當前，羣寇皆潰，功勳一立，榮祿終身。今有貧病惱害我者，則寇賊也。我有正心，則勇士也。用智觀察，則揮劍也。惱累消除，則戰勝也。湛然常樂，則榮祿也。凡有苦事來迫，我心不作此觀，而生憂惱者，如人逢賊，不立功勳，棄甲背軍，以受逃亡之罪[51]。去樂就苦，何可愍焉！若病者[52]，當觀此病，由有我身，我若無身，患無所託。故《經》云："及吾無身，吾有何患？"次觀於心，亦無真宰，內外求覓，無能受者。所有計念，從妄[53]心生，若枯體灰心，則萬病俱泯。若惡死者，應念我身，是神之舍。身今老病，氣力衰微，如屋朽壞，不堪居止，自須捨離，別處求安。身死神逝，亦復如是。若戀生惡死，拒違變化，則神識錯亂，自失[54]正業。以此託生，受氣之際，不感清秀，多逢濁辱。蓋下愚貪鄙，寔此之由。是故當生不悅，順死無惡者，一爲生死理齊，二爲後身成業。若貪愛萬境，一愛一病。一肢有疾，猶令舉體不安，況一心萬疾[55]，身欲長生，豈可得乎？凡有愛惡，皆是妄生。積妄不除，何以見道？是故心捨諸欲，住無所有，除情正信[56]，然後返觀舊所癡愛，自生厭薄。若以合境之心觀境，終身不覺有惡；如將離境之心觀境，方能了見是非。譬如醒人，能知醉者爲惡；如其自醉，不覺他[57]非。故經云："吾本棄俗，厭離人[58]間。"又云："耳目聲色，爲子留愆；鼻口所喜，香味是怨。"老君厭世棄俗，猶見香味爲怨。嗜欲之流，焉知鮑肆爲臭哉！

泰　　定

夫定者，盡俗[59]之極地，致道之初基，習靜之成功，持安之畢事。形如槁木，心若死灰，無感無求，寂泊之至。無心於定而無所不定，故曰泰定。《莊子》云："宇泰定者，發乎天光。"宇則心也，天光則慧也。心爲道之器宇，虛靜至極，則道居而慧生。慧出本性，非適今有，故曰天光。但以貪愛濁亂，遂至昏迷。澡雪柔挺，復歸純靜。本真神識稍稍自明，非謂今時別生他慧。慧既生已，寶而懷之，勿爲多知，以傷於定[60]。非生慧之難，慧而不用爲難。自古忘形者衆，忘名者寡。慧而不用，是忘名者也，天下希及之，是故爲難。貴能不驕，富能不奢，爲無俗過，故得長守富貴；定而不動，慧而不用，德而不恃，爲無道過，故得深證常道。故《莊子》云："知道易，勿言難。知而不言，所以之天；知而言之，所以之人。古之人，天而不人。"慧能知道，非得道也。人知得慧之利，未知得道之益。因慧以明至理，縱辯以感物情。與[61]心徇事，觸類而長，自云處動，而心常寂焉。知寂者，寂以待物乎！此行此言，俱非泰定[62]。智雖出衆，彌不近道。本期逐鹿，獲兔而歸。所得蓋微，良由[63]局小。故《莊子》云："古之修[64]道者，以恬養智。智生而無以知爲也，謂之以智養恬。智與恬交相養，而和理出其性。"恬智則定慧也，和理則道德也。有智不用，以安其恬。養而久之，自成道德。然論此定，因爲而得成。或因觀利而見害，懼禍而息心；或因損捨滌除，積習心熟，同歸於定，咸若自然。疾雷破山而不驚，白刃交前而無懼。視名利如過隙，知生死若潰癰。故知用志不分，乃凝神也。心之虛妙，不可思也。夫心之爲物，即體非有，隨用非無，不馳而速，不召而至。怒則玄石飲羽，怨則朱夏殞霜。縱惡則九幽匪遙，積善則三清何遠？忽來忽往，動寂不能名；時可時否，蓍龜莫能測。其爲調御，豈鹿馬比其難乎！太上老君運常善以救人，昇靈臺而演妙，略二乘之因果，廣萬有之自然。漸之以日損，頓之以不學。喻則張弓鑿户，法則挫鋭解紛。修之有途，習以成性。黜聰墮體，嗒焉坐忘，不動於寂，幾微入照。履殊方者，了義無日；由[65]斯道者，觀妙可期。力少功多，要矣！妙矣！

得　　道

夫道者，神異之物，靈而有性，虛而無象，隨迎莫測，影響莫求，不知所以然而然[66]。通生無匱謂之道，至聖得之於古，妙法傳之於今。循名究理，全然有實。上士純信，克己勤行。虛心[67]谷神，唯道來集。道有至力，染易形神[68]。形隨道通，與神爲一。形神合一，謂之神人。神性虛融，體無變滅。形與之同，故無生死。隱則形同於神，顯則神同於形[69]。所以蹈水火而無害，對日月而無影。存亡在己，出入無間。身爲滓質，猶至虛妙，況其靈智益深益遠乎！故《靈寶經》[70]云："身神並[71]一，則爲真身。"又《西昇經》云："形神合同，故[72]能長久。"然虛心之道，力有深淺，深則兼被於形，淺則唯及其心。被形者，則神人也；及心者，但得慧覺而已，身不免謝。何則？慧是心用，用多則體勞。初得小慧，悦而多辯，神氣散洩，無靈潤身，生致早終，道故難備。經云屍解，此之謂也。是故大人含光藏暉，以期全備。凝神寶氣，學道無心，神與道合，謂之得道。故《經》云："同於道者，道亦樂[73]得之。"又云："古之所以貴此道者何？不曰[74]求以得，有罪以免耶？"山有玉，草木因之不彫；人懷道，形體得之永固[75]。資薰日久，變質同神；練神入微，與道冥一。散一身爲萬法，混萬法爲一身。智照無邊，形超有際[76]。總色空以爲用，合造化以爲功。真應無方，信[77]惟道德。故《西昇經》云："與天同心而無知，與道同身而無體，而後天[78]道盛矣。"而言盛者，謂證得其極。又云："神不出身，與道同久。"且身與道同，則無時而不存。心與道同，則無法而不通。耳則道耳，無聲而不聞；眼則道眼，無色而不見[79]。六根洞達，良由於此。[80]

至論玄教，爲利深廣，循文究理，嘗試言之：夫上清隱秘，精修在感，假神丹以鍊質，智識爲之洞忘；《道德》開宗，勤信唯一，蘊虛心以滌累，形骸得之絶影。方便善巧，俱會道源。心體相資，理踰車室。從外因內，異軌同歸。該通奧賾，議默無逮。二者之妙，故非孔釋之所能隣。其餘不知，蓋是常耳。

【校記】

〔1〕"升"，《道藏》本《坐忘論》作"斗"。

〔2〕"心"，上書作"情"。

〔3〕"喜色味爲得志"至"何甚如之"凡五十六字，上書無。自此以下至"勉尋經旨"凡一百六十字，上書亦無。

〔4〕"人"原作"道"，據《道藏輯要》本改。

〔5〕"我命在我，不屬於天"，宋徽宗御注《西昇經》卷下《我命章》作"我命在我，不屬天地"。

〔6〕"心病"，《道藏》本《坐忘論》作"心法"。

〔7〕"約著安心坐忘之法"八字，上書無。

〔8〕"修道階次，兼其樞翼，以編叙之"，上書作"以爲修道階次，樞翼附焉"。

〔9〕"信敬"，上書作"敬信一"。以下六章章名後，上書均有章數。

〔10〕"刖"原作"則"，據上書改。

〔11〕"法"，上書作"言"。

〔12〕"信不足，有不信"，上書作"信不足焉有不信"，王弼《老子注》作"信不足焉，有不信焉"。

〔13〕"來"，《道藏》本《坐忘論》作"求"。

〔14〕"至道之中，寂無所有"原作"至道故之中寂所有"，據上書改。

〔15〕"靜曰"，《道德經》作"是謂"。

〔16〕"則自令人心勞氣發"，《道藏》本《坐忘論》作"則令心勞"。

〔17〕"法有要疑者"，上書作"法要有疑者"。

〔18〕"事訖則止，實莫多思，多思則以知害恬"，上書作"悟已則止，切莫有思。思則以智害恬"。

〔19〕"則道自來止"，上書作"道自來居"。

〔20〕"虛心"，宋徽宗御注《西昇經》卷下《道德章第三六》作"虛空"。

〔21〕"漏"，《道藏》本《坐忘論》作"陋"。

〔22〕"妙"，上書作"妙用"。

〔23〕"廣"原作"黄"，據上書改。

〔24〕"不達"，上書作"莫能達"。

〔25〕"無階"，上書作"莫能階"。

〔26〕"而人不信"，上書作"而人翻以爲淺近而輕忽不信"。

〔27〕"夫唯無知，是以不我知"，"無"原作"不"，"我"原作"吾"，據上書改。

〔28〕"照"字後，上書有"闇"字。

〔29〕"科"，上書作"斷"。

〔30〕"之"，上書作"求"。

〔31〕"述"，上書作"答"。

〔32〕"通"原作"道"，據上書改。

〔33〕"卯"原作"卯"，據《四部叢刊》本及《莊子·齊物論》改。

〔34〕"叢葦"，《道藏》本《坐忘論》作"叢泊"。

〔35〕"非當之事"，上書作"事之非當"。

〔36〕"爲"後原有"生之所無"四字，據上書刪。

〔37〕"分"後原有"之"字，據上書刪。

〔38〕"無"字後，上書有"所"字。

〔39〕"行名失己，非士也"，今本《莊子》無。"行"疑作"徇"。

〔40〕"過"原作"至"，據《道藏》本《坐忘論》及宋徽宗御注《西昇經》卷上《邪正章第七》改。

〔41〕"深祈衛定，功務全生"，《道藏》本《坐忘論》"定"作"足"，"功"作"竊"。

〔42〕"故"，上書作"者"，連上句。

〔43〕"若見事爲事而煩躁者"，上書作"若因事煩燥者"。

〔44〕"也"字原無，據上書增。

〔45〕"欲"字，上書無。

〔46〕"死墮地獄，永失人道，福路長乖"，上書作"死墜諸趣，生地獄中"。又"失"原作"夫"，據《道藏輯要》本、《四部叢刊》本改。

〔47〕"何乃繫戀"，《道藏》本《坐忘論》作"何須繫著"。

〔48〕"我"原作"伐"，據上書改。

〔49〕"因而善之，樂天知命，不覺貧之可苦"，上書作"善而達之，樂天知命故不憂，何貧之可苦也"。

〔50〕"舍"前原有"可"字，據《莊子·庚桑楚》刪。

〔51〕"以受逃亡之罪"，《道藏》本《坐忘論》作"逃亡獲罪"。

〔52〕"若病者"，上書作"若病苦者"。

〔53〕"妄"原作"忘"，據上書改。

〔54〕"自失"，上書作"失其"。

〔55〕"況一心萬疾"，"況"原作"而向"，據上書改。"疾"，上書作"病"。

〔56〕"除情正信"，上書作"徐清有本"。

〔57〕"他"，上書作"其"。

〔58〕"人"，宋徽宗御注《西昇經》卷上《邪正章第七》作"世"。

〔59〕"盡俗"，《道藏》本《坐忘論》作"出俗"。

〔60〕"勿爲多知，以傷於定"，上書"爲"作"以"，"以"作"而"。

〔61〕"與"，上書作"興"。

〔62〕"此行此言，俱非泰定"，上書作"此語俱非泰定也"。

〔63〕"由"原作"曲"，據上書改。

〔64〕"修"，《莊子·繕性篇》作"治"。

〔65〕"由"，《道藏》本《坐忘論》作"遊"。

〔66〕"不知所以然而然"原作"不知所以不然而然之"，據上書删。

〔67〕"虛心"原作"空心"，據上書改。

〔68〕"道有至力，染易形神"，上書"至"作"深"，"染"作"徐"。

〔69〕"形"，上書作"氣"。

〔70〕"靈寶經"，上書作"生神經"。

〔71〕"並"原作"共"，據上書改。

〔72〕"故"，宋徽宗御注《西昇經·民之章》作"固"。

〔73〕"樂"字原無，據《老子·道經》增。

〔74〕"曰"原作"日"，據《道藏輯要》本及《老子·德經》改。

〔75〕"形體得之永固"，《道藏》本《坐忘論》作"形骸以之永固"。

〔76〕"有際"，上書作"靡極"。

〔77〕"信"，上書作"其"。

〔78〕"而後天"原作"然後大"，據宋徽宗御注《西昇經》卷中《道虛章第二十》改。

〔79〕"耳則道耳，無聲而不聞；眼則道眼，無色而不見"，《道藏》本《坐

忘論》作"耳與道同，則無聲而不聞；眼與道同，則無色而不見"。

〔80〕此下一百九字，與上書此下之五十一字互異。又上書末載《坐忘樞翼》，本書畧之。

雲笈七籤卷之九十五

仙籍語論要記

法性虛妄

《妙林經》云：天尊告度命真士曰："所謂安樂，皆從心生。心性本空，云何修行？知[1]諸法空，乃名安樂。譬如愁人，心意昏亂，煩毒熱悶。於此人前，設諸幻術，木男木女，木牛木馬，羅列施張，作諸戲術。愁者見之，生牛馬想，息諸煩惱[2]，心意泰然。我今亦爾，一切衆生，虛妄愁毒，未能安樂。是故我說，修諸功德，無量無邊，乃得[3]往生不思議土。若知虛妄，本無所有，一切衆生，舉足行步，諸所作爲，悉不思議。若知清靜，自在無礙，心所求願，恣意充足。若有修善，當得往生三清妙土。如此方便，止彼虛妄，而實未曾有彼三清常樂境界之所希望。若欲速得三清寶城[4]常樂淨土，當以大乘無上慧心，觀我身相，從無量劫，因何法生？既知無因，乃知無[5]我。以無我故，是我身常在三清常樂淨土。"

道性因緣

海空智藏作禮問言："天尊，我今思念萬兆造化之由，云何[6]一切諸法各有道性從因緣生？以是因緣，應有縛耶？應無縛耶？是五陰耶？是六塵耶？"天尊答曰："譬如衆生臨欲終時，如日之沒[7]，臨欲沒時，山陵堆阜，影見東移，理無西没。衆生業果，亦復如是。此五陰滅，彼五陰生。譬如燈明暗滅，燈滅暗生。譬如泥瓶，泥與瓶合，泥滅瓶成，而是泥相，終不名瓶。瓶雖非泥，不餘處來，以泥因緣，而生是瓶。五陰生滅[8]，亦復如是。有煩惱故，名爲繫縛；無煩惱故，名爲解脱。譬如眼根，開時見色，閉時無見。煩惱繫縛，合散生滅，更無别法。衆生五陰，亦復如是。"

本性淳善

天尊告最勝童子："當知夫一切六道四生業性，始有識神，皆悉淳善，唯一不雜，與道同體。依道而行，行住起臥，語默飲食，皆合真理。如魚在水，始生之初，便習江湖，不假教令。亦如玉質本白，黛色本青，火性本熱，水性本冷，不關習學，理本自然。一切衆生識神，亦復如是，禀乎自然，自應道性，無有差異。云何而生種種惡緣，地獄餓鬼畜生等報？當知皆是六根所引。所以六根、六濁、六情、六染，是四大結，能生種種善惡業因，增長三途種種知惱，能斷無始以來[9]一切善本。"又真人決理禮白天尊："既言一切衆生，有識神[10]初，淳善不雜，行必合規，動應真理，進退俯仰，行住起臥，莫有失節，一一諸法，皆合道宗，無有差異。若如此者，衆生所見，及與所聞，動止所爲，云何得染麤穢之事？"天尊曰："譬如冰寒之堂，淳以冰凍而爲，梁柱床席屏幰莫非冰結，就此中間，云何得火？云何得熱？煩惱之患，一切衆生，識神之初，亦復如是。""本既爲善，所習復善，云何獲惡[11]，種種果報？又復天尊，譬如百和之香，共在一篋之内，芬芳流溢，無有一毫[12]臭穢之氣。識神之初，亦復如是，本既香潔，滓穢無方。又復天尊，譬如日光，炅發明照，於其中間，了無暗黑。識神之初，亦復如是。本既曉了冥昧[13]，云何猶復並用？我今有疑，世間不容於善法中，生無量惡。唯願大德，爲我解説，令諸衆會悉皆洗然，離諸疑滯。"爾時天尊安詳答言："決理真人，如斯切問，不可思議。汝等已曾親近無量無邊一切眞人，供養無量無邊一切天尊，通達大智，曉了無礙，故能發此微妙之言，我當爲汝具實解説，汝等諦聽，勿生疲怠。決理大眞，夫人心法，不可全以譬喻如[14]冰凍、瑠璃香等。所以爾者，如此物等皆爲静法，其質安謐[15]，不能變易。是以其體，不能生他，以静因故，物不能入，此譬爲異。若喻日者，是義或同。所以爾者，日不恒明，體[16]不恒正，有時薄蝕，有時戾隱。心法亦爾，遷動不定，染滯所驅，貪著利已所招爾。"

有爲無爲法

爾時天尊告海空智藏言："汝勿邪疑！執有著相以尋至眞無上之道，寧可得乎？眞士當知，一切諸法，有爲性相，悉皆滅壞，無有常住。所以者何？三界之中[17]，所行諸法，是知因藉[18]衆生心力，衆生之性，念念生滅。有爲之法，亦復皆爾。念念生滅，即其生時，已是滅相；即其實時，便生空相。有不常故，故謂爲空。無爲之法，不可毀滅，不可測量。若有感應，則隨事顯；若無感應，湛然恒存。以是當知，繼有爲者，則有滅相，有滅相故，是謂爲空。無所繼者，則無毁壞，無毁壞故，是謂爲有。汝當思惟，善加分别，一切妙法，本源所在。"

觀四大相

上眞童子曰："觀諸衆生四大之相，何大是我？如空中雲，如熱時火，如電中光[19]，如水中月，如幻如化，如鏡中像，如空中響。色想行識，悉皆如是。衆生心相，不可思議，非是二乘之所能了，大哀天尊！衆生之相，亦復如是。不來不去，非有非無，非内非外。來無所從，去無所至，而常流轉，虚妄受苦[20]。皆以衆生無始以來，染著我故，增長惡根，受大煩惱，無有窮盡。衆生之相，烟熅之源[21]，神本澄清，湛然無雜，一切法本從中而有。以是因緣，一切衆生，善惡諸業，唯一心作，更無餘法。是故衆生，不來不去，不有不無，同等虛空，無分別相。大哀天尊！我觀衆生相法如是。"

色身煩惱

海空智藏白天尊言："大哀天尊！云何凡夫不見煩惱？於煩惱中，當有身耶？過去世中，身本有耶[22]？未來見在，是身有耶？是身無耶？若有身者，即是色耶？即非色耶？身屬他耶？不屬他耶？非屬他耶？非不屬他耶？有命無身耶？無命有身耶？有身有命耶？無身無命耶？身之與命俱有常耶？俱無常耶？常無常耶？非常非無常耶？"爾時天尊安心含笑，答海空言："善哉！善哉！善男子，一切凡夫，有身無身，煩惱之身。何以故？煩惱身者，囊裹膿血[23]，障於道性，是故衆生，不悟[24]煩惱，有真道性。真道之性，不在內耶？不在外耶？不在中間？亦不有耶？亦不無耶？非過去耶？非見在耶？非未來耶？非色心耶？非自他耶？非有命耶？非無命耶？非有身耶？非無身耶？非有常耶？非無常耶？"爾時海空稽首作禮，白天尊言："如是所説，非有身耶？非無身耶？云何煩惱障於道性？道性之身，從父母耶？從微塵耶？從幻化耶？從自然耶？從虛空耶？從變易耶？從善生耶？從惡生耶？從畜生耶？從地獄耶？從天上耶？若從父母生道性者，云何父母是煩惱耶？非煩惱耶？若是煩惱，云何能生真道性者？若是真生，真性應常，云何真性從煩惱生？若從煩惱，煩惱障惑[25]，墮於地獄。道性之生，亦墮地獄。若是不墮，云何道性從煩惱生？若無煩惱，云何煩惱障於道性？以是義故，唯願慈尊垂哀愍。"説時，衆顒顒欲有所聞。爾時天尊發微妙音，答海空言："善男子，言道性者，無性之性。非有法性，非無法性。道性之生，亦有亦無。善男子，言道性者，非有身生，非無身生，非非無有[26]，非非有無。亦有身生，亦無身生。善男子，云何煩惱障於道性？言道性者，即煩惱生，非煩惱生。亦是煩惱，亦非煩惱[27]。煩惱云何障於道性？善男子，譬如黑雲障於日光，日光[28]之光，不生不滅，不去不來，不有不無。道性之生，亦復如是。善男子，道性之生，非父母生，是父母生。何以故？若父母生，父母生已，生無所生。無生之生，譬如花果，花生無果，果生無花。道性之生，亦復如是。道性云何從父母生？善男子，云何道性從微塵生？言道性者，是微塵生，非微塵生；是幻化生，非幻化生；是自然生，非自然生；是虛空生，非虛空生；是變易生，非變易生；是善因生，非善因生；是惡因生，非惡因生；是畜生生，非畜生生；是地獄生，非地獄生；是天上生，非天上生。以是因緣，無生之生，生生無生。非無法生，非有法生。若如是者，生相不生。若是無者，無生〔29〕不無。不無不有，是爲道性。道性之生，生之所生〔30〕，生生不生。善男子，向難云，若從父母生道性者，云何父母是煩惱耶？善男子，今當爲説，道性者從父母生。善男子，譬如蓮花，從淤泥生之生〔31〕，亦不是泥，亦不非泥。道性之生，亦復如是。亦是父母，亦非父母。善男子，譬如人寄屋生〔32〕，屋非有人。道性之生，亦復如是。如木寄生，隨木而生，生非木種。道性之生，亦復如是，生於煩惱非煩惱。云道性猶如虛空，相不可得，以是當知非煩惱。本亦非衆生，亦非非衆生。善男子，一切衆生，若非父母因緣而生，不識因緣，妄造諸惡，生分別想，不信經典，不愛衆生，任命死生，無復極已。以是因緣，分別善惡，不攝六情，生種種愛，誹謗《一乘海空寶藏》，聞説不聞，聽説不聽，起種種念。以是因緣，或得癩病，或得聾盲，或受畜生牛馬猪犬，或受人形六根不具；雖有人形，而無情智。"

栿 喻

《海空智藏經》云："昔有國王以四虎令人養食，瞻視臥起，摩洗虎身〔33〕。令曰：'若令一虎生瞋恚者，我依律法當斬汝命。'爾時其人聞王教令，心大怖畏，惶惶無所，於是思惟，捨虎而走。爾時大王聞人已走，即遣少剛拔刀隨之。其人回顧，見後少剛，即便疾走。是時少剛以惡方便，即藏持刀，密遣一人，假爲親善而語之言：'汝可來還。'其人不信，即入空城而自匿。既入城中，視諸精舍，悉空無人。既不見人，即便坐臥。聞空中聲：'咄哉男子！此城空曠，無有人居。今夜當有四百賊來，汝設遇者，命不安全。汝當云何而得免之？'爾時其人益增恐怖，復捨而去。路礙河水漂流[34]，無有船舫，心又愁煩，即取種種草木爲栰。復更思惟，我必住此，當爲猛虎之所危害；若渡此河，栰不可依，當沒水死，終不爲彼虎所傷害。即推草栰置之水中，身倚其上，還動手足，截流而去。當到彼岸，安隱如故，心大懽喜。"

病　　說

天尊告善種王曰："我說病者，即是煩惱。煩惱既空，病法亦空。病法既空，身法亦空。何以故？煩惱身者，如幻夢故。以是因緣，以空爲空。"善種又言："地水火風四大之中，何大是身？"答云："煩惱身者非地大，生不離地大；水、火、風大，亦復如是。一切衆生，煩惱身者，從四大起，以之爲病，是故真士，隨之爲病。"於是善種得聞說已，即起作禮，讚歎《一乘海空智藏》，是我大師，爲我輩說言病[35]。諸行無常，身法無我。不說海空，厭離於身。說身有苦，不說常樂。玄都玉京，教導三乘，爲諸衆生，作大橋梁，度生死海。於空城中，託身有疾。哀彼衆生，令識宿世億劫中苦，當念饒益一切衆生，修弘福田。念於衆生，勿令憂惱。勸助衆生，勤行進道[36]。作大醫王，療治衆生一切病根，慰喻衆生，以疾而臥。

爾時海空智藏告善種王："汝等勿疑，我身疾者，而言無疾。今我疾者，皆前世因，妄想[37]顛倒，諸煩惱生，無有實法，惟之爲疾。所以者何？四大合故，假名爲身，四大無主，身亦無著。今我疾者，皆由身起，是故於身，不應生著。善種王既知病本，即除我想及煩惱想，當滅法想。汝等大王，應作是念。但以衆法，合成此身。我身之身，唯起滅法[38]。此法身者，各不相知。起時不言，我起汝滅；滅時不言，我滅汝起。我念衆生，亦復如是。善種大王，汝等當知，應作是念。此法身者，亦是顛倒。是我身者，即是大患，汝等應當厭離此身。云何爲離我所？離我所者，即離二法。離二法者，不念內外，諸法平等。云何平等？我等常樂清靜[39]，內外無我，我亦清靜。此二法者，悉皆空空。以何爲空？但以名字，名字故空。如此二法，無決定性，得是平等，無有餘病，唯有空病。空病亦空，了空病故，是我有病。今我病者，無受而受。說身無常，法相不滅，而取證信，故設有身。普念衆生，發大慈心，說《一乘藏》，調伏我身。亦當調伏一切衆生，除種種病。今我說病，爲斷衆生攀緣病本。諸根若盡，是我無病。善種大王，若有一人有疾而臥，汝等應當作如是念，諸法無我，我身無常。若空非我，雖身有疾，在生死中，化度一切，而不厭倦，是名方便。汝等又復念於我身，身不離病，病不離身[40]，是病是身，非新非故[41]，是惠方便。設身有病，而寂寞故，莫知方便[42]。善種大王，若有衆生有疾而臥，不作是念，不調伏心，不厭離身，而貪求愛。如是人者，是愚人法。當知是人，不離生死地獄。若有一人有疾而臥，念想諸法[43]若空無我，是我身疾在生死中而不生死。無生而故，生死無我，我於生死亦無汙。行住於常樂亦不常樂，不寂靜故，是海空行。如是之行[44]，永離生死煩惱域中。雖有我身，不依身心；雖在三界，不壞法性；雖行於空，亦無空想。"又告善種[45]長者大王："我身雖病，爲諸衆生有疾而臥。雖行無相，爲彼衆生而現受身[46]。雖行無動，爲彼衆生而作動相，種種演說。雖行《一乘海空智藏》，爲彼衆生而遍現微塵之身。雖行智慧轉大法輪，爲彼衆生無明暗室，現大道光，照彼煩惱，俱發善心，行一乘行。"說是語已，善種大王及諸羣臣八千餘人，皆發善心。

求道二患

天尊告度命真士曰："修身求道，具有二患。一者由有惡故[47]，二者見有身故。如是二患，道之大病。是故衆生若欲求道，當以大乘無上慧以觀我身相。既了無身，三業自淨。修六度行，行四等心，是名隨順，方便引接。譬喻[48]如行客，隔礙湯谷，欲到彼岸，無因得過。假借舟航，以濟沈溺。既至彼岸，向之舟航，無所用之。六度四行，亦復如是。爲諸衆生未能體了無生道岸，是故假借六度安慰其心，令得調伏，即了無身，得致道地。六度諸行，無所復用。"度命又言："大德天尊，所說譬喻，要妙深遠。一切衆生，修衆行以求度世。既得度已，無所復行。如是一切成真得道，無所行邪？既無所行，應失大悲。云何大道於衆生常行四弘以度衆苦？"天尊答曰："度命真士，天尊大聖，濟生度苦，無彼此故，無愛憎故，無成壞故，無得失故。譬如橋梁，無心度物，不揀淨穢，是人非人，牛馬騾驢，皆悉通過。天尊大聖，無心大度，亦復如是。雖度衆生，無彼此相，無愛憎相，無成壞相，無得失相。猶如大海，容納百川，無增無減，無穢無淨，無心簡擇。"

夢喻虛妄

天尊謂正見童子曰："十方天尊出現於世，爲欲斷諸衆生虛妄，説此妙經深邃之法。諸衆生各得淨慧，明了法性，無所障翳，知諸法空，本無虛妄。虛妄既空，心性清静，乃知十方一切天尊無出没相。以是之故，十方天尊出現於世，得大利益，一切衆生，皆得正見，泰然安樂。譬如夜夢，見諸毒蛇，開利[49]牙齒，近來逼身，擬作吞噬。心神惶懼，東西馳走，叫聲烈天，迷悶躃地。床邊覺人呼之曰：'咄哉睡夢，如斯叫耶！'而其夢人，忽然睡覺，申舒手足，乃知夢見，虛妄非真，心意正定，泰然安樂。一切衆生，同在三界無明巨室，諸所爲作，皆悉夢幻，無有真實。天尊大聖，説此大乘微妙經典，覺悟一切，令得正見。"

散花喻

　　《真藏經》云：〝天尊在靈解山散本微花，其華飄颻[50]，遍滿法界，非青非白，非赤非黑，非長非短，非大非小，非廣非狹，入於細微，離諸色像。華中有自然之果，其果圓淨，具一切味，非一切味；具一切聲，非一切聲；具一切色，非一切色；具一切香，非一切香；具一切觸，非一切觸；具一切法，非一切法；具一切智，非一切智。其果名具慈甘泉，得此泉味，自然飽滿，無飢無渴，姿容端正，妙麗希有，到靈解山，不生不滅，湛然常住，證無生果。〞

　　〝爾時衆中有一童子，名曰善達，從坐而起，上白天尊：'不審本微之華，中有自然之果，散滿法界，盡諸微塵，無大不覆，無小不入，爲赤爲白，爲青爲黑，爲長爲短，爲大爲小，爲廣爲狹，爲見爲聞，爲來爲去，爲天爲地。如是華果，浩溥周普，徧成法界，不可思議。不審一切衆生，同稟一華，云何諸緣各有差別，善惡不同？生死之業[51]，苦樂殊形？返覆往還，受生各異？或生邊夷，或生中國。或生奴婢，或生人王。或生貧賤，或生富貴。或生跛躄，或生具足。或生愚癡，或生智慧。或生慳貪，或生布施。或生好殺，或生慈悲。或生五逆，或生孝順。或生受苦，或生受樂。或生聾盲，或生聰哲。或生禽蟲，或生魚鼈。如此業報，種種不同，唯願慈悲，分別解釋。'天尊告善達童子曰：'一切法生，皆從一本微華[52]，種種相好。衆生迷惑，不自覺知，於實相中，橫生顚倒。顚倒法成[53]，受苦見懲。自生不孝，慈愛遠離。失本求末，冥冥不曉。長處闇中，無有解脫。我懷[54]慈愍，種種濟度，顯法因由。衆中疑惑，不了業緣，諸法空寂，畢竟無我。'推問：'東方生物有邊崖不？南方顯照有極源不？西方衰殺有情變不？北方冥昧有窮通不？色聲香味觸有色聲香味觸不？貪嗔癡縛有貪嗔癡縛不？善惡行業可修不？不也大慈[55]，所顯推問，諸法行業，並無所得，云何差別，苦樂不同？'天尊曰：'諸法幻生，幻生幻滅。諸法幻滅，幻滅幻生。如是幻相生滅，幻無生滅；幻相去來，幻無去來；幻相貪癡，幻無貪癡；幻相取捨，幻無取捨；幻相煩惱，幻無煩惱；幻相恩愛，幻無恩愛；幻相差別[56]，幻無差別。一切衆生，業緣端正。生滅無幻，來去無幻，貪癡無幻，取捨無幻，煩惱無幻，恩愛無幻，差別無幻，如是空寂，究竟道塲。'善達聞之，忽然覺悟。"

論種子

天尊告曜明真人曰："向問言：'譬如種子，種子不壞，牙莖枝葉花實等法從何而生？'吾今問子：'種子壞邪？牙實生邪？種子若壞，壞則無因，無因有果，斯無是處。牙生種壞，壞則不生，壞爲生因，亦非有是。以是當知[57]，種子牙莖，枝葉花實，非生非壞，非因非果，非不因果。煩惱真相，亦復如是，非前非後，非一非異，非不一異。'"又語曜明："汝爲種子壞乃牙生。今又問子，種壞牙生[58]，壞時生耶？未壞生耶？壞後生耶？若壞時生者，以壞爲生，生則不生。生則壞者，以生爲壞，壞則不壞，云何種壞而得生牙？譬如蔭壞，身則不生，無蔭有身，理則不然。以是當知，種子既壞，牙則不生。無種有牙，理亦不然。是故我言，壞則不生。若有說壞生者，與壞同體，云何得生？譬如一身，諸根同體，云何頭壞，而得足生？理則不然。以是當知，種子壞時，牙則不生。生壞同體，理亦不然。是故我言，壞時不生。壞後生者，生滅相離，云何爲因？譬如種已先滅，滅即無牙，云何牙後從敗種生？以是當知，壞後不生。壞已牙生，理亦不然。是故我言，種子壞後，牙亦不生。'"又語曜明："種壞牙生，生壞一耶？生壞異耶？生壞一者，壞則[59]相違，云何同體？滅則不生，云何生壞？生壞異者，異則非因，非因生果，理則不然。譬如虛空，非兔角因，虛空非因，生兔角果，理則不然。以是當知，異亦不生，云何有[60]生？"又語曜明："未壞生者，則種子體中未變，未變牙生則無因，無因有果，無種有牙[61]，理則不然。猶如無形，影則不生。形若未生，有影生者，當知此影，不從形生。譬如麻子未壞[62]，油則不生。以是當知，未壞不生，云何有生？"又語曜明："壞後生者，彼種已滅，滅則無因，滅後生牙，此牙[63]始生，生則非果。彼種滅已，有牙生者，理則不然。猶如無乳，酪則不生。若無彼乳，而有此酪，是則酪有不從乳生。以是當知，壞後不生，云何有生？檢求生相，畢竟永滅，不可得故，是故無生。"

真　假

《昇玄經》子明問曰："既無所有，以何爲有？"道陵答曰："以無所有，而名爲有。"又問："何名所義？"答曰："形聲虛僞故。"又問："何爲虛僞？"答曰："乃不住故。"又問："云何不住？"答曰："速變異故。"又問："雖速變異，非無所有也。既已變異，果是有物可變，安得云無？"答曰："向變異者，亦不言都無如虛空耶！但言一切所有皆爲非真。生者必死，有者必無，成者必壞，盛者必衰，少壯必老，向有今無，寒暑推移，恍惚無常。父母兄弟，妻子室家，朋友交遊，富貴強盛，豪勢欣樂，未盈幾時，豁然分散，死亡別絕，老病衰耗，諍訟忿恨，失心喪志。諸如此者，憂惱萬端，皆爲虛幻，無一真實。惟賢人道士，知此非真，是虛僞法。思惟分別，得其真性。沖漠淡泊，守一安神。深解世間，無所有故。即亦俗法守道念真，安神無爲，得不死之術，昇仙度世，到長壽宮，是名得無所得。"又曰："有性常假，無性常無。雖有二名，求之則一。是則一體，而有二名。"又曰："有無二名，生於僞物。形見曰有，亡形曰無。相因而然，並非真實。"

空　法

天尊告遍通真士[64]曰："空不可說，我今說空，虛空既空，我說亦空。以是當知，世間虛妄，本無[65]所有。我說世間，不墮虛妄。何以故？虛妄性空。我說虛妄，說妄亦空。是故我說，不墮[66]虛妄。"遍通白言："大德天尊，所說世間一切皆空，隨順衆生有何利益？"天尊答曰："遍通真士，爲化引故，得出離故，入空門故，滅諸見故，了無相故，明無作故。一切諸行，畢竟寂滅，永不復生。既不生滅，常住不動。是故我今以大悲心，隨順世間，令諸衆生，得此大利。"

【校記】

〔1〕"知"前，《大乘妙林經》下《觀真相品第八》有"若有安樂，名曰有欲"八字。

〔2〕"生牛馬想，息諸煩惱"原作"如生平牛馬相，息諸煩憒"，據上書改。

〔3〕"乃得"原作"及諸"，據上書改。

〔4〕"城"，疑當作"域"。

〔5〕"無"字原無，據上書增。

〔6〕"云何"後，《太上一乘海空智藏經》（下稱《海空智藏經》）卷二《哀歎品》有"衆生"二字。

〔7〕"如日之没"，上書作"譬如日没"。

〔8〕"五陰生滅"，上書作"衆生五陰"。

〔9〕"種種知惱，能斷無始以來"，上書作"種種苦惱，能改無始"。

〔10〕"識神"原作"神識"，據上書互乙。

〔11〕"惡"字原無，據上書增。

〔12〕"毫"原作"家"，據上書改。

〔13〕"冥昧"，上書作"明昧"。

〔14〕"譬喻如"，上書作"譬於"。

〔15〕"其質安謐"原作"其安謐"，據上書增改。

〔16〕"體"字原無，據上書增。

〔17〕"中"字，據《海空智藏經》卷三《法相品》增。

〔18〕"藉"字原無，據上書增。

〔19〕"如熱時火，如電中光"，《海空智藏經》卷十《普記品》"火"作"炎"，"中"作"石"。

〔20〕"虛妄受苦"原作"妄受若",據上書增改。

〔21〕"源"原作"温",據上書改。

〔22〕"於煩惱中,當有身耶?過去世中,身本有耶",《海空智藏經》卷五《問病品》作"於煩惱中,當有身耶?當無身耶?過去世中,身本有耶?身本無耶"。

〔23〕"囊裹膿血","裹"原作"裏",據上書改。"囊",上書作"皮"。

〔24〕"悟",上書作"見"。

〔25〕"煩惱障惑"原作"煩惱之障或",據上書删改。

〔26〕"非非無有"四字,上書無。

〔27〕"亦非煩惱"原作"生是煩惱亦非",據上書删改。

〔28〕"日光"二字原無,據上書增。

〔29〕"生",上書作"相"。

〔30〕"是爲道性。道性之生,生之所生",上書作"是故道性之生,生之生生"。

〔31〕"之生",上書作"泥生之生"。

〔32〕"譬如人寄屋生",上書作"譬如人屋,人寄屋生"。

〔33〕"身"字原無,據《海空智藏經》卷二《哀歎品》增。

〔34〕"漂流",上書作"漂漂流流"。

〔35〕"病",《海空智藏經》卷九《捨受品》作"有病"。

〔36〕"進道",上書作"精進"。

〔37〕"想"原作"相",據上書改。

〔38〕"唯起滅法",上書作"起唯法起,滅唯法滅"。

〔39〕"我等常樂清静",上書作"我等常樂,常樂清静"。

〔40〕"身不離病,病不離身"原作"身不離身",據上書增。

〔41〕"非新非故"原作"悲新悲故",據上書改。

〔42〕"莫知方便",上書作"是智方便"。

〔43〕"諸法"原作"法法",據上書改。

〔44〕"行",上書作"人"。

〔45〕"種"原作"根",據上書改。

〔46〕"身"原作"作",據上書改。"雖行無相,爲彼衆生而現受身",上書作"雖行无相,爲彼衆生而度一切,雖行无作,爲彼衆生而現受身"。

〔47〕"故"原作"患",據《大乘妙林經》下《觀真相品第八》改。

〔48〕"喻"字,上書無。

〔49〕"利",《大乘妙林經》下《浄慧品第九》作"張"。

〔50〕"散本微花,其華飄飇",《無上内祕真藏經》卷二《惠澤品》"花"作"華","飄飇"作"飄飄"。

〔51〕"生死之業",上書作"生死業對"。

〔52〕"一切法生,皆從一本微華",上書作"一切諸法,生皆從一,一本微華"。

〔53〕"橫生顛倒。顛倒法成"原作"橫生顛倒法成",據上書增。

〔54〕"我懷"二字原無,據上書增。

〔55〕"不也大慈"原作"也大師",據上書增改。

〔56〕"幻無差別"原作"幻無差別幻相",據上書删。

〔57〕"以是當知"原作"當知",據上書增。

〔58〕"今又問子,種壞牙生"原作"今又問種子牙",據上書改。

〔59〕"則"原作"相",據上書改。

〔60〕"有"原作"不",據上書改。

〔61〕"牙"原作"耶",據上書改。

〔62〕"譬如麻子未壞",上書作"譬如麻子,麻子未壞"。

〔63〕"此牙"二字原無,據上書增。

〔64〕"真士"原作"真人",據《大乘妙林經》卷中改。

〔65〕"本無"後,原有"所有。我說世間,不墮虛妄。何以故?虛妄本無"十七字重,據上書删。

〔66〕"墮"字原無,據上書增。

雲笈七籤卷之九十六

讚頌歌

太微天帝君讚大有妙經頌一章

丹暉映雲庭，紫煙光玉林[1]。煥爛七寶花，璀璨瑤靈音。宮商自相和，妙靈開人衿[2]。玄唱種福田，廣度無界心。

天帝君讚大有妙經頌一章

玄化本無跡，有跡生道宗。遨遊九天際，息駕六領宮[3]。道暢虛漠內，靈歌發太空。形感至寂庭，思詠希微通。

太帝君讚大有妙經頌一章

翳翳元化初，眇眇晨霞散。太寂空玄上，寥朗二儀判。凝精抱空胎，結化孕靈觀。含真頤神內，倏歘啓冥旦。始悟憂促齡，運交反天漢。

老君本生經頌一章

衆生之本際，寂然無起滅。弱喪迷其根，自與真源別。妄作善惡緣，禍福報無絕。欲得苦海傾，當使愛河竭。守一固專柔，持此無疵缺。正智通羣有，妙慧摧諸結。萬行混同歸，三乘泯殊轍。真静離塵垢，清涼無惱熱。

太上智慧佪玄經頌一章

靈仙乘慶霄，駕龍躡玄波。洽真表嘉祥，濯足八天河[4]。福應不我期，故能[5]釋天羅。道德冠三界，地網亦以過。感遇靈真會，淨慧經蓮華。

太上智慧經讚一章

學仙絕華念，念念相因積。去來亂我神，神躁靡不歷。滅念停虛閑，蕭蕭[6]入空寂。請經若飢渴，持志如金石。保子飛玄路，五靈度符籍。

本願大戒經頌一章

學仙行爲急，奉戒制情心。虛夷正氣居，仙聖自相尋。若不信法言，胡爲棲山林。

玉皇授歘生大洞三十九章與登龍臺歌二章

飆飆三霞領，佪剛七元蓋。八景入太元，飛灑九天外。瓊扉生景雲，靈煙絕幽藹。西宮詠《洞玄》，清唱扶桑際。守雌森峯間，玄吟五老會。歘生有心哉！與爾結中帶。

其一

鲍河振滄茫，天津鼓萬流。八風駕神霄，緬緬虛中遊。詠洞神明唱，音為汝玄投。欻生必至行，肘伏塵中趨。可為苦心哉！當告爾所求。

其二

西王母授紫度炎光神變經頌三篇

嘯歌九玄臺，崖嶺凝淒淒[7]。端心理六覺，暢目棄塵滓。流霞耀金室，虛堂散重玄[8]。積感致靈降，形單道[9]亦分。倏欻盼萬劫[10]，豈覺周億椿。

其一

秀圃蔚神階，朱扉瓊林庭[11]。流風鼓空洞，玉籟乘虛鳴。紫煙纏曲戶[12]，丹暉映綠軿。飛旗欝玄蓋，羽節耀紫清。登景九霄際，遨遊戲鳳城。顧愛幽境子[13]，一樂同朝生。

其二

騰轡控朗暉，宴景洞野外。流浪尋靈人，合形慶霄際。手披朱島戶，朗[14]若神沖泰。金闕欝崟峩，清景無塵穢。解衿玄閬臺，適我良願會。脫屣三塗[15]難，保鍊固年邁。

其三

靈寶真一自然太上玄一真人頌一章

衆妙出洞真，煥爛曜太清。奉者號仙人，體無永長生。逍遙戲玄虛，宮殿羅無[16]形。蓓蕾七寶林，晃朗日月精。龍鱗交橫馳，鳳皇翔悲鳴。太上治紫臺，衆真誦洞經。捻香稽首禮，旋行遶宮城。三周歸高座，道王為應聲。人主弘至道，天下普安寧。

太上弘道頌一章

太上玄虛宗，弘道尊其經。俯仰已得仙，歷劫無數齡。巍巍太真德，寂寂因無生。霄景結空構，乘虛自然征。日月光[17]炳灼，安和樂未央。

方諸宮東華上[18]房靈妃歌曲一章

紫桂植瑤園，朱華聲悽悽。月宮生藥淵，日中有瓊池。左拔員靈曜，右掣丹霞暉。流金煥絳庭，八景絕煙廻。綠蓋浮明朗，控節命太微。鳳精童華顏，琳腴充長飢。控晨挹[19]太素，乘欻翔玉墀。吐納六虛氣，玉嬪挹[20]巾隨。彈徵南雲扇，香風鼓錦披。叩商百獸舞，六天攝神威。儵欻億萬椿，齡紀爵巍巍。小鮮未烹鼎，言我嚴下悲。

青童大君常吟詠一章

欲植滅度根，當拔生死栽。沉吟墮九泉，但坐惜形骸。

太虛真人常吟詠一章

觀神載形時，亦如車從馬。車敗馬奔亡，牽連一時假。哀世莫[21]識此，但是惜風火。種罪天綱上，受毒地獄下。

西城真人王君常吟詠一章

形爲渡神舟[22]，泊岸當別去。形非神常宅，神非形常載。俳佪生死輪，但苦心猶豫。

小有真人王君常吟詠一章

失道從死津，三魂迷生道。生生日已遠，死死日已早。悲哉苦痛客[23]，根華已顛倒。起就零落塵，焉知反枯老。

已上四首詩，去月秋分日，瑤臺大會，四君吟此言，以和《玄》《鈞》《廣》《韶》之絃聲。右英夫人説此。

郭四朝常乘小舩游戲塘中叩舩而歌四首

清池帶靈岫，長林欝青葱。玄鳥翔[24]幽野，悟言出從容。鼓檝乘神波，稽首希晨風。未獲解脱期，逍遥丘林中。晨風謂上清玉晨之風，非《毛詩》所稱"鴥[25]彼晨風"之鳥也。

其一

浪神九陔外，研道遂全真。戢此靈鳳羽，藏我華龍鱗。高舉方寸物，萬吹皆垢塵。顧哀朝生蟪，孰盡汝車輪？女寵不蔽席，男愛不盡輪。朝生，蜉蝣也。以喻人之在世，易致消歇。

其二

遊空落非[26]飆，靈步無形方。圓景煥明霞，九鳳唱朝陽。揮翮扇天津，晻藹慶雲翔。遂造太微宇，挹此金棃漿。逍遥玄陔表，不存亦不亡。玄陔，九陔也。皆八極之外，九霞之頂名也。飛登木星，亦云朗[27]東陽之陔。故若士語盧敖云"與汗漫期於九陔之上[28]"也。

其三

駕欻舞神霄，披霞帶九日。高皇齊龍輪，遂造北華室。神虎洞瓊林，風雲合成一。開閶幽冥户，靈變玄跡滅。四朝爲玉臺執蓋郎，故云高皇齊輪。

其四

保命仙君告許虎牙杜廣平常喜歌一章 杜契

字廣平，隱居華陽。

淳景翳廣林，曖日東霞升[29]。晨風儛六煙，勃鬱八道騰。五嶽何必秀？名山亦足陵。矯首躡洞阜，棲心潛中興。吐納胎精氣，玄白誰能勝？

西王母宴漢武帝上元夫人彈雲林之璈歌步虛之曲一章

昔涉玄真道，騰步登太霞。負笈造天關，借問太上家。忽過紫微垣，真人列如麻。淥景清飆起，雲蓋暎朱葩。蘭宮敞珠扇[30]，碧空啓瓊沙。丹臺結空構，曈曨[31]生光華。飛鳳踶薨峙，燭龍倚逶蛇。玉胎來絳芝，九色紛相拏。挹景練仙骸，萬劫方童牙。誰有壽前終[32]？扶桑不為查。

西王母又命侍女田四妃答歌一章

晨登太靈宮[33]，挹此八玉蘭。夕入玄元闕，採藥撥[34]琅玕。濯足匏瓜河，織女立津盤。吐納挹景雲，味之當一餐。紫微何濟濟，瓊輪服朱丹。旦發汗漫府，暮宿句陳垣。去之[35]道不同，且各體所安。二儀復猶存，奚疑億萬椿。莫與世人說，行尸言此難。

王母贈魏夫人歌一章 并序

夫人既白日昇晨，在王屋山時，九微元君龜山王母、三元夫人雙禮珠[36]紫陽左仙石路成、太極高仙伯延蓋公子、西城[37]真人王方平、太虛真人南嶽赤松子、桐栢真人王子喬等，並降夫人小有清虛上宮絳房之中，時夫人與王君爲賓主焉。設瓊酥渌[38]酒，金觴四奏，各命侍女陳曲成之鈞[39]。於是王母擊節而歌："駕我八景輿，欻然入玉清。龍旌拂霄漢[40]，虎旐攝朱兵。逍遥玄津際，萬流無暫停。哀此去留會，劫盡天地傾。當尋[41]無中景，不死亦無生。體彼自然道，寂觀合太冥。南嶽挺真翰，玉映曜穎精[42]。有任靡期事[43]，虛心自受靈。嘉會絳河内，相與樂未央。"

雙禮珠彈雲璈而答歌一章

玉清出九天，神館飛霞外。霄臺焕崟峩，靈夏秀蔚欝。五雲興翠華，八風扇綠氣。仰吟《消魔詠》，俯研智與慧。萬真啓晨景，唱期絳房會。挺穎德音子，神映乃拂沛。天嶽凌空構[44]，洞臺深幽邃。遊海悟井隘，履真覺世穢。儴輪宴重空，筌魚自然廢。廻我大椿羅，長謝朝生世。

高仙盼遊洞靈之曲一章 并序

玉皇又命欻生入隱室見上清元君龜山君，於是二真乃各命侍女王延賢、于廣運等彈雲林琅玕之璈，侍女安德音、范四珠擊昆明之筑，侍女左抱容、韓能賓吹鳳鸞之簫，侍女趙運子、李慶玉拊流金之石，侍女辛白鵠、鄭辟方、燕婉來、田雙連等四人合歌。

玉室焕東霞，紫輦浮絳晨。華臺何盼目，北宴飛天元。清淨太無中，眇眇躡景遷。吟詠《大洞章》，唱此《三九篇》。曲寢大漠内，神王方寸間。寂室思靈暉，何事苦山林[45]。須臾變衰翁，廻爲孩中顔。

四真人降魏夫人歌共五章 并序

四真人降魏夫人靜室，教神真之道，授《黄庭》等經，因設酒餚，四真吟唱。太極真人先命北寒玉女宋聯消彈九氣之璈，方諸青童又命東華玉女燕景珠擊西盈之鍾，扶桑暘谷神王又命雲林玉女賈屈庭吹鳳唳之簫，清虛真人又命飛玄玉女鮮于靈金拊九合玉節。於是太極真人發飛空之歌一章。

丹明煥上清，八風鼓太霞。廻我神霄輦，遂造玉嶺阿。咄嗟天地外，九圍皆吾家。上採日中精，下飲黃月華。靈觀空無中，鵬路無間邪。顧見魏賢安，濁氣傷爾和。勤研玄中思，道成更相過。

方諸青童歌一章

太霞扇晨暉，九氣無常形。玄轡飛霄外，八景乘高清。手把玉皇袂[46]，攜我晨中生。盼觀七曜房，朗朗亦冥冥。超哉魏氏子！有心復有情。玄挺自嘉會，金書東華名。賢安密所研，相期暘谷汧。

次扶桑神王歌一章

晨啓太帝室，超越匏瓜水。碧海飛翠波，連岑赤嶽峙。浮輪雲濤際，九龍同轡起。虎旂欝霞津，靈風翻然理。華存久樂道，遂致高神擬。拔徙三緣外，感會乃方始。相期陽洛宮，道成攜魏子。

次清虛真人歌二章

駕欻控清虛，徘徊西華館。瓊林既神杪，虎旂逐煙散。慧風振丹旍，明燭朗八煥。解襟庸房裏，神鈴鳴蕭粲。棲景若林柯，九絃玄中彈。遺我積世憂，釋此千年歎。怡盼無極已，終夜復待旦。

其一

紫霞儷玄空，神風無綱領。欻然滿八區，祝爾豁虛靜。八窗無常朗，有冥亦有炅。洞觀三丹田，寂寂生形景。凝神挺相遇，雲姿卓鑠整。愧無郢石運，蓋彼自然穎。勤密攝生道，泄替結災眚。靈期自有時，攜袂乃俱上。
其二

人間可哀之曲一章 并序

太子文學陸鴻漸撰《武夷山記》云："武夷君，地官也，相傳每於八月十五日，大會村人於武夷山上，置幔[47]亭，化虹橋，通山下。村人既往，是日太極玉皇太姥魏真人武夷君三座空中，告呼村人爲曾孫，汝等若男若女呼坐。乃命鼓師張安淩槌鼓，木槌也。趙元胡拍副鼓，劉小禽坎笭鼓，曾少童擺兆鼓，高知滿振嘈鼓，高子春持短鼓，管師鮑公希吹橫笛，板師何鳳兒撫節板。次命絃師董嬌娘彈箜篌，謝英妃撫掌离，篥篥。呂阿香憂圓腹，琵琶。管師黃次姑噪悲慄，篥篥。秀琰鳴洞簫，小娥運居巢，笙也。金師羅妙容揮撩銚，銅鈸也。乃命行酒，須臾酒至，云酒無謝。又命行酒，乃令歌師彭令昭唱人間可哀之曲。其詞曰：'天上人間，會合疎稀。日落西山兮！夕鳥歸飛。百年一餉兮！志與願違。天宮咫尺兮！恨不相隨。'"

巴謠一章 并序

秦始皇三十一年[48]九月庚子，茅盈高祖濛[49]於華山之中，乘雲駕龍[50]，白日昇天。先是時有《巴謠歌》曰[51]："神仙得者茅初成，駕龍上昇入太清，時下玄洲戲赤城。繼世而往在我盈，帝若學之臘[52]嘉平。"

楊羲真人夢蓬萊仙公洛廣休召四人各賦詩一章

石安慶先作詩一章

靈山造太霞，豎巖絕霄峯。紫煙散神州，乘飆駕白龍。相攜四賓人，東朝桑林公。廣休年雖前，壯氣何蒙蒙？實未下路讓，推[53]年以相崇。

次張誘世作詩一章

北遊太漠外，來登蓬萊闕。紫雲構靈宮，香煙何欝欝！美哉洛廣休，人[54]在論道位。羅駢真人座，齊觀白龍邁。離式四人用，何時共解帶？有懷披襟友，欣欣高晨會。

次許玉斧作詩一章

遊觀奇山巘，漱濯滄流清。遙覩蓬萊間，屹屹衝霄冥。五芝[55]被絳岊，四階植琳瓊。紛紛靈華散，晃晃煥神庭。從容七覺外，任我攝天生。自足方寸裏，何用白龍榮？

次丁瑋寧作詩一章

玄山構滄浪，金房映靈軒，洛公挺奇尚，從容有無間。形沈北寒宇，三神接九天，同寮相率往，推我高勝年。弱冠石安慶[56]，未肯崇尊賢。嘲笑蓬萊公，呼此廣休前。明公將何以，却此少年翰？

吳王夫差書一章 并序

天文《五符》云：仙人樂脩門[57]於勞盛山上刻石作《五符文》[58]。

玄津流絳波[59]，崑碧映琅山。朝日控晨輝，薈蘙何婉蜒！遊雲落太陽，飆景凌三天。《靈寶》曜九虛，幽明鍾山間。夏禹登八愡，散氣響金蘭。因枝振玉條，緣波討洪源。扶質立靈幹，垂葉以結繁。渺邈龍鳳跡，煥爛九天翰。仰挹三辰精，保身永長安。俯漱五華液，還復反童顏。騰神溫涼宮，豈知熱與寒？千秋似清旦，萬歲猶日半。鼓翼空洞上，要我《靈寶》官。棼棼五帝駕，俱會景漢端[60]。相問飢與渴，玄泉饒流丹。求仙[61]方寸內，八遐無易難。顧聞朱門臭，當塗中有難[62]。銘碣[63]勞巖陰，穴岫可稽盤。

辛玄子詩三首 并序

玄子字延期，隴西定谷人也。漢明帝時諫議大夫上洛雲中趙國三郡太守辛隱之子也。玄子少好至道，遵奉法戒，先世殃流，享年不永，沒命於長津。西王母見我苦行，酆都北帝愍我道心，告勑司命，傳檄三官，攝取形骸，還魂復真，使我頤胎，位為靈神。近得度名南宮，定策朱陵，藏精待時，方列為仙。而太帝今見差領東海侯代庾生[64]，又選補禁元中郎將，為[65]吳越鬼神之司。故來相從，今贈詩三篇，以敘推情之至也。注云："楊君既為吳越司命，董統鬼神。玄子職隸，方應相聞，故先造此詩陳情。"

疇昔入冥鄉，順駕應靈招。神隨空無散，氣與慶雲消。形非明玉質，玄匠安能彫。踆足吟幽唱，仰手翫鳴條。林室有逸歡，絕此軒外交。遺景附圓曜，嘉音何寥寥。此篇敘事迹之本志也。

其一

寂通寄興感，玄氣攝動音。高輪雖參差，萬刃故來尋。蕭蕭研道子，合神契靈襟。委順浪世化，心摽窈窕林。同期理外遊，相與靜東岑[66]。此篇申情寄之來緣也。

其二

命駕廣鄧阿，逸跡幽[67]冥鄉。空中自有物，有中亦無常。悟言有無際，相與會濠梁，目擊玄解了，鬼神理自忘。此篇論人鬼之幽致也。

其三

【校記】

〔1〕"丹暉映雲庭，紫煙光玉林"，《洞真太上素靈大有妙經》末《太微天帝君誦》"雲"作"靈"，"光"作"曜"。

〔2〕"妙靈開人衿"，上書作"妙趣傾人衿"。

〔3〕"宮"後，上書有"提攜高上賓，返我素靈房"二句。

〔4〕"河"，《太上洞真徊玄章》《上清諸真章頌·洞真徊玄章》及《諸真歌頌·洞真徊玄章》均作"阿"。

〔5〕"能"，上三書均作"爾"。

〔6〕"蕭蕭"，《太上洞玄靈寶智慧禮讚》作"翛翛"。《洞玄靈寶玉京山步虛經》《諸真歌頌·太上智慧經讚》及《三洞讚頌靈章》卷中《七真讚》、《玉音法事》卷下《大學仙頌》均作"蕭蕭"。其上二字"虛閑"，《三洞讚誦靈章》中《七真讚》作"虛間"。

〔7〕"淒淒"原作"淒"，據《洞真太上紫度炎光神元變經》增。

〔8〕"流霞耀金室，虛堂散重玄"，"流"字前原有"氛"字，據上書刪。"重玄"，上書作"玄薰"。

〔9〕"道"，上書作"遁"。

〔10〕"倏欻盼萬劫"，上書作"倏忽盼萬劫"。

〔11〕"朱扉瓊林庭"，上書作"朱瓊煒琳庭"。

〔12〕"曲户"，上書作"曲字"。

〔13〕"顧愛幽境子"，上書作"願受榮境子"。

〔14〕"朗"，上書作"眼"。

〔15〕"三塗"，上書作"三徒"。

〔16〕"無"，《洞玄靈寶玉京山步虛經·太上太極真人授經頌》作"其"。

〔17〕"光"，《洞玄靈寶玉京山步虛經·太上智慧經讚》及《三洞讚頌靈

章·七眞讚》《太上洞玄靈寶智慧禮讚》均作"爲"。

〔18〕"上"字,《諸眞歌頌》無。

〔19〕"挹",《眞誥》卷三《運象篇第三》作"揖"。

〔20〕"挹",上書作"把"。

〔21〕"莫"原作"但",據上書改。

〔22〕"形爲渡神舟",上書作"神爲渡形舟"。

〔23〕"客",上書作"容"。

〔24〕"翔",《眞誥》卷十三《稽神樞第三》作"藏"。

〔25〕"鳲",上書作"鵙",《詩·秦風》作"鴥"。

〔26〕"非",《眞誥》卷十三《稽神樞》及本書卷一一一《郭四朝傳》作"飛"。

〔27〕"亦云朗",《眞誥》卷十三《稽神樞》作"亦名玄朗"。

〔28〕"上",《淮南子·道應訓》作"外"。

〔29〕"渟景翳廣林,曖日東霞升",《眞誥》卷十三《稽神樞》"渟"作"淳","曖日"作"曖曖"。

〔30〕"珠扇",《漢武帝內傳》作"琳闕"。

〔31〕"暐暐",上書作"暐暐"。

〔32〕"誰有壽前終",上書作"誰言壽有終"。

〔33〕"太靈宮",上書作"太霞宮"。

〔34〕"撥",上書作"掇"。

〔35〕"去之",《漢武帝內傳》作"去去"。

〔36〕"雙禮珠",本書卷一一四《西王母傳》作"馮雙禮"。

〔37〕"西城"原作"西成",據上書改。

〔38〕"淥",《太平廣記》卷五八《魏夫人傳》作"玉"。

〔39〕"曲成之鈞",上書作"鈞成之曲"。

〔40〕"龍旌拂霄漢","旌"原作"裙",據本書卷一一四《西王母傳》改。"漢",上書作"上"。

〔41〕"尋"原作"盡",據上書改。

〔42〕"南嶽挺真翰，玉映曜穎精"，上書"翰"作"幹"，"曜"作"輝"。

〔43〕"有任靡期事"，上書"有"作"在"，"期"作"其"。

〔44〕"構"，《諸真歌頌》作"棟"。

〔45〕"山林"，上書作"林山"。

〔46〕"袚"，上書作"被"。

〔47〕"慢"，蔣力生等校注本引《四庫》本作"幔"。

〔48〕"秦始皇三十一年"，本書卷一〇四《太元真人東嶽上卿司命真君傳》作"始皇三十年"，《史記·秦始皇本紀》中《集解》引《太原真人茅盈內紀》亦作"三十一年"。

〔49〕"高祖濛"，上二書分別作"高祖父濛""曾祖父濛"。

〔50〕"龍"原作"鶴"，據上二書改。

〔51〕"先是時有巴謠歌曰"，上二書分別作"先是時其邑謠曰""先是其邑謠歌曰"。

〔52〕"騰"，上二書作"臘"。

〔53〕"推"，《真誥》卷十七《握真輔第一》作"惟"。

〔54〕"人"，上書作"久"。

〔55〕"五芝"，上書作"紫芝"。

〔56〕"石安慶"原作"石慶安"，據上書改。

〔57〕"樂脩門"，《太上靈寶五符序》卷下作"樂子長"。

〔58〕"勞盛山上刻石作五符文"，上書作"勞盛山上刻石作文，仙人樂子長作，吳王夫差寫取"。

〔59〕"玄津流絳波"，上書作"玄流鼓絳波"。

〔60〕"芬芬五帝駕，俱會景漢端"，"漢"原作"漠"，據上書改。"芬芬"，上書作"紛紛"。

〔61〕"求仙"原作"永仙"，據上書改。

〔62〕"難"，上書作"歎"。

〔63〕"銘碣"，上書作"勒銘"。

〔64〕"代庚生"，原作"氏更生"，據《真誥》卷十六《闡幽微第二》改。

〔65〕"爲"字原無，據上書增。

〔66〕"岑"，上書作"衣"。

〔67〕"幽"，上書作"超"。

雲笈七籤卷之九十七

歌　　詩

太微玄清左夫人歌一首 并序

太微玄清左夫人，太微之上真也。晉興寧三年乙丑十二月十七日，與太元真人衆真降於句曲金壇真人楊羲之室，吟北淳宮[1]中歌，詞曰："鬱藹非真墟，太元[2]爲我館。玄公豈有壞[3]，縈蒙孤所難。落鳳控紫霞，矯轡登晨巘[4]。寂寂無濠涯，暉暉空中觀。隱芝秀鳳丘，逡巡瑶林畔。龍胎嬰爾形，八瓊廻素旦。琅華繁玉宮，結葩[5]凌巖粲。鵬扇絶億嶺，拊翻扶霄翰。西庭命長歌，雲璈乘[6]虚彈，八風纏緑宇，叢烟豁然散。靈童擲流金，太微啓璧案[7]。三元折腰舞[8]，紫皇揮袂讚。朗朗扇景輝，曄曄長庚焕。超軿聳明刃，下眄使我惋。顧哀地仙輩，何爲棲林澗？"

靈鳳歌一首 并序

《本行經》云：西方衛羅國王有女，字曰醜瑛[9]，與鳳共處。於是靈鳳常以羽翼扇女。十二年中，女忽有胎。王意而恡之，因斬鳳頭，埋着長林丘中。女後生女，名曰皇妃，歎而歌曰："杳杳靈鳳，綿綿長歸。悠悠我思，永與願違。萬劫無期，何時來飛？"於是王所殺之鳳鬱然而生，抱女俱飛，逕入雲中去。

女仙張麗英石鼓歌一首 并序

《金精山記》云：漢時張芒女名麗英，面有奇光，不照鏡，但對白紈扇如鑑焉。長沙王吳芮聞其異質，領兵自來娉。女時年十五，聞芮來，乃登此山仰臥，披髮覆於石鼓之下，人謂之死。芒妻及芮使人往視，忽見紫雲鬱起，遂失女所在，得所留歌一首在石鼓之上。歌曰："石鼓石鼓，悲哉下土。自我來觀，民生實苦。哀哉世事！悠悠我意。我意不可辱兮！王威不可奪余志。有鸞有鳳，自歌自舞，凌雲歷漢，遠絕塵羅。世人之子，其如我何？暫來期會，運往即乖。父兮母兮！無傷我懷。"至今石鼓一處黑色直下，狀女垂髮，時人號爲張女髮。

漢初童謠歌一首 并序

漢初，有四五小兒戲於路中〔10〕，一兒歌曰："著青裙，入天門，揖金母，拜木公。"時人皆莫知之，唯張子房知之，乃往拜焉，曰："此乃東王公之玉童也。言仙人得道昇天，當揖金母而拜木公也。自非沖虛登真之子，莫知其津矣！"

萼綠華贈羊權詩三首 并序

萼綠華者，仙女也。年二十許，上下青衣，顏色絕整。以晉穆帝昇平三年己未十一月十日夜降於羊權家，自云是南山人，不知何山也。自此一月輒六過其家。權字道輿，即晉簡文帝黃門郎羊欣之祖也。權及欣皆潛修道要，耽玄味真。綠華云："我本姓楊。"又云："是九嶷山中得道女羅郁也。"宿命時曾爲其師母毒殺乳婦，玄洲以先罪未滅，故暫謫降臭濁，以償其過。贈權詩一篇，并火澣布手巾一條，金玉條脫各一枚。條脫似指環而大，異常精好。謂權曰："慎無泄我下降之事，泄之則彼此獲罪。"因曰："修道之士，視錦繡如弊帛，視爵位如過客，視金玉如瓦礫。無思無慮，無事無爲。行人所不能行，學人所不能學，勤人所不能勤，得人所不能得。何者？世人行嗜欲，我行介獨；世人學俗務，我學恬漠；世人勤聲利，我勤内行；世人得老死，我得長生。故我今已九百歲矣。"授權尸解藥，亦隱影化形而去，今在湘東山中。緑華初降，贈詩曰：

神嶽排霄起，飛峯鬱千尋。寥籠靈谷虚，瓊林蔚蕭森。羊生標美秀，弱冠流清音。棲情莊惠津，超形象魏林。揚彩朱門中，内有[11]邁俗心。

其一

我與夫子族，源胄同淵池。宏宗分上業，於今各異枝。蘭金因好著，三益方覺彌。

其二

静尋欣斯會，雅綜彌齡祀。誰云幽鑒難？得之方寸裏。翹想樊籠外，俱爲山巖士。無令騰虚翰，中隨驚風起。遷化雖由人，藩羊未易擬。所期豈朝華，歲暮於吾子。

其三

九華安妃贈楊司命詩二首并序

九華安妃者，晉興寧三年乙丑六月二十五日夜，與紫微王夫人降金壇楊義家。妃著雲錦裙，上丹下青，文彩光鮮，腰中有緑綉帶，繫十餘小鈴，鈴作青黄色，更相參間[12]。左帶玉珮，亦如世間珮，但幾小耳。衣服儵儵有光，照朗[13]室内，如日中暎視雲母形也。雲髮鬖鬢，整頓絶倫，頂中作髻，餘髮垂下至腰，指著金環，白珠約臂，年可十三四許左右。有二侍女，一著朱[14]衣，帶青章囊，手持一錦囊，長一尺二寸，盛書，書當十許卷，以白玉檢檢囊口，檢上刻字云《玉清神虎内真紫元丹章》。其一侍女著青衣，捧白箱，以絳帶束絡之，白箱似象牙形。侍女年可十七八許，整飾非常。妃及侍者顏容瑩朗，鮮徹如玉，五香芬馥，如燒香嬰氣也。初來入戶，在紫微夫人後行，夫人啓之，始乃見告曰："今日有貴客來。"於是楊君起立。紫微曰："可不須起，但當共坐，自相向作禮耳！"於是就坐，相禮畢，紫微曰："此即太虛上真元君金臺李夫人之少子也〔15〕。太虛元君昔遣詣龜山學上清道，道成，受太上書署爲紫清上宮九華真妃也，賜姓安名鬱嬪字虛簫。"紫微問楊君："世曾見有此人否？"答曰："靈真高秀，無以爲喻。"妃手中先握三枚棗，色如乾棗而形長大，亦不作棗味，食之無核，味似棃，而妃夫人楊君各食一枚。妃問："君年幾？"答："三十六，庚寅歲九月生。"妃曰："君師南真夫人，司命秉權，道高妙備，寔德之宗也。聞君德音甚久，不期今日契冥運之會。"君答："以沈湎下俗，塵染其質，高卑雲邈，無緣禀敬，猥虧靈降，欣踊罔極。唯蒙啓訓，以袪其闇，濟其兀兀〔16〕，夙夜所願也。"妃曰："君今語不得有謙飾之詞，謙飾殊非事宜。"良久，命楊染筆，爲詩畢，妃取視之，曰："今以相贈，以宣丹心，若意中有不解者，自可徵訪耳。"詩曰：

雲闕竪空上，瓊臺竦欝羅。紫宮乘綠景，靈觀藹峷㟁。琅軒朱房內，上德煥絳霞。俯潄靈瓶津，仰掇碧樿花。濯足玉天池，鼓枻牽牛河。遂策景雲駕，落龍轡玄阿。振衣塵滓際，褰裳步濁波。願爲山澤結，剛柔順以和。相攜雙清內，上真道不邪。紫微會良謀，唱納享福多。

其一

駕欻發西華，無待有待間，或眄五嶽峯，音峯。或濯天河津。釋輪尋虛舟，所在皆纏綿。芥子忽萬頃，中有崑崙山。小大固無殊，遠近同一緣。彼作有待來，我作無待親。

其二

中候王夫人詩四首 并序

東華夫人紫清宮[17]內傳妃[18]領東宮中候真夫人[19]，亦爲紫微之姊，理在滄浪雲林宮，晉興寧三年乙丑，降金壇楊羲之家云："靈王有子三十八人，子晉太子也。師事嵩嶽浮丘公，白日昇天。"中候名觀香，字棠愛，是宋姬子，於子晉爲別生妹。子晉兄弟五人，妹二人，凡七人得道。弟眉壽，即觀香同母兄也。是夕，裴清靈真人王桐栢真人昭靈李夫人紫微王夫人右英王夫人南嶽魏夫人同降。中候所受修真之道，與定録同，咲曰："鳳巢高木，素衣衫然，履順思貞，凝心虛玄。五公石腴，彼體所便，急宜服之，可以少顏。三八令明，次行玄真，解駕偃息，可誦洞篇。瓊刃應數，精心高樓，隱嘿沈閑，正氣不虧。术[20]散除疾，是汝所宜，次服餌飯，兼穀勿違。益髓除患，肌膚充肥，然後登山，詠洞講微。寅獸白齒，亦能見機，遂得不死，過度壬辰。偃息盛木，玩執周書，太極植簡，金名西華。與服可否，自應靈符，理契同神，原闕洞相求[21]。"此解許長史名穆字思玄及玉斧虎牙名字，勸修習服餌。衆真爲詩，中候吟曰：

龍旂儷太虛，飛輪五嶽阿。所在皆逍遥，有感興冥歌。無待喻有待，相遇故得和。滄浪奚足遼，玄井不爲多。鬱絶尋步間，俱會四海羅。豈若絶明外，三劫方一過。

其一

八塗會無宗，乘運觀嚻羅。化浮塵中際，解衿有道家。昒煙忽未傾，攜真造靈阿。虛景磐瓊軒，《玄》《鈞》作鳳歌。適路無軌滯，神音儷雲波。齊德秀玉景，何用世間多？

其二 咲此畢吟良久復咲曰

坦夷觀天真[22]，去累縱衆情。體寂廢機馴，崇有則攝生。焉得齊物子！委運任所經。

其三

登軿發東華,扇飆儷太玄。飛轡騰九萬,八落亦已均。暫昒山水際,窈窕靈嶽間。同風自齊氣,道合理亦然。龍芝永遐齡,内觀攝天真。東岑可長静,何爲物所纏?

其四

方丈臺昭靈李夫人詩三首 并序

方丈臺東宫昭靈李夫人者,即北元中玄道君李慶賓之女、太保玉郎李靈飛之妹也。以湯時得道,白日昇天,受書爲東宫昭靈夫人〔23〕,治方丈臺第十三朱館中。東晉哀帝興寧三年乙丑八月二十二日夜,降於真人楊羲之家。夫人著紫錦衣,帶神虎符,握流金鈴,年可十三四許。有兩侍女,年可二十一二,名隱暉〔24〕,皆青綾衣,捧白玉箱二枚,青帶絡之,題曰《太上帝章》,一曰《太上玉文》〔25〕。夫人帶青色綬,如世人帶章囊狀,隱章當長五丈許,大〔26〕三四尺。與上元夫人紫微夫人右英夫人諸真同降,臨去作詩曰:"雲塘帶天構,七氣焕神憑。瓊扉啓晨鳴,九音絳樞中。紫霞與朱門,香煙生緑惚。四駕舞虎旗,青軿擲玄空。華蓋隨雲列,落鳳控六龍。策景五嶽阿,三素昒君房。適聞臊穢氣,萬濁污〔27〕我胸。臭物薰精神,囂塵互相衝。明玉皆璀爛,何獨盛得〔28〕躬?高揖苦不早,坐地自生蟲。"

其年九月三日復降,又歌曰:"縱酒觀羣慧,倏歘四落周。不覺所以然,實非有待遊。相遇皆歡樂,不遇亦不憂。縱影玄空中,兩會自然疇。"

十二月一日夜,南岳夫人又吟寄許玉斧詩曰:"飛輪高晨臺,控轡玄壟隅。手攜紫皇袂,倐忽八風驅。玉華翼緑幰,青裙扇翠裾。冠軒焕崔嵬,珮玲帶月珠。薄入風塵中,塞鼻逃當塗〔29〕。臭腥淍我氣,百痾〔30〕令心徂。何不飆然起,蕭蕭步太虚?

南極王夫人授楊羲詩三首 并序

南極王夫人，王母第四女也。名華[31]林字容真，一號南極紫元夫人，或號南極元君，理太丹宮，受書爲金闕聖君上保司命。漢平帝時，降於陽洛山石室之中，授清虛真人小有天王王褒字子登《太上寶文》等經三十一卷。夫人年可十六七許，著錦帔青羽裙，左佩虎書，右帶揮靈，形貌真正，天姿晻藹。乘羽寶之車，駕以九龍，女騎九千。居渤陽[32]丹海長离山中，主教當爲真人者。晉興寧三年乙丑降真人楊羲之家，與真人同會，因吟授羲曰：

控飆扇太虛，八景飛高清。仰浮紫晨外，俯看絕落溟。玄心空同間，上下弗流停。無待兩際中，有待無所營。體無則能死，體有則攝生。東賓會高唱，二待何足争？東賓，東嶽上卿大茅君也。

其一

命駕玉錦輪，儛彎仰徘徊。朝遊朱火宮，夕宴夜光池。浮景清霞杪，八龍正參差。我作無待遊，有待輒見隨。高會佳人寢，二待互是非。有無非有定，待待各自歸。

其二

是歲六月二十三日夜，南極夫人又吟噯楊君曰：

林振須類感，雲鬱待龍吟。玄數自相求，觸節皆有音。飛軿出西華，總轡忽來尋。八遐非無娛，同詠理自欽。悼此四維內，百憂常在心。俱遊北寒臺，神風開爾襟。

其三

紫微王夫人詩一十七首 并序

紫微夫人名青娥字愈音[33]，王母第二十女也。昔降授《太上寶神經》與裴玄仁，裴得道拜清靈真人。晉興寧三年乙丑六月，降楊羲之家，時與太元真人桐栢真人右英夫人南岳夫人同降言。夫人位爲紫微宮左夫人，鎮羽野玄隴之山上宮，主教當成真人者。是夕真人會，右英夫人歌修真之事，夫人答歌曰："乘飈遡九天，息駕三秀嶺。有待徘徊盼，無待固當靜。滄浪奚足勞，孰若越玄井[34]？"又吟曰："龜闕鬱巍巍，墉臺落[35]月珠。列坐九靈房，叩璈吟太無。玉簫和我神，金醴釋我憂。"又吟曰："宴酣東華內，陳《鈞》千百聲。青君呼我起，折腰希林庭。羽帔扇翠暉，玉佩何鏗零！俱指高晨殿，相期象中冥。"

又叙玄隴之遊，吟曰："超舉步絳霄，飛飈北壟庭。神華暎仙臺，圓曜隨風傾。啓暉挹丹元，扉景餐月精。交袂雲林宇，浩軫還童嬰。蕭蕭寄無宅，是非豈能營？世網[36]自擾競，安可語養生？"

九月六日夕，雲林[37]又降，命楊君染筆喻作，吟曰："解輪太霞上，歛轡造紫丘。手把八天氣，縱身空中浮。一眄造化綱，再視索高疇。道要既已是，可以解千憂。求真得良友，不去復何求？"

吟此令示許長史穆及郗方回。又吟曰："紫空朗玄景，玄宫帶絳河。濟濟上清房，靈臺煥嵯峨。八輿造朱池，羽蓋傾霄柯。震風迴三晨，金鈴散玉華。七轡降[38]九陔，宴眄不必家。借問求道子，何事坐塵波？豈能棲東秀，養真收太和？"

亦令示許與郗。十月十八日又與衆降，命楊君書曰："左把玉華蓋，飛景躡七元。三晨煥紫輝，竦眄撫明真。變踊期須臾，四面皆已神。靈發無涯際，勤思上清文。何事坐[39]橫途？令尔感不專。陰痾失玄機，不覺年歲分。"

徐謂楊君曰："夫令勤者勤其事，訹其玄微耳！慎者亦觸類而作也。學道之難，不可書矣！有恥鄙之心者，於道亦遼乎！灌秉然後可貴耳！賢者之舉，自[40]更始爾，今且當内忘也。"因吟曰："玄清眇眇觀，落景出東淳。願得絶塵友，蕭蕭罕世營。"

吟此再三，又曰："靈人隱玄峯，真人韜雲來[41]。玄唱非無期，妙應自有待。豈期虛空寂，至韻固常在。携襟登羽宫，同宴廣寒裏。借問朋人誰？所存惟玉女。"

吟竟曰："卓雲虛之駿，抗翻於崆峒之上。斯人也，豈不長挹南面，求謝千乘乎！"

二月三十日吟一章曰："褰裳濟渌河[42]，遂見扶桑公。高會太林墟，賞宴[43]玄華宮。信道苟淳篤[44]，何不棲東峯？"此亦叙方諸東華之勝也。

四月十四日又作七章，詞曰：

控景始揮津，飛飆登上清，雲臺鬱峨峨，閶闔秀玉城。晨風鼓丹霞，朱煙洒金庭。綠葉粲玄峯，紫芝巖下生[45]。慶雲纏丹鑪，鍊玉飛八瓊。宴眄廣寒宮，萬椿愈童嬰。龍旂啓靈電，旂音斤。虎旗徵朱兵。高真廻九曜，洞觀均潛明。誰能步幽道？尋我無窮齡。

其一

翳藹紫微館，鬱臺散景飆。鸞唱華盖間，鳳《鈞》導龍軺。八狼攜絳旌，素虎吹角簫。雲勃寫靈宮，來適塵中嚚。解鬱佳人所，同氣自相招。尋宗須臾頃，萬齡乃一朝。椿期會足衰，劫往豈足遼？真真乃相目，莫令心徂抄[46]。虛刀揮至空，鄙滯五神愁。

其二

朝啓東晨暉，飛軿越滄溟[47]。山波振青涯，八風扇玄煙。廻眄易遷房，有懷真感人。三金可遊盤，東岑宜永甄。紛紛當途中，孰能步生津？

其三

飄飄八霞嶺，徘徊飛晨蓋。紫軿騰太虛，矖眄[48]九虛外。玉簫激景雲，靈煙絕幽藹。高仙宴太真，清唱無涯際。去來山嶽庭，何事有待邁？

其四

神玉曜靈津，七元焕神扉。虛[49]遷方寸裏，一躍登太微。妙音乘和唱，高會亦有機。齊此天人昒，協彼晨景飛。總轡六合外，寧有傾與危？
其五

薄宴塵颷嶺[50]，代謝緣還歸。奚識靈劫期？顧昒令人悲。
其六

雲草廕玄方，仰感旋曜精。詵詵繁茂萌，重德必克昌。
其七

【校記】

〔1〕"北淳宫"，《真誥》卷三《運象篇第三》作"北渟宫"。

〔2〕"真墟，太元"，上書作"真虛，太无"。

〔3〕"壞"，上書作"懷"。

〔4〕"矯譬登晨巘"，上書"巘"作"岸"，"矯"原作"嬌"，據上書改。

〔5〕"結苞"，上書作"綺苞"。

〔6〕"乘"原作"棄"，據上書改。

〔7〕"太微啓壁案"原作"火微啓辭案"，據上書改。

〔8〕"三元折腰舞"，上書作"三元起折腰"。

〔9〕"醜瑛"，本書卷一〇一《金門皓靈皇老君紀》作"配瑛"。

〔10〕"戲於路中"，《真誥》卷五《甄命授第一》作"路上畫地戲"。

〔11〕"有"原作"外"，據《真誥》卷一《運象篇第一》改。

〔12〕"參間"，上書作"參差"。

〔13〕"朗"原作"眠"，據上書改。

〔14〕"朱"原作"青"，據上書改。

〔15〕"太虛上真元君金臺李夫人之少子也"，"太虛"原無，據上書增。

"少子",上書作"少女"。

〔16〕"濟其兀兀",上書作"濟某元元"。

〔17〕"宮"字原無,據《真誥》卷三《運象篇第三》增。

〔18〕"内傳妃",《无上祕要》卷二二《三界宮府品》作"内傳妃"。

〔19〕"中候真夫人",按標題,"真"疑當作"王"。

〔20〕"术"原作"木",據《真誥》卷二《運象篇第二》改。

〔21〕"理契同神,(原闕)洞相求",上書作"理異契同,神洞相求",本書卷一〇六《許邁真人傳》作"理契同歸,神洞相求"。

〔22〕"坦夷觀天真"原作"但觀夷天真",據《真誥》卷四《運象篇第四》改。

〔23〕"昭靈夫人",《真誥》卷三《運象篇第三》作"靈照夫人"。

〔24〕"年可二十一二,名隱暉",上書作"年可二十許,聞呼一侍女名隱暉"。

〔25〕"題曰太上帝章,一曰太上玉文",上書作"題白玉檢曰太上章,一檢曰太上文"。

〔26〕"大"字原無,據上書增。

〔27〕"污",上書作"蕩"。

〔28〕"得",上書作"德"。

〔29〕"當塗"原作"當除",據上書改。

〔30〕"百痾"原作"百阿",據上書改。

〔31〕"華"字原無,據《上清衆經諸真聖祕》卷五引《清虛王真人内記》增。

〔32〕"渤陽",本書卷一〇六《清虛真人王君内傳》作"渤海"。

〔33〕"愈音",《真誥》卷一《運象篇第一》作"愈意"。

〔34〕"滄浪奚足勞,孰若越玄井",按《真誥》卷三《運象篇第三》載右英夫人原歌作"滄浪奚足勞?玄井不爲多"。

〔35〕"落",上書作"絡"。

〔36〕"世網",上書作"陣上"。

〔37〕"雲林"，疑當作"紫微"。

〔38〕"降"，《真誥》卷三《運象篇第三》作"絡"。

〔39〕"坐"，上書作"生"。

〔40〕"自"，《諸真歌頌》作"目"。

〔41〕"真人韜雲來"，《真誥》卷四《運象篇第四》作"真神韜雲采"。

〔42〕"淥河"，上書作"緑河"。

〔43〕"賞宴"，上書作"寢宴"。

〔44〕"篤"原作"薦"，據上書改。

〔45〕"緑葉粲玄峯，紫芝巖下生"，上書"葉"作"藥"，"芝"作"華"。

〔46〕"抄"，上書作"痧"。

〔47〕"溟"，上書作"淵"。

〔48〕"太虛，矖昈"，上書作"太空，麗昈"。

〔49〕"虛"，上書作"靈"。

〔50〕"嶺"，上書作"領"。

雲笈七籤卷之九十八

詩贊辭

太真夫人贈馬明生詩二首并序

太真夫人者，王母之小女也。年可十六七，名婉羅，字勃遂，事玄都太真，有子爲[1]三天太上府司直，總糺天曹之遺，此地上之卿佐[2]。年少，好委官遊逸，虛廢事任，有司奏劾以不親局察，降主東嶽，退真王之編，司鬼神之帥，五百年一代其職。夫人因來視之，勵其後使修守政事，以補其過。道過臨淄，值縣小吏和君賢爲賊所傷，當時殆死。夫人見而愍之，問其何傷乃爾？君賢以實對。夫人曰："汝所傷乃重，刃關於肺，五臟泄漏，血凝絳府，氣激腸外，此將死之急也，不可復生如何？"君賢知是神人，叩頭求哀，乞賜救護。夫人於肘後筒中出藥一丸，大如小豆，即令服之，登時而愈，血絕瘡合，無復慘痛。君賢再拜跪曰："貧家[3]不足以謝，不知何以奉答恩施？唯當自展駑力，以報所受耳。"夫人曰："汝必欲謝我，意亦可佳，可見隨去否？"君賢乃易姓名，自號馬明生，隨夫人執役。夫人還入東嶽岱宗山峭壁石室之中，上下懸絕，重巖深隱，去地千餘丈。石室中有金牀玉几，珍物奇瑋，乃人跡所不能至處也。明生初但欲學金瘡方，既見其神仙來往，乃知有不死之道，旦夕供給掃洒，不敢懈倦。夫人亦以鬼怪虎狼眩惑衆變試之，明生神情澄正，終不恐懼。又使明生他行別宿，因以好女於臥息之間調戲親[4]接之。明生心堅志静，固無邪念。夫人或行，去十日五日還，或一月二十日還[5]，見有仙人賓客乘龍麟駕虎豹[6]往來，或有拜謁者，真仙彌日盈坐。客到，輒令明生出外別室，或立致精細廚食，肴果非常，香酒奇漿，不覺而至，不可目名。或呼明生坐，與之同飲食。又聞空中有琴瑟之音，歌聲宛妙。夫人亦時自彈琴瑟，有一弦五音並奏，高朗響激，聞于數里。衆鳥皆爲集於岫室之間，徘徊飛翔，驅之不去。逮天人之樂，自然之妙也。夫人棲止，常與明生同石室中而異榻耳。若幽寂之所，都唯二人。或行去，亦不道所往之處。但見常有一白龍來迎，夫人即著雲光繡袍，乘白龍而去，其袍專是明月珠綴著衣縫，帶玉珮，戴金華太玄之冠，亦不見有從者。既還，即龍自去，不知所在。石室玉牀之上，有紫錦被褥，緋羅之帳，中有服玩之物，瑰金函匳[7]，玄黃羅列，非世所有，不能一一知其名也。兩卷素書上題曰《九天太上道經》，明生亦竟不敢發舒視其文也。唯供給洒掃，守巖室而已。至於服玩，亦不敢竊闚之，亦不敢有所請問。如此五年，愈加勤肅，輒不怠惰。夫人謂之曰："汝可謂真可教也，必能得道者也。以子俗人，而恭仰靈氣，終莫之廢，雖欲求死，亦焉可得乎？"因以姓字本末告之，曰："我久在人間，今奉君王命，又被太上召，不復得停。念汝專謹故相語，欲教汝長生之方，延年之術。而我所授[8]，服以太和自然龍胎之醴[9]，適可授三天真人，不可以教始學之者，固非汝所得聞矣。縱或聞之，亦必不能用之持身也。有安期先生曉《金液丹法》，其方秘要，是元君太一之道[10]，白日昇天者矣。安期明日來，吾將以汝付囑之焉！相隨稍久，其術必傳。"明日安期先生至，乘駮驎，著朱衣，戴遠遊冠，帶玉珮及虎頭鞶囊，視之可年二十許，潔白嚴整，從六七仙人，皆執節奉衛。見夫人甚揖敬，稱下官。須臾廚膳至，飲宴半日許，夫人語明生曰："吾不復得停，汝隨此君去，勿憂念也。我亦時時當往視汝。"因以五言詩二篇贈之，可以相存。明生流涕而辭，乃隨安期先生受九丹之道。詩曰：

　　暫捨墉城內，命駕岱山阿。仰瞻太清闕，雲樓鬱嵳峨。虛中有真人，來往何紛葩！鍊形保自然，俯仰挹[11]太和。朝朝九天王，夕館還西華。流精可飛騰，吐納養青牙。至藥非金石，風生自然歌。上下凌景霄，羽衣何婆娑！五嶽非妄室，玄都是我家。下看榮競子，蠢似蛙與蟆。眄顧塵濁中，憂患自相羅。苟未悟妙旨[12]，安事於琢磨？禍湊由道泄，密慎福臻多。

其一

昔生崐陵宫，共講天年延。金液雖可遐，未若太和仙。仰登冥仙臺，虚想詠靈人。忽遇扶桑王，九老仙都真。駕驂紫虹輦，靈顔一何鮮！啓我尋長涂，邀我自然津。告以鴻飛術，授以《玉胎篇》。瓊膏凝玄氣，素女爲我陳。俯挹琳鳳腴，仰上飄三天。雲綱立爾步，五嶽可暫旋。玄都安足遠？蓬萊在[13]脚間。傳受相親愛，結友爲天人。替即游刑對，禍必無愚賢。祕則享無傾，泄則軀命[14]顛。

其二

雲林右英夫人噯楊真人許長史詩二十六首 并序

雲林右英夫人名媚蘭字申林，王母第十三女也。受書爲雲林宫右英夫人，治滄浪山。晉興寧三年乙丑七月三日東嶽上卿司命諸真同降於楊君，因噯書曰："弱喪澗潛，篤靈未盡，倚伏異因，雲梯未抗，雖有懷於進趨，猶未淵於至理矣。君才實天工，以清瀾凝浪於高韻，志栖神乎太玄，期紫庭而步空矣！有心洞於飛滯，柔翰蔚乎[15]冥契也。動合規矩[16]，等圓殊方；静和真味，吐納興音，可謂縱誕德挺，良爲欽然矣！然穢思不豁，鄙悋内固，淫念不斬，靈池未澄，將未得相與論内外之期，汎二景之交耳！夫失機者貴在能改，相釋有情，今無妨矣。雖暫弭羣聽，故克和也。前途悠邈，此比非一，漏緒多端，當恒戢密。苟情有愆散，得隨事失，悟言微矣！將何以遏之？將何以遣之？""清響散空，神風洒林，身超冥衢，志詠靈音，仁侯其人也。""守真一勤[17]篤者，一年使頭不白，而禿髮再生。苟内憂子孫[18]，外綜王事，朋友之交，耳目廣用，聲氣雜役，此亦無益矣[19]！"

又述玉斧修道之事，因喻以薛季和七試不過，乃長里先生薛公之弟，爲淫泆失位。然性好簫音鳳響，長里乞之於太上，使其生，因言肇阿陰德，可以及於許侯玉斧也。又云："聞北風則心[20]悲，覩啓曜則[21]懷泰，思駿駼以慕騁，嘉柔順以變鬱，世人之心，曷嘗不爾！此則其本鄉之風氣[22]，首丘之內感也。苟能信之，君其諧矣。如其壅丞秉欲，丹絳不暢，靈人攜手而空返，高友歛袂而廻晏，神氣不昕其宅，寂通不鼓其目，自[23]命矣夫！故[24]可悲耶！"

夫"得道者以其排却衆累，直面而進，於是百度自静，衆務雲散。該其優者不足爲勞，披于艱者可以表心。正月中必有龜山客來。""賢者之舉，復宜詳之。""自古及今，死生有津，顯默異會，藏往滅智，與世同之者，皆得道之行也。若夫瓊丹一御，九華三飛，雲液晨酣，流黄徘徊，仰咽金漿，咀嚼玉蕤[25]者，立便控景登空。玄昇太微也。自世事乖玄，斯業未就，當暫履太陰，潛生冥鄉，外身棄質，養胎虛宅，陶氣絕籥，受精玄漠，故改容於三陰之館，童顔於九練之户。然後知神仙爲奇，死而不亡，去來之事，理之深也。"

"夫垂蔭萬畝者，必出峻極之嶺；滔天振岑者，必發板桐之源。洪哉！積陰德之賢，有似邠人也。"[26]"逸驎逍遥大荒之表，故無羈絡之憂；靈羽振翅玄圃之峯，以違羅綱之患[27]。人之修道，豈獸乎藏身之密，匿跡之深也[28]。"且尋飛絕影之足，不能騁逸於呂梁；凌波浪泉之舟，不得陟峻於太行，此才之異也。繁林翳薈，則羽族雲萃[29]；玄泉浩瀚，則鱗羣競赴，此在德之茂也。爲道者實爲勤苦者，必得之矣。"學道者當在專道任[30]真，情無散念，撥奢侈，保沖白，寂焉如密有所覩，熙焉如潛有所得，專如臨深谷，戰如履薄冰[31]，此得道之門耳，而未得道之室也。所謂學道，甚難而甚易[32]。若其探玄眈味[33]，保和天真，注神栖靈，眈研六府，惜氣杜情[34]，無視無聽，此學道之易也。若其不能行此數者，所以爲難也。"

況"山嶽氣擾，則禽獸號於林；川瀆結滯，則龍蛇慘於澤，此自然象也。苟趣捨理乖，則吹萬[35]之用不同也。非靜順無以要謙，非虛栖無以冥會。思之無邪，則無禍害矣。在冥其心而斥其累，澄其源而清其流也。若南起[36]而北騁，心念而口違，捐薺苢而茹荼，哂九成而悅北鄙，我知其無識和音之聽鑒也。"因告[37]晉簡文帝，宜"枕[38]麝香一具於頸間，辟水炷及惡夢"。

學道在積功累善。太虛真人常云："人有眾過，而不自悔，罪歸其身，如川赴海，日益深廣矣。有惡知非，悔過從善，亦得道也。夫人遇我以惡者，以善對之；遇我以禍者，以福對之，善常在己矣。惡人害善人，猶[39]仰天而唾，唾不污天，還自污身；逆風揚塵，塵不污彼，還污其己。道不可毀，禍必滅已。又飯凡人百不如飯一善人，飯善人千不如飯一寒栖學道之人。此高真之祕言，太上之要戒也。"

"財色之於身也，譬如小兒舐刀刃之蜜。蜜不足以美口，而有截舌之憂。戒之哉！""愛欲之大，莫大於色，其罪無外，其惡無救，得不戒邪？學道者，行陰德莫大於施惠解救[40]，用志莫大於守身奉道，其福甚大，其生甚固。"夫人唉詩曰：

駕欻遨八虛，迴宴東華房。阿母延軒觀，朗嘯蹋靈風。我為有待來，故乃越滄浪。

其一

騰躍雲景轅，浮觀霞上空。霄軿縱橫舞，紫蓋託靈方。朱烟纏旂旄，羽帔扇香風。雷號猛獸攫，電吟奮玄龍[41]。《鈞》籟昆庭響，金筑[42]唱神鍾。採芝滄浪阿，掇華八渟峯。朱顏日以新，劫往方嬰童。養形靜東岑，七神自相通。風塵有憂哀，隕我白鬐公。長冥遭遐歎，恨不早逸蹤。

其二

停駕望舒移，迴輪返滄浪。未覿若人遊，偶想安得康。良因候[43]

青春，以叙中懷忘。

其三

控景[44]浮紫煙，八景觀汾流[45]。羽童捧瓊漿，玉華餕琳腴。相期白水涯，揚我萎蕤珠。

其四

滄房煥東霞，紫造浮絳晨。雙德秉道宗，作鎮真伯藩。八臺可盼目[46]，北看乃飛元。清淨雲中視，眇眇躡景遷。吐納洞嶺秀，藏暉隱東山。久安人事上，日也無虛閑。豈若易翁質，反此孩中顏。

其五

晨闕太霞構，玉室起霄清。領略三奇觀，浮景翔絕冥。丹華空中有[47]，金暎育挺精。八風鼓錦披，碧樹曜四靈。華蓋廕蘭暉，紫轡策綠軿。結信通神交，觸類率天誠。何事外象感，須覯瑤玉瓊。

其六

三景[48]秀鬱玄，霄映朗八方。丹雲浮高宸，逍遙任靈風。鼓翼乘素飆，𬀩眄瓊臺中。綠蓋入協晨，青軿擲空同。右揖東林帝，上朝太虛皇。玉賓剖鳳腦，嗽醴飛藻漿。雲鈞回曲寢，千音何琅琅！錦旂召猛獸，華幡正低昂。香母折腰唱，紫煙排棟梁。總轡高清闕，解駕佳人房。昔運挺未兆，靈化順氣翔。心眇玄涯感，年隨積椿崇。形垢甘臭味[49]，動靜失滄浪。我友實不爾，榮辱咋已忘。

其七

絳景浮玄晨，紫軒乘煙征。仰超綠關[50]内，俯眄朱火城。東霞啓廣暉，神光煥七靈。翳映汎三燭，流任自齊冥。風纏空洞宇，香音觸節生。手攜織女儛，併衿飽瓜庭。左徊青羽旗，華蓋隨雲傾。宴寢九度表，是非不我營。抱真栖太寂，金姿日愈嬰。豈似愆穢中，慘慘無聊生？

其八

四旌曜明空，朱軒飛靈丘。玉蓋廕七景，鼓翼霄上浮。九音朗紫空，玉璈洞太無。宴詠三晨宮，唱嘯呼我儔。不覺春[51]已來，豈知二景流？佳人雖兼忘，而未放百憂。長林真可静，巖中自多娛。

其九

北登玄真闕，攜手結高羅。香烟散八景，玄風鼓絳波。仰超琅園津，俯眄霄陵阿。玉簫雲上奏，鳳鳴動九遐。乘氣浮太空，曷爲躡山阿[52]？金節命羽靈，徵兵折萬魔。齊挹二晨暉。千春[53]方嬰牙。喪真投競室，不解可奈何！

其十

仰眄太霞宮，金閣曜紫清。華房映太素，四軒皆朱瓊。擲輪空洞津，總轡儷綠軿。玉華飛雲蓋，西妃運錦旂。飜然塵濁涯，儵欻佳人庭。宿感應真[54]降，所招已在冥。乘風奏霄晨，共酣丹林罌。公侯徒眇眇，安知真人靈？

其十一

清晨挹絳霞，總氣霄上遊。徊軿躡曲波，遂覘世人憂。辭旨蔚然起，不散三秀嵋。何若巡玄鄉，撫璈爲爾娛？君心安有際[55]，我願有中無。

其十二

轡景登霄晨，遊宴滄浪宮。綵雲繞丹霞，靈藹散八空。上真吟瓊室，高仙歌琳房。九鳳唱朱籟，虛節錯羽鍾。交栖[56]金庭内，結我冥中朋。俱挹玉醴津，倏忽已嬰童。云何當路蹲，愆痾隨日崇？

其十三

晨遊太素宮，控軿觀玉河。夕宴鬱絕宇，朝采圓景華。彈璈北寒臺，七靈暉紫霞。濟濟高仙舉，紛紛塵中羅。盤桓囂藹內，愆累不當多。

其十四

駕氣[57]騁雲軿，晨登大淳丘。絳津連岑振，清波鼓浚流。步空觀九緯，八綱皆已遊。暫宴三金秀，來觀建志儔。勤懈不相掩，是以積百憂。

其十五

凌波越滄浪，忽然造金山。四顧終日遊，罕我雲中人。

其十六

紫闕構虛上，玄館衝絕飆。琳琅敷靈囿，華生結瓊瑤。騁軿滄浪津，八風激雲韶。披羽扇北翳，握節鳴金簫。鳳籟和千鍾，西童歌晨朝。心豁虛無外，神襟何朗寥！迴舞太空嶺，六氣運重幽。我途豈能尋？使爾終不[58]彫。

其十七

玄波振滄濤，洪津鼓萬流，駕景眄六虛，思與佳人遊。妙唱不我對，清音誰可投[59]？雲中騁瓊輪，何為塵中趨？

其十八

松栢生玄嶺，鬱為寒林榮。繁葩盛嚴冰，未肯懼白雪。亂世幽重岫，巡生道常潔。飛此逸轡輪，投彼遐人轍。公侯可去來，何為不能絕?

其十九

清淨願東山，廕景栖靈穴。愔愔閑庭虛，蘙薈青林密。圓曜映南軒，朱風扇幽室。拱袂閑房內，相期啓妙術。寥朗遠想玄，蕭條神心逸。

其二十

縱心空洞津，竦轡策朱軿。佳人來何遲，道德何時成？

其二十一

寓言必可用，不用是無情。焉得駕欻跡，尋此空中靈？微音良有旨，當用慎勿輕。事應神機會[60]，保爾見太平。

其二十二

轡景落滄浪，騰躍青海[61]津。絳煙亂太陽，羽蓋傾九天。雲輿浮空同，倏忽滄浪間。來尋真中友，相攜侍帝晨。玉子[62]協明德，齊首招玉賢。下眄八河[63]宮，上寢希林巔。漱此紫瓊腴，方知穢途辛。佳人將安在？勤之乃得親。

其二十三

絳闕排[64]廣霄，披丹登景房。紫旗振雲霞，羽晨儷[65]八風。停蓋濯碧谿，採秀月支峯。咀嚼三靈華，吐吸九神芒。椿數無絕紀，協日積童蒙。攜袂明真館，仰期無上皇。《北鈞》唱羽人，玉玄粲賢衆音終，云何波浪宇，得失爲我鍾？引領囂庭內，開心擬穢衝。習適榮辱域，罕躡希林宮。一靜安足苦？試去視滄浪。

其二十四

世珍芬馥交，道宗玄霄會。振衣尋真疇，廻軒風塵際。良德映玄暉，穎拔[66]粲華蔚。密言多償福[67]，沖静尚真貴。《咸》《恒》當象順[68]，攜手同襟帶。何爲人事間，日焉生患害？
　　其二十五

有心許斧子，言當采五芝。芝草不必得，汝亦不能來。汝來當可得，芝草與汝食。
　　其二十六

太極真人智慧經贊六首

學仙絕華念，念念相因積。去來亂我神，神躁靡不歷。滅念停虛閑，蕭蕭入空寂。請經若飢渴，持志如金石。保子飛玄路，五靈度符籍。
　　其一

濟我六度行，故能解三羅，清齋禮太素，吐納養雲牙。逍遥金闕内，玉京爲余家，自然生七寶，人人坐蓮華。仰嚼玄都榛，俯酣空洞瓜[69]。容顔曜十日[70]，奚計年劫多？法鼓會天仙，鳴鍾徵大魔。
　　其二

靈風扇香花，璨爛開繁襟。太真撫雲璈，衆仙彈靈琴。雅歌三天上，散慧玉華林。七祖昇福堂，由此步玄音。前世德未足，斯經[71]邈難尋。信道情不盡，圖飛乃反沈。太上無爲道，弘之在兆心。
　　其三

學道由丹信，奉師如至親。揖景偶清虛，孜孜隨日新。衆人未得度，終不度我身。大願有重報，玄德畢[72]信然。陰惡罪至深，對來若轉輪。

其四

　　學道甚亦苦，晨夕建福田，種德由植樹，根深果亦繁[73]。子能躭玄尚，飄爾昇清天。脩是無爲道，當與善結緣。太上弘至道，經書《智慧篇》。[74]拔苦由天才，超俗以得真。靈姿世所奇，燁若淵中蓮。

其五

　　人行各有本，皆由宿世功。立德務及時，發願莫不從。善惡俱待對，倚伏理難窮。賢士奉法言，道德在兼忘。解是大智慧，上爲太極公。寶蓋連玉輿，命駕御九龍。金華擎洞經，捧香悉仙童。嘯歌徹玄都，鳴玉叩瓊鍾。

其六

【校記】

〔1〕"爲"原作"名"，據本書卷一〇六《馬明生真人傳》改。
〔2〕"總紀天曹之遺，此地上之卿佐"，上書作"總糾天曹事，官秩比人間卿佐也"。"此"宜作"比"。
〔3〕"貧家"，上書作"家財"。
〔4〕"親"，上書作"令"。
〔5〕"還"，上書作"輒"，連下。
〔6〕"乘龍麟駕虎豹"，上書作"乘龍駕虎"。
〔7〕"瑰金函盇"，上書作"瑰金函英"。
〔8〕"授"，上書作"受"。
〔9〕"醴"，上書作"體"。
〔10〕"元君太一之道"，上書"元"作"九"。
〔11〕"挹"，上書作"食"。
〔12〕"旨"原作"皆"，據上書及《衆仙讚頌靈章》改。

〔13〕"在"，本書卷一〇六《馬明生真人傳》作"山"。

〔14〕"命"，上書作"身"。

〔15〕"乎"原作"手"，據《真誥》卷二《運象篇第二》改。

〔16〕"矩"原作"短"，據上書改。

〔17〕"勤"字，上書無。

〔18〕"苟内憂子孫"，上書作"夫内接兒孫以家業自羈"。

〔19〕"此亦無益矣"，上書作"此亦道不專也，行事亦無益矣"。

〔20〕"心"字原無，據《真誥》卷三《運象篇第三》增。

〔21〕"則"字原無，據上書增。

〔22〕"風氣"原作"夙氣"，據上書改。

〔23〕"自"字，上書無。

〔24〕"故"，上書作"固"。

〔25〕"玉蕤"原作"玉薐"，據《真誥》卷四《運象篇第四》及《四部叢刊》本改。

〔26〕"有似邨人也"後，《真誥》卷七《甄命授第三》有夾注作"紫微答"。

〔27〕"以違羅紐之患"後，上書有夾注作"保命仙人答"。又"違"作"遺"。

〔28〕以上十六字，上書作"何其識吉凶哉"。

〔29〕"雲萃"原作"雲華"，據上書改。

〔30〕"任"，上書作"注"。

〔31〕"戰如履薄冰"，上書作"戰戰如履於冰炭"。

〔32〕"所謂學道，甚難而甚易"，上書作"所謂爲難者，學道也；所謂爲易者，學道也"。

〔33〕"若其探玄耽味"，上書作"寂玄沈味"。

〔34〕"惜氣杜情"，上書作"惜精閉牝"。

〔35〕"吹萬"原作"次萬"，據《真誥》卷八《甄命授第四》改。

〔36〕"若南起"，上書作"應南趨"。

〔37〕"因告"原作"固告",據《四部叢刊》本改。

〔38〕"枕"原作"以",據《真誥》卷八《甄命授第四》改。

〔39〕"猶"原作"如常",據《真誥》卷六《甄命授第二》改。

〔40〕"學道者,行陰德莫大於施惠解救"原作"學道在陰德施惠解救也",據上書改。

〔41〕"雷號猛獸玃,電吟奮玄龍",《真誥》卷三《運象篇第三》"雷""電"互乙,"號"作"嘷","玃"作"攫"。

〔42〕"金筑",上書作"金笙"。

〔43〕"候",上書作"俟"。

〔44〕"控景",上書作"控晨"。

〔45〕"汾流",上書作"泒流"。

〔46〕"盼目",上書作"眄目"。

〔47〕"丹華空中有",上書作"丹空中有真"。

〔48〕"三景",上書作"二景"。

〔49〕"形垢甘臭味",上書作"形甘垢臭味"。

〔50〕"綠關",上書作"綠闕"。

〔51〕"春",上書作"椿"。

〔52〕"山阿",上書作"山河"。

〔53〕"春",上書作"椿"。

〔54〕"真",上書作"期"。

〔55〕"君心安有際",上書作"君安有有際"。

〔56〕"栖",《真誥》卷四《運象篇第四》作"頸"。

〔57〕"氣",上書作"風"。

〔58〕"終不"二字,上書互乙。

〔59〕"誰可投",上書作"與誰投"。

〔60〕"事應神機會",《真誥》卷二《運象篇第二》作"事事應神機"。

〔61〕"青海",上書作"清海"。

〔62〕"玉子",上書作"王子"。

〔63〕"河",上書作"阿"。

〔64〕"排",上書作"扉"。

〔65〕"儛",上書作"撫"。

〔66〕"拔",上書作"根"。

〔67〕"償福",上書作"儻福"。

〔68〕"咸恒當象順"原作"恒當二象順",據上書改。參見《真誥》卷三《運象篇第三》。

〔69〕"俯酣空洞瓜"原作"俯含空洞苁",據《洞玄靈寶玉京山步虛經》《太上洞玄靈寶智慧禮讚》《三洞讚頌靈章》改。

〔70〕"十日",《太上洞玄靈寶智慧禮讚》作"千日",《三洞讚頌靈章》作"朱日"。

〔71〕"經",上二書及《洞玄靈寶玉京山步虛經》作"書"。

〔72〕"畢",上三書均作"必"。

〔73〕"根深果亦繁",上三書均作"積簣而成山"。

〔74〕"太上弘至道,經書智慧篇",上三書作"太上至隱書,名曰智慧篇"。

雲笈七籤卷之九十九

贊詩詞

吳子來寫真贊一首詩二首 并序

　　費玄真者，成都雙流縣興唐觀道士也。大中末[1]，有道士自稱吳子，止觀中，淹留歲餘，養氣絕粒，時亦飲酒。其爲志也，泛然自適，無所營爲。忽謂玄真曰："吾欲爲師寫真，可乎？"玄真笑曰："夫欲寫真，先須自寫。"吳子如其言，引鏡濡毫，自寫其貌，下筆惟肖，頃刻而畢。復自爲贊，兼詩二章，留遺玄真。爲贊及詩，未嘗抒思。

　　　　贊　　曰

　　不才吳子，知命任真。志尚玄素，心樂清貧。涉歷羣山，翛然一身。學未明道，形惟保神。山水爲家，形影爲鄰。布裘草帶，鹿冠紗巾。餌松飲泉，經蜀過秦。大道杳冥，吾師何人？矚念下土，思彼上賓。曠然無已，罔象惟親。

　　　　詩　　曰

　　終日草堂間[2]，清風常往還。耳無塵事擾，心有翫雲閑。對酒惟思月，餐松不厭山。時時吟《內景》，自合駐童顔。

其一

　　此生此物當生涯，白石青松便是家。對月臥雲如野鹿，時時買酒醉煙霞。

其二

寂爾孤遊，翛然獨立。飲木蘭之墜露，衣鳥獸之落毛。不求利於人間，絶賣名於天下。此山居之道士也。題罷，振衣理策而去，莫知所在焉。

仙人貽白永年詩一首 并序

白椿夫字永年，湖南衡嶽人也。少有高趣，習神仙之道。三元八節以詣嶽中諸觀，助焚修朝謁之禮，問玄經糸真之義，頗爲高尚之所歎異。至於負薪汲水，勤苦尋師，不以爲替。因得丹書飛步讋邪之術，修之二十年，由以[3]濟俗救民，懲袄祛疾，賴其力者衆矣。巢冠犯闕，大駕西巡，海内干戈，紀綱凌紊。酋豪獷暴者，所在自樹置，不遵法度。永年必約正道以戒教之，從者多矣[4]。時境内有豪帥[5]，亡其姓名，嘗爲其子娶婦。吉日之前一辰，忽有一少年，騎從十餘輩，不知所從來，徑造其廳事，箕踞訴之曰："我先欲娉某氏，汝何爲奪之？"衆雖驚駭，莫敢酬對。因使其徒取纏絳羔鴈青錢束帛備物之數以還之，而欲迫其女。衆疑其鬼物，豪帥無以拒之，選迅足者百餘里召永年。詰明將至，少年初無懼色，良久自謂曰："白尊師果來矣！"乃泫然流涕，跳躍上屋，號呼數聲而滅。所致之物皆在，永年乃散之以遺貧病者。因顯以逆順，理論豪帥。豪帥知非，乃散釋堡聚，祛解兵衛，復爲編民。廉使州將嘉其事，湘衡間賢不肖者，皆美師之德，仰師之教焉。一日，有樵人扣户曰："西峯巖中有仙人會話，師可造之。"永年疑其山水之袄也，睒其目睛，以辨邪正。方攝衣將行，樵者曰："師功行已著係仙籍，何邪之敢干？然毫釐之差，勿爲恨也。"言畢，由他徑去。師策杖尋之，至即暝矣。但見崖壁有光，因熟視之，有詩焉，翰墨猶濕。其詩曰："清秋無所事，乘霧出遥天。憑仗樵人語，相期白永年。"讀訖，即空壁無字，光亦止矣。

李公佐仙僕詩一首 并序

李公佐舉進士後，爲鍾陵從事。有僕夫自布衣執役勤瘁，晝夕恭謹，迨三十年，公佐不知其異人也。一旦告去，留詩一章。其詩曰："我有衣中珠，不嫌衣上塵。我有長生理，不厭有生身。江南神仙窟，吾當混其真。不嫌市井誼，來救世間人。蘇子跡已往，注云：蘇耽是也。顓蒙事可親。公佐字顓蒙。莫言東海變，天地有長春。"自是而去，出門不知所之，鄰里見僕距躍凌空而去。

攄浩然泛虛舟辭遺欒渾之詩二首 并序

欒先生者，名清字渾之，好道術，與東海徐戡字玄貞爲方外之友，同遊江南，泊舟於渚。雨霽微風，聞上流有清嘯之聲，乃相與上流望之。見二人共乘一舟，不刺不棹，順風汎流。欒移舟迎之，見二客舟中有筆硯蓮葉及酒器，二蓮葉上各有文字，因並舟問之。二客不對，欒先生堅詰之，笑持蓮葉以遺焉，曰："熟讀此，明日當便知我，無煩問也。"

一葉題曰《攄浩然》，其詩曰："行時雲作伴，坐即酒爲侶。腹以元化充，衣將雲霞補。紂虐與堯仁，可惜皆朽腐。"

一葉題云《泛虛舟》，其詩曰："檝棹無所假，超然信萍查。朝浮旭日輝，夕蔭清月華。營營功業人，朽骨成泥沙。"

有頃，遺渾之酒一卮，甚馨香，飲訖別去。渾之縱棹追之，杳不可及。須臾，風濤忽起，二人驚伏舟中，良久方定，失蓮葉之所在。欒大醉，日暮及漁人家。至夜半，欒轉側啼叫良久，吐數斗物。徐生疾起，舉燭視之，乃其五藏，爛黑皆在於地。先生歡然而起，拊掌而歌曰："得飲攄公酒，復登攄公舟。便得神體清，超遥曠無憂。"

歌畢，復長嘯和之，清響激越，非昔所習。數月，欒謂徐曰："吾醉遺所佩九寸鏡，今端午將及，議欲重鑄，宜買酒收直，以備資費。"

開篋取藥屑二升，和水十石，自寅及午便成酒，載於舟中，沿岸沽之，不知所適。徐玄貞與旅人朱倣熟，於江表相遇。玄貞維舟登岸，與倣展敘。未竟，風雨暴至。及霽，徐生與舟復失所在。其後有人於廬山懸巖中，見醉人抱樽而臥，識者疑是徐生，以其素好酒焉。時貞元十四年也。

靈響詞五首 并序

《道德經》云："視之不見，聽之不聞，搏之不得。"詳乎老君之旨趣，蓋諭以衆庶之俗民，非修生之道民也。《尹真人節解經》云："內觀者覲神光，不可謂之不明；返聽者聞神聲，不可謂之無音；握固者精神備體，不可謂之無形。凡在道中之民，當須視不見之形，聽不聞之聲，搏不得之名，三者皆得，謂之道民矣。"余慕道年久，修持沒功，夙夜自思，如負芒棘。嘗因暇日，竊覽《三清經》云："夫修鍊之士，當須入靜三關，淘鍊神氣，補續年命。大靜三百日，中靜二百日，小靜一百日。"愚雖不敏，情頗激切，神道扶持，遂發至懇。且試以小靜，即開成三年戊午歲起，正月一日，閉户自修，不交人事，尅期百日，方出靜堂。雖五穀併絕，而五氣長修，幸免瘦羸，不知飢渴。未逾月而神光照目，百靈集耳，精爽不昧，此三者皆應，則知仙經祕典，言不虛設也。人不修，即不知。既不知，則信彼前後學，咸謂神仙之教，盡爲誑誕之辭。今古相蒙，未始有極。小兆忝爲前得者，故發言爲詞，以正將來之惑。因剏五篇，篇之四句，貽諸同好，用紀玄深。其詞曰：

此響非俗響，心知是靈仙。不曾離耳裏，高下如秋蟬。
其一

入夜聲則勵，在晝聲則微。神靈斥衆惡，與我作風威。
其二

妙響無住時，晝夜常輪廻。那是偶然事？上界特使來。
其三

何以辨靈應？事須得梯媒。自從靈響降，如有真人來。
其四

存念長在心，展轉無停音。可憐清爽夜，靜聽秋蟬吟。
其五

眾仙步虛詞五首

飄飄上雲路，黯黯入長霄。星宮日去遠，光陰劫數遙。仰德金顏隱，傾想佇神飆。願得暎霞軿，焚香稽首朝。
其一

玄風轉飛蓋，紫氣汎仙車。浮空不待駕，倐忽昇虛無。徘徊哀下界，顧盻愍羣諸。三元真化畢，翛然入太虛。
其二

萬氣浮空上，千光合太微。霄間望華蓋，虛裏[6]盻霞衣。真儀入雲路，圓曜逐風飛。願得三元會，金容乘運歸。
其三

吉光騰紫氣，霄路逸丹天。幡颺香風轉，蓋動超浮煙。道中還復道，玄中已復玄。真光不識際，大道竟無形。法輪常自轉，希音不可聽。空閑待三寶，虛中聞洞經。七變遊魂反，萬氣駐頹齡。
其四

香風飄羽蓋，遊氣轉飆車。泠泠上雲路，窈窈入長虛。顧愍埃塵子，應運演靈書。妙果諧今日，冥契自然符。

其五

青童大[7]君常吟一首

欲植滅度根，當拔生死栽。沉吟墮九泉，但坐惜形骸。

南嶽夫人作與許長史一首

靈谷秀灡縈，藏身棲嵒京。披褐均衮龍，帶索[8]齊玉鳴。形盤幽遼裏，擲神太霞庭。霄上有陞賢，空中有真聲。仰我曲晨飛，案此綠軒軿。下觀八度內，俛歎風塵縈。解脫遺波浪，登此眇眇身[9]。憂竟[10]三津竭，奔馳割爾齡。

南嶽夫人作一首

玄感妙象外，和聲自相招。雲書欝紫晨，蘭風扇綠輧。上真宴瓊臺，邈爲地仙標。所期貴遠邁，故能秀穎翹。酖彼八素翰，道成初不[11]遼。人事胡可豫？使爾形氣消。

【校記】

〔1〕"末"原作"未"，據《四部叢刊》本及《神仙感遇傳》卷二《費玄真傳》改。

〔2〕"間"，《衆仙讚頌靈章》作"閑"。

〔3〕"以"，《神仙感遇傳》卷二《白椿夫傳》作"是"。

〔4〕"永年必約正道以戒教之，從者多矣"，上書作"師必約正道以戒之，從教者多矣"。"必"原作"心"，據上書改。

〔5〕"帥"原作"師",據上書及《四部叢刊》本改。下同。

〔6〕"裏",《衆仙讚頌靈章》作"重"。

〔7〕"大"原作"天",據上書及《真誥》卷三《運象篇第三》改。

〔8〕"帶索"原作"帶素",據《真誥》卷三《運象篇第三》改。

〔9〕"身",上書作"清"。

〔10〕"憂竟",上書作"擾兢"。

〔11〕"不"原作"六",據《真誥》卷四《運象篇第四》改。